Jo-Jo

Sprachbuch 3

Handreichungen für den Unterricht

mit Kopiervorlagen, Diagnosebögen und Lernstandserhebungen

Erarbeitet von
Martina Schramm

Cornelsen

Jo-Jo

Sprachbuch 3

Handreichungen für den Unterricht

mit Kopiervorlagen, Diagnosebögen
und Lernstandserhebungen

Erarbeitet von	Martina Schramm
	Auf Grundlage der Kommentare von: Frido Brunold, Erika Götz, Susanne Kelch, Wiebke Lahrmann, Henriette Naumann-Harms, Klaus Ohnacker, Kerstin Rahm, Monika Wolter, Martin Wörner, Eva Wricke.
Redaktion	Martina Schramm
Illustration	Sabine Rothmund
Umschlagillustration	Sylvia Graupner
Layout und technische Umsetzung	zweiband.media, Berlin
Umschlaggestaltung	Heike Börner

www.cornelsen.de

1. Auflage, 1. Druck 2012

Druck: H. Heenemann, Berlin

ISBN 978-3-06-082708-4

Inhalt gedruckt auf säurefreiem Papier aus nachhaltiger Forstwirtschaft.

Inhalt

Der Jo-Jo-Verbund

Das Jo-Jo Sprachbuch ist Teil der Verbundlehrwerkreihe Jo-Jo. Der Verbund wird von Klasse 1 bis Klasse 4 durchgängig durch gemeinsame Sachthemen getragen, die eng an der Lebenswirklichkeit der Kinder orientiert sind. Für die Klassen 1 und 2 wird so ein jahrgangsübergreifender bzw. ein sehr differenzierter Unterricht in jahrgangstreuen Klassen leicht möglich.

Über die Themengleichheit hinaus gibt es zwischen den Lehrwerken konkrete inhaltliche Bezüge. Jo-Jo optimiert so das integrative Unterrichten.
Neben allen Verbindungen bewahrt jeder Bestandteil des Verbundes seine fachspezifischen Besonderheiten und ist selbstverständlich auch einzeln nutzbar.

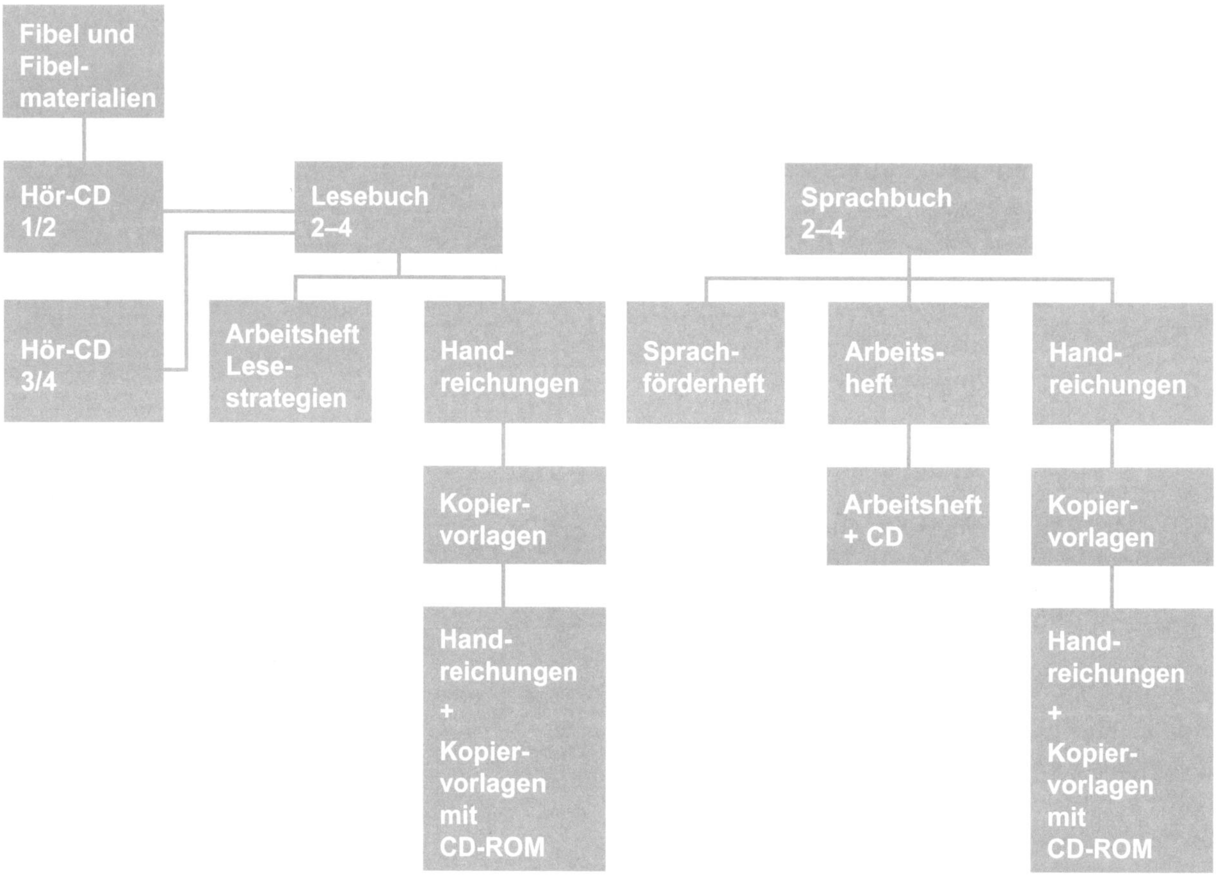

Zur Konzeption

Bestandteile der Werkfamilie Jo-Jo

Das Jo-Jo Sprachbuch 2–4 steht in enger thematischer und inhaltlicher Abstimmung mit der Jo-Jo Fibel und dem Jo-Jo Lesebuch 2–4. Der Verbund wird *durch gemeinsame Themen sowie ein einheitliches gestalterisches Konzept* getragen. Alle Bestandteile sind davon unabhängig *auch als eigenständige Lehrwerke nutzbar.* Das Jo-Jo Sprachbuch wird ergänzt durch ein Arbeitsheft mit Übungssoftware, ein Förderheft Deutsch als Zweitsprache, Handreichungen für den Unterricht und Kopiervorlagen mit CD-ROM.

Zielsetzung des Jo-Jo Sprachbuchs

Zentrale Aufgabe des Deutschunterrichts ist es, Sprache für die Kinder erfahrbar und nutzbar zu machen: als wichtigstes Mittel zur zwischenmenschlichen Verständigung, zur Wahrnehmung, Verarbeitung und Vermittlung der realen Welt, zur Entwicklung von Vorstellungswelten und zum Nachdenken über sich selbst. Die Funktionen des Sprechens, Lesens und Schreibens können den Kindern nur deutlich werden, wenn sie an Themen und Inhalte gebunden werden, die für die Kinder persönlich bedeutsam sind, sie interessieren und *zu aktiv entdeckendem sprachlichen Handeln motivieren.*
Sprachlernen findet in allen Fächern statt. Der Deutschunterricht ist dabei das Zentrum eines fächerverbindenden, themenzentrierten Unterrichts. In diesen grundlegenden Kontext ist die Neubearbeitung des Jo-Jo Sprachbuchs eingebettet. Darüber hinaus dienen Lernformen des individuellen Übens sowie Formen des systematisch reflektierenden Lernens der Festigung der Sprachhandlungskompetenzen.

Die Gliederung des Sprachbuchs

Das Jo-Jo Sprachbuch 3 gliedert sich in
- einen *integrativen Teil* mit 12 Themenkapiteln,
- einen *systematischen Teil* mit 4 Kursen sowie
- einen *Anhang* zum Nachschlagen.

Diese Gliederung ist in allen drei Bänden des Sprachbuchs identisch.

Der integrative Teil des Sprachbuchs

Der integrative Teil des Jo-Jo Sprachbuchs besteht aus folgenden *12 Themenkapiteln*:
- Ich – Du – Wir (Schule)
- Herbst
- Natur entdecken: Pflanzen
- Winter
- Das bin ich (Mädchen und Jungen)
- www.freizeit (Freizeit und Medien)
- Natur entdecken: Tiere
- Frühling
- Wie wir leben (verschiedene Kulturen und Sprachen)
- Zeiten und Räume
- Sommer
- Ich liebe Bücher (literarisches Kapitel)

In den Themenkapiteln sind *alle Lernbereiche des Deutschunterrichts integriert:* „Sprechen und Zuhören", „Lesen – Mit Texten und Medien umgehen", „Schreiben/Texte verfassen", „Sprache und Sprachgebrauch untersuchen" und „Schreiben/Richtig schreiben". Die Kinder erfahren und untersuchen die Sprache in ihren Verwendungszusammenhängen und gewinnen Einsichten in sprachliche Strukturen und den Sprachgebrauch. Die Bereiche des Deutschunterrichts sind dabei eng miteinander verknüpft.

Alle Kapitel haben einen *Seitenumfang von jeweils sechs Seiten* und weisen *die gleiche Kapitelstruktur* auf, die in allen Bänden des Sprachbuchs beibehalten wird. Sie beginnen linksseitig mit einem Bild als Sprechanlass und dazugehörigen Aufgaben, die schwerpunktmäßig Inhalte aus dem Lernbereich „Sprechen und Zuhören" vermitteln. Auf den folgenden Seiten ist die Abfolge der Lernbereichsschwerpunkte immer gleich: „Schreiben/ Texte verfassen", „Sprache und Sprachgebrauch untersuchen", „Schreiben/Richtig schreiben". Die sechste Seite eines Kapitels weist als konstantes Angebot die Wortleiste mit dem Übungswortschatz und einen Übungstext auf. Hier wird durch Vignetten auf entsprechende Übungsstrategien verwiesen (Abschreiben, Dosendiktat, Partnerdiktat, Schleichdiktat, Üben mit der Wörterkiste). Die Wörter sind in der Wörterliste am Ende des Sprachbuchs enthalten. Eine Ausnahme zu der beschriebenen Struktur bildet das literarische Kapitel „Ich liebe Bücher" am Buchende, das aus vier Seiten besteht und keine Inhalte der Bereiche „Sprache untersuchen" und „Schreiben/Richtig schreiben" enthält.

Die Themenkapitel sind grundsätzlich so aufgebaut, dass alle Kinder die leichten Aufgaben erarbeiten und dann gemeinsam an die schwereren herangeführt werden. Dabei ist die Kennzeichnung der Anforderungsniveaus dezent durch Farben der Aufgabenmarkierung vorgenommen und für die Kinder nicht ersichtlich. Die schwierigeren Aufgaben sind teilweise mit einer inneren

Differenzierung versehen („Oder-Aufgaben“, „Finde mindestens ...“), sodass auch hier keinesfalls das Gefühl einer Stigmatisierung entsteht. Die Themenseiten verweisen dann auf die Kursseiten, auf denen die Kinder wiederum gemeinsam ansetzen, aber auch zu ihrem eigenen Niveau zurückfinden können.

Die *Aufgabenstellungen* in den Themenkapiteln haben unterschiedliche Funktionen:
- Sie helfen, das auf den Seiten angebotene Text- und Bildmaterial gezielt zu bearbeiten. Dabei zielen sie bei ihrer Bewältigung auf unterschiedliche Anforderungsbereiche (nennen, beschreiben, ordnen, vergleichen, werten etc.).
- Sie fordern zur Erkundung der eigenen Umgebung bzw. zur mündlichen, textlichen oder bildlichen Darstellung eigener Erfahrungen und Erlebnisse auf.
- Einige Aufgaben („Oder-Aufgaben“) bieten die Möglichkeit, sich für eine Variante zu entscheiden. Dabei ist die Differenzierung entweder qualitativ oder quantitativ.

In den Themenkapiteln sind *alle Aufgaben nach den Anforderungsbereichen der Bildungsstandards gekennzeichnet:*
- grüne Aufgabennummerierungen: wiedergeben, ausführen, abschreiben,
- blaue Aufgabennummerierungen: überlegen, anwenden, üben,
- orangefarbene Aufgabennummerierungen: weiterführen, Ideen und Lösungen entwickeln, begründen.

Die durch ein Jo-Jo gekennzeichneten Aufgaben sind freiwillige Angebote.

Die *Texte in den Themenkapiteln* sind *Inspirations- und Informationsquellen und oftmals gleichzeitig Muster für die eigene Textproduktion* der Kinder. Sie weisen eine breite Ausrichtung auf: literarisch, erlebnisbetont, sach- und informationsbezogen oder sprachsystematisch. Es gibt unterschiedliche Textformen, oft sind Texte mit Bildern kombiniert.

Die *Fußzeilen* enthalten die didaktischen Teilziele und Lernzusammenhänge der jeweiligen Seite. Außerdem befinden sich hier die in plakativer Form angebrachten Verweise auf Übungsangebote im systematischen Teil des Sprachbuchs. Durch die Verweise von jeder Doppelseite der Themenkapitel auf die Kurse wird die Möglichkeit eröffnet, aus der Bearbeitung der Kapitelinhalte auszusteigen und systematische Übungssequenzen einzuschieben.

An vier Stellen innerhalb des integrativen Teils sind *Lernstandsseiten* („Jo-Jo-Tests“) eingeschoben. Sie dienen der *Selbstkontrolle*. Die Kinder erhalten so Auskunft darüber, was sie schon können. Inhaltlich folgen die Seiten der Progression der Lerninhalte in den vorangegangenen Kapiteln. Sie stellen ein Instrument dar, die Kinder sukzessive auf die Anforderungen zentraler Lernstandserhebungen vorzubereiten.

Der systematische Teil des Sprachbuchs

Im systematischen Teil des Sprachbuchs gibt es *vier Kursangebote*, die durch unterschiedliche Farbstreifen gekennzeichnet sind:
- Arbeitstechniken (gelb),
- Richtig schreiben (grün),
- Sprache untersuchen (blau),
- Texte verfassen (rot).

Die Kurse sind *nach fachsystematischen Kriterien der einzelnen Lernbereiche konzipiert*, sodass sprachliche Eigengesetzlichkeiten optimal berücksichtigt werden können. Die Angebote eröffnen die Möglichkeit, je nach Bedarf in Ergänzung zu den integrativen Themenkapiteln *systematische Übungssequenzen* einzuschieben. Dabei sind die Übungsformen abwechslungsreich, jedoch auch wiederkehrend, um den Kindern Sicherheit zu geben und gleichzeitig die Lehrkraft im Hinblick auf den Erklärungsbedarf zu entlasten.

In den Kursen „Texte verfassen“, „Sprache untersuchen“ und „Richtig schreiben“ ist *für jedes Phänomen eine Doppelseite* angelegt. Alle Doppelseiten teilen sich in *drei Differenzierungsblöcke*, die durch Würfelpunkte *nach Schwierigkeitsgraden gekennzeichnet* sind.

 leicht  mittel  schwer

Von jeder Doppelseite in den Themenkapiteln gibt es einen *Verweis auf eine Übungsdoppelseite* im Kursteil. Von jeder Kursdoppelseite gibt es wiederum einen Verweis auf eine passende Übungsdoppelseite im Arbeitsheft.

Weitere Ausführungen zu den Einsatzmöglichkeiten der Kursseiten des Jo-Jo Sprachbuchs auf Seite 7 in diesen Handreichungen.

Der Anhang

Zum Anhang des Jo-Jo Sprachbuchs gehören:
- die Wörterliste (S. 156–161),
- die Übersicht „Wichtige Fachbegriffe“ (S. 162–163),
- die Übersicht „Lernzusammenhänge der Themenkapitel“ für die Lehrkraft (S. 164–167).

Das Jo-Jo Arbeitsheft

Die Arbeit mit dem Jo-Jo Sprachbuch wird durch ein zusätzliches Übungsangebot im Jo-Jo Arbeitsheft ergänzt und erweitert. Das Jo-Jo Arbeitsheft umfasst insgesamt 88 Seiten und ist *kursartig angelegt*. Zum Einstieg wird der Kurs „Richtig schreiben“ unter Einbeziehung der Silbenstrategie angeboten, es folgen – analog zum Sprachbuch – die Kurse „Sprache untersuchen“ und „Texte verfassen“.

Das Jo-Jo Arbeitsheft enthält mit den „Jo-Jo-Seiten“ zwölf als *Lerntests* konzipierte Seiten. Sie sollen den Kindern einen Überblick geben, was sie schon können und wo sie noch Übungsbedarf haben. Zu den „Jo-Jo-Seiten“ werden im Anhang des Arbeitshefts Lösungen angeboten.

In Ergänzung des Printmaterials gibt es das Arbeitsheft auch mit einer eingelegten CD-ROM, die noch mehr Übungen zu grammatischen und rechtschreiblichen Themen umfasst.

Die Jo-Jo Sprachförderhefte

Das Jo-Jo Sprachförderheft ist eng auf die Themenkapitel des Jo-Jo Sprachbuchs abgestimmt. Jeder Sprachbuchseite der zwölf Themenkapitel ist eine Seite im Förderheft zugeordnet: Seite 4 im Förderheft entspricht Seite 4 im Sprachbuch usw.

Im Jo-Jo Förderheft werden die wichtigsten Inhalte und Aufgaben der Sprachbuchseiten vereinfacht aufbereitet. Dabei werden besonders auch solche Aspekte berücksichtigt, die für den *Zweitspracherwerb* relevant sind, z. B.:

- Der Wortschatz der Sprachbuchseiten wird durch Illustrationen verdeutlicht.
- Nomen erscheinen stets mit farbig gekennzeichnetem Artikel.
- Vorgaben von Satzmustern erleichtern und üben die Bildung korrekter grammatischer Strukturen.
- Wiederkehrende Übungsformate fördern das selbstständige Arbeiten.
- Aufgabenformulierungen bleiben bei gleicher Aufgabenstellung auch sprachlich gleich.
- Jo-Jo-Aufgaben bieten Differenzierungsangebote für fortgeschrittene Kinder.

Das Sprachförderheft ist für den *unterrichtsbegleitenden Einsatz* konzipiert. Es kann nach der gemeinsamen Einführung in das Thema der Sprachbuchseite als Alternativangebot zu den Sprachbuchaufgaben eingesetzt werden. Während ein Teil der Kinder die Übungen im Sprachbuch bearbeitet, können andere Kinder im Sprachförderheft bei annähernd gleicher Zielsetzung selbstständig an den sprachlich und inhaltlich aufbereiteten Aufgaben arbeiten. So werden diese Kinder durch das Sprachförderheft nicht noch mit zusätzlichen Arbeitszeiten belastet.

Hinweise zum Einsatz der Kursseiten des Jo-Jo Sprachbuchs

Der erste Kurs des Jo-Jo Sprachbuchs (Sprachbuch Seite 82–87) führt die Kinder zur Beherrschung basaler Arbeitstechniken, Sozialformen und Rechtschreibstrategien, die die gesamte Grundschulzeit hindurch benötigt und weiter ausgebaut werden.

Die Arbeitstechniken „Mit der Wörterkiste üben“, „Schleichdiktat“, „Wörter verlängern“, „Wörter ableiten“ sowie u. a. die Artikelprobe zur Ermittlung von Nomen werden in Bild und Text Schritt für Schritt erläutert, sodass die Kinder in der Lage sind, sie gut nachzuvollziehen und entsprechend umzusetzen. Ziel ist es, die *Kinder zum eigenaktiven Rechtschreiblernen anzuleiten und ihr Rechtschreibgespür zu fördern.* Mithilfe der Arbeitstechniken im Kursteil können die Kinder die jeweils sechste Seite der Themenkapitel bearbeiten, die eine Wortleiste mit dem Übungswortschatz und einen Übungstext enthält. Sie schreiben die Übungswörter für ihre Wörterkiste einzeln auf Kärtchen und entscheiden hinsichtlich des Übungstextes, in welcher Form sie ihn üben, ob sie ihn abschreiben oder als Dosen- bzw. Partner- und/oder Schleichdiktat trainieren. Sie übernehmen also zunehmend Verantwortung für ihren eigenen Lernprozess.

Der Arbeitstechnik „Texte abschreiben“ kommt weiterhin eine große Bedeutung zu. Es sollte daher hinreichend Zeit darauf verwendet werden. Um das Abschreiben für die Kinder ertragreich zu machen, muss es *in seinen Einzelschritten so lange eingeübt werden, bis dieser Prozess automatisiert ist.* Kinder, die Probleme haben, sich einen ganzen Satz zu merken, dürfen sich beim Abschreiben auch kleinere Einheiten vornehmen. Es soll jedoch andererseits auch vermieden werden, dass die Kinder zu oft zwischen Vorlage und Heft hin und her pendeln. Wichtig ist es gerade für schwächere Kinder, dass der Text beim Schreiben leise in Silben mitgesprochen wird. So kann weitgehend vermieden werden, dass die Kinder Text vergessen oder Buchstaben vertauschen, und zugleich hilft das Mitsprechen dabei, sich auf das Schreiben zu konzentrieren und die Struktur der Wörter bewusst zu machen.

Die Kinder sollten immer wieder erfahren: *Fehler dürfen gemacht werden.* Sie sind Ausgangspunkt des Nachdenkens und dienen dem Lernprozess. Damit die beim Abschreiben gemachten Fehler jedoch für den Lernprozess nutzbringend in das Bewusstsein gerückt werden können, sollen sie nicht ausradiert, sondern sorgfältig mit dem Lineal durchgestrichen und am Ende des Textes neu geschrieben werden.

Dosen-, Partner- oder Schleichdiktate sind für Kinder meist motivierender als das reine Abschreiben, weil sie einen spielerischen Charakter haben. Zudem sind sie eine sinnvolle Übungsform, weil sie Selbstständigkeit und Eigenverantwortung der Kinder aktivieren. Gerade im offenen Unterricht haben Dosen-, Partner- und Schleichdiktate ihre Berechtigung.

Als Arbeitstechniken rückt der Kursteil des Jo-Jo Sprachbuchs 3 zudem u. a. die Artikelprobe zur Ermittlung von Nomen, das Verlängern von Wörtern bei Auslautverhärtung und das Ableiten von Wörtern mit *ä* bzw. *äu* in den Mittelpunkt. Mithilfe dieser Arbeitstechniken können die Kinder ihren Fehlerquotienten bereits ganz beträchtlich senken und sie erfahren zunehmend eigene Rechtschreibkompetenz.

Bereits im zweiten Schuljahr wurde das Ordnen und Nachschlagen von Wörtern geübt, auch vor dem Hintergrund der Tatsache, dass das Nachschlagen von Wörtern eine wichtige Rechtschreibstrategie ist. Im dritten Schuljahr zeichnen sich die Aufgaben zum Ordnen und Nachschlagen durch einen höheren Schwierigkeitsgrad aus. So sind die Kinder z. B. auf der Sprachbuchseite 86 gefordert, Wörter nach dem dritten Buchstaben alphabetisch zu ordnen oder sie sollen Wortmaterial ordnen, bei dem ganze Wortbestandteile gleich sind. Als Hausaufgabe können die Kinder ergänzend den Auftrag erhalten, bestimmte Suchaufträge mithilfe der Wörterliste zu erfüllen, was aufgrund des Rätselcharakters für die Kinder meist sehr motivierend ist.

Der Kursteil „Richtig schreiben" bietet *systematisches Übungsmaterial zu den Strategien* bzw. zu einzelnen Rechtschreibphänomenen, die ergänzend zu den Themenkapiteln oder auch unabhängig davon differenziert eingesetzt werden können.

Mithilfe des Silbenschwingens, das in den vergangenen Schuljahren intensiv geübt wurde, schreiben die Kinder Wörter mit Mitlautverdoppelung, wobei sie auch mit Reimwörtern arbeiten, um durch Analogiebildungen Rechtschreibwissen zu festigen. Im weiteren Sinne gehören auch Wörter mit *ck* und *tz*, die auf den Kursseiten 90/91 in den Blick genommen werden, zu den Wörtern mit einer Mitlautverdoppelung. Demgemäß werden die Kinder bei den Wörtern mit *ck* auch daraufhin orientiert, sie in Silben zu sprechen und den Laut *k-k*, den sie an der Silbenfuge hören, mit *ck* zu schreiben. Das Finden verwandter Wörter ist für leistungsstärkere Kinder eine gute Möglichkeit, ihr Rechtschreibwissen auf weitere Wörter zu übertragen.

Der *ng*-Laut kommt nur als In- oder Auslaut vor und ist unter rechtschreiblichen Gesichtspunkten problematisch, weil für einen Nasallaut zwei Grapheme zu verwenden sind. Die Buchstabenverbindung *nk* ist quasi eine Ableitung von *ng*, da zu dem Nasallaut der Laut /k/ hinzukommt. Auf den Kursseiten 92/93 wird Übungsmaterial auf der Wort- und Satzebene angeboten, um Kindern hinsichtlich der Schreibweise von Wörtern mit *ng* und *nk* Sicherheit zu vermitteln. Dabei steht – wie auch auf der folgenden Doppelseite unter der Überschrift „Viele Mitlaute nebeneinander" – das Silbenschwingen als Rechtschreibstrategie im Vordergrund, das den Kindern die Wortstruktur bewusst macht. Der Kursteil „Richtig schreiben" bietet darüber hinaus zwei Doppelseiten zum Verlängern von Wörtern, wobei auf einer Doppelseite Nomen und Verben behandelt werden, auf einer weiteren Adjektive mit Auslautverhärtung. Bei diesen muss zur Verdeutlichung der richtigen Schreibweise bei Auslautverhärtung eine passende Wortgruppe gefunden werden (z. B. *krank – die kranke Oma*). Das Ableiten von Wörtern mit *ä* und *äu* ist ebenfalls eine zentrale Rechtschreibstrategie, die mithilfe der Kursseiten 100/101 unter Berücksichtigung verschiedener Niveaustufen nochmals geübt werden kann. Entsprechende Wortpaare (*träumt – Traum*, *Hände – Hand*, *Räuber – rauben* etc.) können ergänzend zur Visualisierung in der Klasse auch auf einem Plakat gesammelt werden. Der Kurs „Richtig schreiben" schließt mit Übungen zu den Merkwörtern mit langem i-Laut und zu Merkwörtern mit Dehnungs-h. Auch Merkwörter, die Entlehnungen aus anderen Sprachen darstellen, werden thematisiert (*Jeans*, *Baguette*, *Gnocci* etc., S. 106/107).

Der Kursteil *„Sprache untersuchen"* fokussiert neben den Wortarten mit ihren Spezifika wie Steigerungsformen und Zeitstufen auch die wichtigen Themen *Wortstamm* und *Endung*, *Wortfamilien*, *Satzglieder* und *wörtliche Rede*. Gelb unterlegte Merksätze dienen der Wiederholung und Vertiefung gewonnener Erkenntnisse. Der Kursteil schließt mit einer besonders motivierenden Doppelseite mit Rätselcharakter, die die Kinder u. a. zum Schreiben von Geheimschriften anregt.

Im Kurs „Texte verfassen" erhalten die Kinder *systematische Anregungen und Hilfen auf drei Niveaustufen*, die zum Schreiben eigener Texte führen. Dabei wird an das Vorwissen der Kinder angeknüpft und vorhandenes Sach- und Strukturwissen erweitert. Schwächere Kinder erhalten auf den jeweils linken Buchseiten konkrete Vorgaben in Bild und Text, um sie zunächst mit Satz- und Textmustern vertraut zu machen, bevor es zur eigenen freieren Textproduktion kommt. Beim Überarbeiten von Texten können schriftsprachliche Fähigkeiten nachhaltig gefördert werden. Zentral ist jedoch die Isolierung von Schwierigkeiten bzw. die Präsentation von Texten mit einem spezifischen Überarbeitungsaspekt (z. B. wörtliche Rede in einen Text integrieren).

Grundlegende Kompetenzen

Sprechen und Zuhören

In der Grundschule ist die mündliche Sprache das zentrale Medium. Das Jo-Jo Sprachbuch bietet mit vielfältigen Bild- und Textangeboten *zahlreiche Sprechanlässe*. Einige dieser Angebote sind auf eine nur mündliche Bearbeitung ausgerichtet, andere implizieren auch schriftliches Sprachhandeln. Ziel ist es, die Kinder zunehmend zu befähigen, sich auf den Sprechanlass zu beziehen und Inhalte sachgerecht und adressatenbezogen zu formulieren bzw. zu präsentieren.

Das Mitteilungsbedürfnis der Kinder dieser Altersstufe ist sehr groß. Ihre Bereitschaft, anderen aufmerksam zuzuhören und sie ausreden zu lassen, wird allmählich erweitert und vertieft. Es ist wichtig, den Kindern Raum zum Erzählen, für Gespräche im Sinne des Austausches von Ideen, Meinungen und des Mit- und Voneinander-Lernens zu geben. Daher nehmen Aufgabenstellungen zum Erzählen im Jo-Jo Sprachbuch einen breiten Raum ein, zum Beispiel durch das *Erzählen von Erlebnissen* oder das *Erfinden von Geschichten* (spontan und auch durch Bild- oder Textimpulse angeregt oder bereits gestaltend nach einer Bild- oder Textvorlage). Insbesondere die Kapitelauftaktseiten regen durch Bildimpulse und zugehörige Aufgabenstellungen systematisch zum Gespräch an, was durch einen zusätzlichen Gesprächsimpuls in Form einer Sprechblase jeweils verstärkt wird.

Insgesamt vielfältige Situationen regen die Kinder dazu an, *Gespräche zu führen*. Diese orientieren zum Beispiel darauf, den alltäglichen Umgang miteinander zu gestalten. Dazu gehört es, Wünsche, Gefühle, Pläne und Ideen auszusprechen, die das Zusammenleben in der Klasse betreffen, gemeinsame Bräuche zu entwickeln (Schulhofspiele, Buchvorstellung etc.), über Lernerfahrungen zu sprechen und Konflikte sprachlich zu regeln. Dabei erfahren die Kinder auch die Notwendigkeit von Verhaltens- und Gesprächsregeln.
Das Jo-Jo Sprachbuch bietet den Kindern zahlreiche Anlässe, um sich *sachbezogen zu äußern*: über Beobachtungen zu berichten, Vorgänge zu beschreiben, Vermutungen zu äußern, Fragen zu stellen, Informationen zu sammeln, zu ordnen, weiterzugeben, anderen etwas zu erklären. Über das verständnisbezogene Gespräch hinaus werden das *szenische Spiel* und das *Rollenspiel* angeregt und weiterentwickelt (z. B. Sprachbuchseiten 7, 26/27). Im Zusammenhang mit dem Lernbereich „Lesen – mit Texten und Medien umgehen“ lernen die Kinder Gedichte auswendig und tragen sie gestaltend vor (z. B. Sprachbuchseite 11).

Lesen – mit Texten und Medien umgehen

Die Lesefähigkeit ist die wichtigste Kompetenz für selbstständiges Lernen sowohl im Deutschunterricht als auch in den anderen schulischen Fächern. Lesekompetenz ist die Voraussetzung für den Erwerb von Wissen, für persönliche Weiterentwicklung und letztlich insgesamt für die Teilhabe an unserem modernen gesellschaftlichen Leben. Erst Lesekompetenz schafft die Voraussetzung für den Erwerb von Medienkompetenz, Lesen ist somit der Schlüssel zur Medienkultur. Die Entwicklung von *Lesemotivation* und *Lesefreude* sind daher besonders wichtige Unterrichtsziele.

Das Jo-Jo Sprachbuch enthält ein *vielfältiges Textangebot*: erzählende Texte, Sachtexte, Briefe, Gedichte, Dialoge, Rätsel, Steckbriefe, Geheimschriften und diskontinuierliche Texte.

Die Kinder gehen auf unterschiedliche Weise mit den Texten um:

- Sie klären gemeinsam Verständnisprobleme.
- Sie finden gezielt Informationen in Texten.
- Sie notieren wesentliche Textaussagen in Form von Stichwörtern.
- Sie beantworten Fragen zu Texten.
- Sie formulieren selbst Fragen zu Texten.
- Sie notieren den Inhalt einzelner Texte bzw. Textabschnitte (Inhaltsangabe).
- Sie lesen Texte für sich, lesen sie vor, lernen sie auswendig und tragen sie gestaltend vor.
- Sie werden angeregt, über Texte nach- und sie weiterzudenken und innere Vorstellungsbilder zu entwickeln.
- Sie stellen eigene Textproduktionen vor.
- Sie lernen Fachbegriffe kennen und richtig verwenden (z. B. zum Thema Buch).
- Sie werden zu Bibliotheksbesuchen angeregt.

Schreiben/Texte verfassen

Das Jo-Jo Sprachbuch bietet einen *zweifachen Zugriff* auf den Lernbereich „Schreiben/Texte verfassen“ an:

- Integration des Texteschreibens in jedes Kapitel,
- themenbezogener Zugriff im Kurs „Texte verfassen“.

Die in den vergangenen Schuljahren aufgebaute Schreibmotivation soll im dritten Schuljahr gefestigt bzw. ausgebaut werden. Verlässliche, regelmäßige Schreibzeiten, eine anregende Schreibumgebung und vielfältige kreative Übungsformen sind dazu weiterhin notwendig.

Das Jo-Jo Sprachbuch enthält ein Angebot verschiedener *Schreibanlässe*, die die Kinder zum Verfassen von Texten anregen sollen. Dabei liegt dem Lehrwerk ein weit gefasster Textbegriff zu Grunde. Die in Jo-Jo enthaltenen Schreibanlässe fördern:

- ich-orientiertes Schreiben (eigene Erlebnisse, Wünsche, Lieblingsbeschäftigungen u. a.),
- sozial-orientiertes Schreiben (Brief, Einladung, Rezepte zum Verschenken etc.),
- sachorientiertes Schreiben (Texte über Haustiere, Pflanzen, Bastelanleitungen etc.),
- unterschiedliche Schreibabsichten (Rätseltexte, Gedichte etc.).

Beim Schreiben eigener Texte nutzen die Kinder *verschiedene Schreibmodi* (erzählen, berichten, beschreiben) und lernen (über Schreibmuster), adressatengerecht zu formulieren. Viele Schreibanregungen können beim freiem Schreiben fortgesetzt werden. Schrittweise werden die Kinder an das *Planen und Strukturieren von Texten* herangeführt. Schreibhinweise und Muster stellen Hilfen für das Verfassen von Texten dar, z. B. in Form von:

- Überschriften/Themenvorgaben,
- Textanfängen/Textbeispielen,
- Bildern,
- Wörtersammlungen,
- Stichwörtern,
- Beispielen für räumliche Anordnung und Schriftgestaltung.

Diese Hilfen sind im Jo-Jo Sprachbuch oftmals kombiniert. Die Angebote im integrativen Teil werden dabei durch den Kurs „Texte schreiben“ erweitert und vertieft.

Der Schwerpunkt in Klasse 3 liegt darauf, den Kindern Hilfen zum Entwickeln von Geschichten zu geben. Dies beginnt beim Anlegen von Gedankensammlungen, führt über Strukturierungshilfen (Einleitung, Hauptteil und Schluss als Textteile berücksichtigen) und geht weiter zu Hilfen bei der stilistischen Ausarbeitung von Geschichten (Einsatz wörtlicher Rede, unterschiedliche Satzanfänge, Nutzung von Wortfeldern, Nomen durch Pronomen ersetzen etc.). Außerdem gilt es, Texte kriteriengemäß zu überarbeiten, was in Klasse 2 ja bereits behutsam angebahnt wurde.

Der Computer spielt beim Verfassen der Texte als Schreibwerkzeug sowie beim Überarbeiten oder bei der Schriftgestaltung eine wichtige Rolle. Durchgängig werden die Kinder aufgefordert, ihre *Texte zu gestalten* (als Collage, Schmuckblatt, Werbeplakat etc.) oder sie in Form von „Büchern“/Ordnern zu sammeln.

Schreiben/Richtig schreiben

Das Rechtschreibenüben erfolgt in enger Verbindung mit den Bereichen „Texte verfassen“ und „Über sprachliche Mittel verfügen/Sprache und Sprachgebrauch untersuchen“. Das Erlernen der Rechtschreibung ist in der Regel in die Textproduktion eingebettet. Das Jo-Jo Sprachbuch bietet einen *zweifachen Zugriff* auf die Rechtschreibung:

- Integration der Rechtschreibthemen in jedem Kapitel,
- themenbezogener Zugriff im Kurs „Richtig schreiben“ mit variablen und spielerischen Übungsformen zur regelmäßigen Übung des Schreibwortschatzes.

Der jeweilige *Übungswortschatz* ist in der Wörterliste jedes Schülerbandes zusammengefasst. Die Übungswörter werden innerhalb jedes Kapitels und im Kursteil in einer Wortleiste ausgewiesen. Innerhalb eines Kapitels ergeben sich die Wörter in der Regel weitgehend aus dem thematischen Zusammenhang. Im Kursteil erfolgt die Auswahl nach systematischen Kriterien.

Die Übungswörter der Wortleisten sollen gesammelt und selbstständig geübt werden. Das Jo-Jo Sprachbuch empfiehlt die *Arbeit mit einer Wörterkiste*. Eine entsprechende Vignette weist darauf hin, wie die Wörter gesammelt und geübt werden können. Die Arbeit mit einer Wörterkiste ermöglicht es, jederzeit weitere schreibwichtige Wörter aufzunehmen und somit sukzessive zu einem *individuellen Schreib- und Übungswortschatz* zu gelangen.
Wichtiges Prinzip der Übungsgestaltung ist das Üben der Wörter des Übungswortschatzes in Sprachhandlungssituationen. Indem die Kinder z. B. Briefe schreiben, Rätsel über ihre Freunde verfassen, Steckbriefe schreiben und gestalten, Geschichten schreiben und überarbeiten etc., üben sie zugleich stets auch Wörter des Übungswortschatzes.
Der *Übungstext* innerhalb der thematischen Kapitel stellt die jeweiligen Übungswörter in einen Sinnzusammenhang und bildet die Basis für die nachfolgenden Übungen. Er kann von den Kindern zu einem Zeitpunkt, den sie selbst bestimmen, abgeschrieben und als Partner-, Dosen- und/oder Schleichdiktat geübt werden.

Das Erlernen der Rechtschreibung im Jo-Jo Sprachbuch basiert zu einem großen Teil auf der *Silbenstrategie*. Hier kann durch *Sprechschwingen und Sprechschreiben* (genau gleichzeitiges Sprechen und Schreiben) die Anzahl der Flüchtigkeitsfehler nach sehr kurzer Zeit erheblich reduziert werden. Mit der *Strategie des rhythmischen Verlängerns* werden Wörter erschlossen, deren Schreibweise am Wortende bzw. Wortstammende nicht eindeutig lautgetreu ist. Bei der Lautähnlichkeit von *e* oder *ä* und bei der Lautgleichheit von *eu* oder *äu* wird die *Strategie des Ableitens* benutzt. Die übrigen Wörter sind *Merkwörter*, deren Schreibweise durch vielfältiges Üben erlernt werden muss. Alle vier Strategien sind für die Kinder durch Symbole gekennzeichnet.

Im Kurs „Arbeitstechniken" lernen die Kinder wichtige *Arbeitsformen* kennen, die *für das Rechtschreibenüben* von Bedeutung sind, z. B. das richtige Abschreiben von Wörtern und Texten, das Schleichdiktat, das Üben mit der Wörterkiste, das Verlängern und Ableiten von Wörtern sowie das Nachschlagen von Wörtern in einem Wörterbuch.

Sprache und Sprachgebrauch untersuchen

Das *Nachdenken über Sprache* durchzieht das Sprechen, Lesen und den Umgang mit Texten ebenso wie das Texteschreiben und das Rechtschreiben. Indem die Kinder Sprache untersuchen, setzen sie sich aktiv mit fremdem und eigenem Sprachgebrauch auseinander. Behutsam werden sie herangeführt, den *Einsatz sprachlicher Mittel* zu *reflektieren*. Sie erweitern auch ihren Wortschatz und werden im richtigen Sprachgebrauch sicherer.
In vielfältigen Sprachhandlungssituationen erkunden die Kinder das Zusammenspiel von Wort- und Körpersprache (z. B. im szenischen Spiel). Da Verstehensprobleme insbesondere beim Umgang mit Texten für die Kinder eine alltägliche Herausforderung darstellen, lernen sie im Jo-Jo Sprachbuch konstruktiv damit umzugehen.

Eingebettet in Sprachhandlungssituationen vertiefen die Kinder im dritten Schuljahr erworbenes Wissen und lernen weitere wichtige grammatische Begriffe und Strukturen kennen und nutzen:

- Nomen, Artikel, Einzahl, Mehrzahl,
- Grundform und Personalformen von Verben,
- Wortstamm und Endung,
- Verben in der Gegenwarts- und Vergangenheitsform,
- zusammengesetzte Nomen und Verben,
- Adjektive und ihre Vergleichsstufen,
- Wortfamilien,
- Satzglieder,
- Subjekt und Prädikat,
- wörtliche Rede und Redebegleitsätze.

Rechtschreibförderung nach der FRESCH-Methode

Die Freiburger Rechtschreibschule (FRESCH) wurde von Lehrkräften und Psychologen zunächst vor allem zur Förderung von Kindern entwickelt, bei denen eine Lese-Rechtschreib-Schwäche (LRS) vorliegt. Es hat sich jedoch gezeigt, dass auch Kinder, die leichter einen Zugang zur Schriftsprache und zur Rechtschreibung finden, sehr von der FRESCH-Methode profitieren können. Aus diesem Grund fand FESCH auch Eingang in die Rechtschreibkonzeption des Jo-Jo Sprachbuchs.

Der FRESCH-Methode liegt die *Synchronisierung von Sprache und Bewegung zugrunde. Durch rhythmisch-melodisches Sprechschwingen der Wörter in Silben bei gleichzeitigem Bewegen dazu im Raum* (Der rechte Fuß beginnt, der linke rückt nach, die Schreibhand führt bei jeder Bewegung einen tiefen Girlandenbogen aus.) wird der Zugang zur Schriftsprache gefördert. Durch die Verlangsamung und Rhythmisierung der Sprache wird der Verarbeitungsvorgang (Laute hören und als Buchstabenfolge schreiben) erleichtert. Im Zusammenwirken von Hören, Sehen, Hand- und Körperbewegung können Sprechen und Schreiben optimiert werden. Vertauschungen von Buchstaben oder Auslassungen kommen auf diese Weise beim Schreiben viel seltener vor.
Die Kernkompetenz im Schriftspracherwerb ist die *Vermittlung von Rechtschreibbewusstsein*. Mehr als die Hälfte der grundschulrelevanten Wörter können die Kinder bereits richtig schreiben, wenn Sprechschwingen und Sprechschreiben für sie zur Gewohnheit werden. Ein Großteil weiterer Wörter kann durch das Anwenden von *Rechtschreibstrategien* richtig geschrieben werden. Es bleibt ein kleiner Teil von Wörtern übrig, die als „Merkwörter" nicht durch Strategien abgedeckt werden und die gesondert auf vielfältige Weise geübt werden müssen (Merkwortheft, Wörterkiste etc.).

Mit folgenden vier Symbolen wird bei der FRESCH-Methode gearbeitet:

(ω) Sprechschwingen, Sprechschreiben
(↪) Weiterschwingen, Verlängern
(ϟ) Ableiten von Wörtern
(M) Merkwörter

Die Einteilung des grundschulrelevanten Wortschatzes stellt sich folgendermaßen dar:

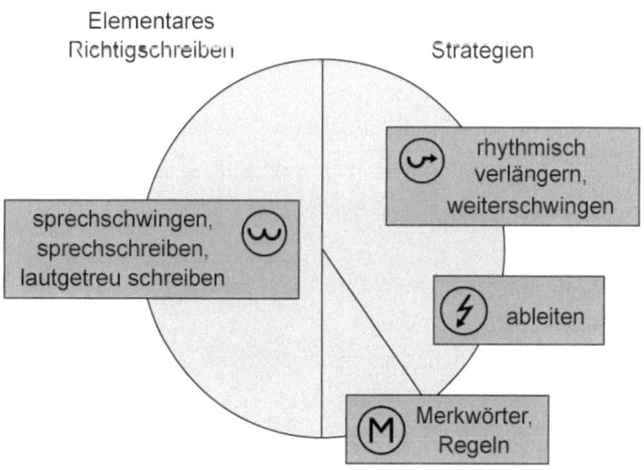

Demnach ist etwa die Hälfte der Wörter lautgetreu, d. h. die Wörter werden so geschrieben wie sie gesprochen werden. Entscheidend für einen guten Lernerfolg ist, dass das *Sprechen und Schreiben der Wörter gleichzeitig* erfolgt. Das *Zeichnen von Silbenbögen* stellt für die Kinder ein zusätzliches Hilfsmittel dar und dient der Kontrolle am Ende des geschriebenen Wortes bzw. Satzes. Die Silbenbögen sind daher fester Bestandteil der FRESCH-Methode.

Über das *rhythmische Verlängern* erschließen sich die Kinder die Schreibweise von Wörtern bei

- Auslautverhärtung am Wortende (*klug, Wind, gelb*),
- Konsonantenverdoppelung am Wortende (*schnell, Blitz, Rock*),
- Auslautverhärtung oder Konsonantenverdoppelung in der Verbform (*legt, rennt, schickt*),
- Auslautverhärtung oder Konsonantenverdoppelung am Wortstammende (*Zeugnis, essbar*),
- zusammengesetzten Nomen (*Schwimmbad, Rennwagen*),
- Wörtern mit (silbentrennendem) *h* (*Kuh, weht*).

Über die Strategie *Ableiten* ermitteln die Kinder die Schreibweise von Wörtern bei

- Lautähnlichkeit von *e* und *ä* (*Bänke, trägt*),
- Lautgleichheit von *eu* und *äu* (*Bäume, träumt*),
- bestimmten Verben im Präteritum (*kannte, rannte, brannte*).

Dabei begreifen die Kinder den Vokal *e* in seiner unterschiedlichen Lautbildung bzw. den Doppelvokal *eu* stets als lautgetreu.

Der restliche Teil der Wörter sind *Merkwörter*. Hierzu zählen

- die Wörter mit *V/v* (*Vogel, Vase*),
- die Wörter mit *stummem h* (*fahren, Ohr*),
- die Wörter mit langem i-Laut (*Igel, wir*),
- die Wörter mit *ß* (*Straße, schließen*),
- die Wörter mit gleichen und ähnlich klingenden Lauten (*Fuchs, Bär, Chor, Hyazinthe*),
- kleine Wörter (*ab, Herbst, plötzlich, und*).

Die Kinder werden parallel dazu behutsam an ein Regelverständnis herangeführt.
Sie reflektieren beispielsweise

- die Großschreibung von Nomen und Satzanfängen,
- Abweichungen von gesprochener und geschriebener Sprache,
- zusammengesetzte Nomen,
- Wortverwandtschaften,
- die Veränderlichkeit von Adjektiven bei attributivem Gebrauch (*der leere Acker*),
- Merkwörter aus anderen Sprachen.

In Klasse 2 lag der Schwerpunkt im Schriftspracherwerb im lautgetreuen Bereich. Zuerst erkannten die Kinder die Gliederung der Wörter in Silben. Über das Zeichnen der Silbenbögen wurde der Zusammenhang zwischen Vokal und Konsonant für die Kinder noch anschaulicher. Außerdem wurden die Kinder an Rechtschreibphänomene im lautgetreuen Bereich herangeführt.

Über das rhythmische Sprechen von Wörtern in Silben üben die Kinder im dritten Schuljahr, Doppelkonsonanten herauszufiltern. Sie lernen nun auch *tz* und *ck* als Sonderformen des doppelten Mitlautes kennen. Deutliches Sprechen in Silben hilft den Kindern auch bei der Schreibung von Wörtern mit *ng/nk* bzw. generell bei Wörtern mit Konsonantenhäufung („Viele Mitlaute nebeneinander“, s. Sprachbuchseite 94). Langsames, deutliches Sprechen ermöglicht es den Kindern auch, ein immer sichereres Gespür für Wörter mit *langem i-Laut* zu bekommen. Der Regelkasten auf den entsprechenden Seiten unterstützt die Kinder zusätzlich beim Entwickeln von Rechtschreibbewusstsein.

Die Kinder wurden in Klasse 2 gründlich in die Strategie des *Ableitens von Wörtern mit ä und äu* sowie in die Strategie „Verlängern“ eingeführt. In unterschiedlichen, immer komplexer werdenden Übungsformen erfassen die Kinder zahlreiche Möglichkeiten, um verwandte Wörter mit *a* und *au* zu finden. Sie beschäftigen sich – nach Wortarten getrennt – mit der Verlängerung von Wörtern mit Auslautverhärtung und bauen somit sukzessive Rechtschreibkompetenz auf.

Wörter mit *langem i-Laut* und *Wörter mit stummem h* sind Merkwörter, deren Schreibweise durch vielfältiges Üben erlernt werden muss. Eine Rechtschreibhilfe ist das Finden von und Ordnen nach *Wortfamilien*. Eine weitere Möglichkeit ist die Arbeit mit der Wörterkiste oder einem Merkwortheft. Die Kinder erhalten jedoch auch vielfältige Anregungen, die entsprechenden Merkwörter im Kontext von Sätzen und Texten zu verwenden und zu üben.

Wörter aus anderen Sprachen sind meist selbstverständlich in unseren Alltag eingebunden. Zur Rechtschreibkompetenz gehört es daher auch, die Schreibweise dieser Wörter zu beherrschen. Die Kinder werden dazu angeregt, Wörter aus anderen Sprachen zu betrachten, sie Herkunftsländern zuzuordnen und ihre Bedeutung zu analysieren. Hinsichtlich der Rechtschreibung werden diese Wörter als Merkwörter betrachtet, die ebenfalls mithilfe von Wörterkiste oder Merkheft geübt und gesichert werden sollen.

Ich – Du – Wir

Verbundübersicht

Jo-Jo Sprachbuch, Themenkapitel Seite 4–9	**Jo-Jo Sprachbuch, Kursteil** Seite 86, 108, 144	**Jo-Jo Arbeitsheft** Seite 4, 26, 62
Jo-Jo Sprachförderheft Seite 4–9	**Jo-Jo Kopiervorlagen** Nr. 1, 12, 30	**Jo-Jo Lesebuch** Seite 4–17

Lerninhalte

Sprechen und Zuhören	Spiel- und Konfliktsituationen beschreiben und im szenischen Spiel erproben; Körpersprache deuten, Sprechbeiträge situationsangemessen planen (4)
Lesen (mit Texten und Medien umgehen)	Arbeitsanweisungen lesen und verstehen (4–9); genau lesen (5); Verfahren zur Orientierung über einen Text nutzen: Bilder im Text (6); Texte genau lesen: Fließtext in Sätze gliedern (7); zentrale Textaussagen erfassen: Fragen zum Text beantworten (9)
Schreiben (Texte schreiben)	passende Geschichtenanfänge auswählen; einen Geschichtenanfang fortsetzen (5) **Texte verfassen** SB (144), AH (64)
Schreiben (Richtig schreiben)	nach dem 1.–4. Buchstaben ordnen; in der Wörterliste nachschlagen (8) **Arbeitstechniken** SB (86), AH (4)
Sprache und Sprachgebrauch untersuchen	Kennzeichen von Nomen wiederholen: Großschreibung, Artikel, Einzahl, Mehrzahl; Umlaut bei ausgewählten Mehrzahlformen (6), kommunikative Absicht erkennen und Äußerungen entsprechend betonen; Satzarten/Satzschlusszeichen wiederholen; Satzgrenzen erkennen; Großschreibung am Satzanfang anwenden **Sprache untersuchen** SB (108), AH (26)

Vorüberlegungen

Konflikte in der Schule, im Klassenzimmer, auf dem Schulhof oder auf dem Schulweg und deren Bewältigung ist ein Thema, das alle Lehrkräfte aus ihrem Unterrichtsalltag kennen. Immer wieder geht es darum, zu erkennen, wer den Konflikt ausgelöst hat, zu entscheiden, wie einzugreifen ist und wie auf den Konflikt reagiert werden soll. So kann eine Bestandsaufnahme des Konfliktpotenzials in der eigenen Klasse helfen, Möglichkeiten mit den Kindern zu beschreiben und zu erarbeiten, die für das Klassenklima hilfreich sind und künftiges Miteinander erleichtern. Gesprächsregeln sowie das Anbieten und Erarbeiten von Lösungsmöglichkeiten sind im Schulalltag immer wieder notwendig, um das soziale Miteinander zu gestalten. Im Rahmen der Arbeit am Sprachbuchkapitel kann auch das Thema „Streitschlichter“ mit den Kindern behandelt werden. Das Streitschlichtermodell wird in Schulen zunehmend klassenübergreifend praktiziert, kann aber durchaus auch nur klassenintern angewendet werden. Die Bedeutung des Streitschlichtens durch die Kinder selbst liegt vor allem darin, dass sie die Fähigkeit entwickeln, selbstständig in Streitsituationen Konflikte zu lösen, um ihre sozialen Kompetenzen zu trainieren, die ihnen den Umgang mit Gleichaltrigen erleichtern.

Ideen für fächerübergreifendes Arbeiten

Sachunterricht
- Klassen- und Gesprächsregeln erarbeiten
- Bestandsaufnahme zum Klassenklima
- klasseninterne Streitschlichtung erproben
- Anfertigen eines „Ich-bin-ich-Buches“ mit Personenbeschreibung, Gewichts- und Größenangabe, Angabe zu Hobbys etc. und anschließende Ausstellung der Bücher in der Klasse

Kunst
- Selbstporträts anfertigen
- Klassen- und Gesprächsregeln als Plakat

Zum Einsatz der Kapitelseiten

Seite 4

Die Kapiteleinstiegsseite zeigt den Kindern eine komplexe Pausensituation auf einem Schulhof und bietet als Einstieg vielfältige Sprechanlässe. Gezeigt werden sowohl Bespiele friedlichen, freudvollen Miteinanders als auch Szenen von Streit und körperlicher Gewalt.

Die Kinder sollten zunächst ausreichend Gelegenheit haben, die Illustration zu betrachten. Wenn sie als Folie auf dem Overheadprojektor oder mittels Beamer gezeigt wird, können zur Fokussierung auf einzelne Elemente auch Teile abgedeckt werden. Wichtig ist, dass die Kinder zum genauen Betrachten und Beschreiben angeregt werden. Da sie auf ähnliche Erlebnisse und Erfahrungen zurückgreifen können, fällt es ihnen vermutlich leicht, sich in das Bild zu vertiefen und sich dazu zu äußern. Im mündlichen Austausch sollten die Kinder auch dazu angehalten werden, das genaue Zuhören bzw. das Einhalten vereinbarter Gesprächsregeln zu üben. Elementar ist es, den anderen ausreden zu lassen, wichtig ist es jedoch auch, sich ausdrücklich auf Äußerungen anderer Kinder zu beziehen.

Aufgabe 1

Die Kinder beschreiben, welche Tätigkeiten auf dem Bild zu sehen sind. Dabei werden sie durch die Aufgabenstellung darauf orientiert, insbesondere auf die Gesichter und Körperhaltungen der dargestellten Kinder zu achten. Was lässt sich daran alles ablesen? Gemeinsam können die Kinder versuchen, über das Beschreiben hinaus passende Nomen für die Gefühle zu finden, die sich in diesem Bild spiegeln. Genannt werden könnten beispielsweise *Freude, Spaß, Eifer, Wut, Ärger, Streit, Schmerz* etc. In diesem Kontext kann auch thematisiert werden, dass diese Wörter (Abstrakta) ebenfalls Nomen sind und großgeschrieben werden.

Sicherlich möchten die Kinder von eigenen Erfahrungen beim Spiel in der Pause und möglicherweise von Konflikten erzählen. Falls sich hier tiefergehende Konflikte andeuten, sollte die mögliche Schlichtung an anderer Stelle behandelt werden.

Aufgabe 2

Die Kinder überlegen, was die Figuren auf dem Bild sagen könnten. Dies kann auch gut in Gruppenarbeit geschehen. Es kann ergiebig sein, den Gruppen jeweils eine Kopie der Illustration zur Verfügung zu stellen, die sie dann zerschneiden können, um Raum für das Schreiben von Sprechblasen zu erhalten. Beim Ergänzen dieser Sprechblasen können sich die Kinder an den Vorgaben der Seite orientieren, die sie dann passend zuordnen. Sie können aber auch eigene Äußerungen erfinden und aufschreiben. Ihre Ideen können die Kinder dann in einem kleinen szenischen Spiel vorstellen.

Aufgabe 3

Das Malen einer eigenen Schulhofszene bietet den Kindern die Möglichkeit, sich ganz individuell mit dem Thema „Konflikte und Spiele auf dem Schulhof" zu befassen. Das Ergänzen von Sprechblasen ist ein motivierender Schreibanlass, der den Kindern sicher Freude macht. Die Lehrkraft sollte die Kinder darauf hinweisen, möglichst gut lesbar zu schreiben, damit die Arbeiten von allen gelesen werden können. Als Gemeinschaftsarbeit können die Szenen dann zu einem großen Schulhofbild zusammengefügt und ggf. auch ausgestellt werden (z. B. in der Eingangshalle).

D Stärkere Kinder können Schulhofspiele erfinden und aufschreiben, sodass sie gemeinsam erprobt werden können.

► ***Jo-Jo Lesebuch, S. 16/17***

Weitere Anregungen

- *gemeinsam Schulhofspiele überlegen und ggf. Spielanleitungen dazu aufschreiben, Anleitungstexte mit erläuternden Zeichnungen versehen, Spiele ausprobieren*
- *Regeln für das Verhalten auf dem Schulhof formulieren*

Seite 5

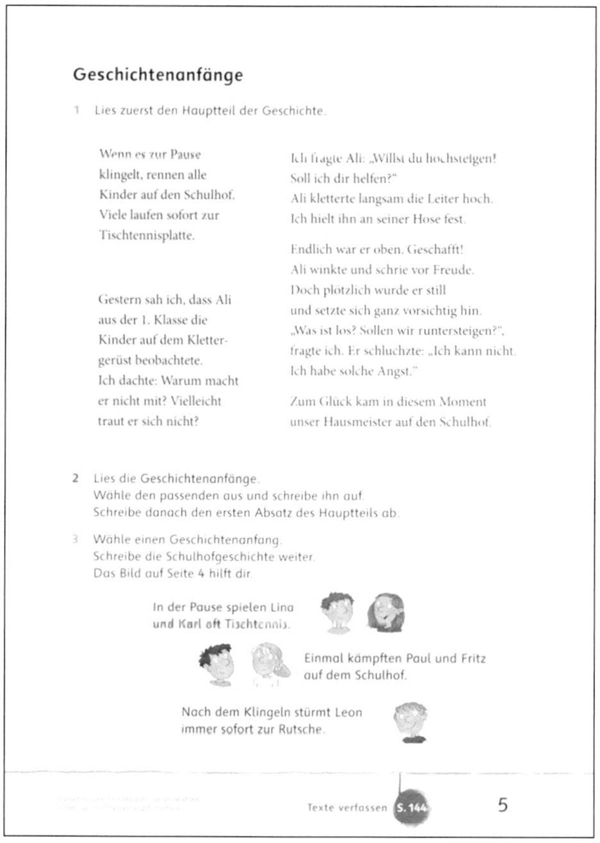

Geschichtenanfänge

1 Lies zuerst den Hauptteil der Geschichte.

Wenn es zur Pause klingelt, rennen alle Kinder auf den Schulhof. Viele laufen sofort zur Tischtennisplatte.

Gestern sah ich, dass Ali aus der 1. Klasse die Kinder auf dem Klettergerüst beobachtete. Ich dachte: Warum macht er nicht mit? Vielleicht traut er sich nicht?

Ich fragte Ali: „Willst du hochsteigen! Soll ich dir helfen?“ Ali kletterte langsam die Leiter hoch. Ich hielt ihn an seiner Hose fest.

Endlich war er oben. Geschafft! Ali winkte und schrie vor Freude. Doch plötzlich wurde er still und setzte sich ganz vorsichtig hin. „Was ist los? Sollen wir runtersteigen?“, fragte ich. Er schluchzte: „Ich kann nicht. Ich habe solche Angst.“

Zum Glück kam in diesem Moment unser Hausmeister auf den Schulhof.

2 Lies die Geschichtenanfänge.
Wähle den passenden aus und schreibe ihn auf.
Schreibe danach den ersten Absatz des Hauptteils ab.

3 Wähle einen Geschichtenanfang.
Schreibe die Schulhofgeschichte weiter.
Das Bild auf Seite 4 hilft dir.

In der Pause spielen Lina und Karl oft Tischtennis.

Einmal kämpften Paul und Fritz auf dem Schulhof.

Nach dem Klingeln stürmt Leon immer sofort zur Rutsche.

Texte verfassen S. 144 5

Die Sprachbuchseite 5 sowie die zugehörige Kursseite 144 machten den Kindern bewusst, dass Geschichten eine Struktur haben und sie aus Einleitung, Hauptteil und einem Ende bestehen. Dabei gehen die Kinder zunächst mit vorgegebenen Textteilen um, bevor sie weitere Erfahrungen mit dem eigenen Schreiben sammeln. Im Fokus der Arbeit steht zunächst das Finden und Verfassen stimmiger Einleitungen.

Aufgabe 1

Die Kinder lesen zunächst – jeder still für sich – den Hauptteil der Geschichte. Es geht hier ebenfalls um eine kleine Schulhofepisode, die durch den Einsatz wörtlicher Rede sehr anschaulich und für die Kinder gut lesbar ist.

Aufgabe 2

Die Kinder lesen die beiden möglichen Geschichtenanfänge auf der Sprachbuchseite und überlegen individuell, welcher der passende ist. Dann schreiben sie den Geschichtenanfang sowie den ersten Absatz des Hauptteils ab. Nochmaliges anschließendes Lesen macht den Kindern deutlich, dass sie sich für die richtige Textkombination entschieden haben. Die Lehrkraft sollte die Kinder darauf hinweisen, dass sie sorgfältig kontrollieren sollen, ob sie alles richtig abgeschrieben haben. Dies kann auch nochmals in Partnerarbeit geschehen.

Aufgabe 3

Drei mögliche Geschichtenanfänge stehen zur Verfügung. Die Kinder wählen einen aus und schreiben die begonnene Schulhofgeschichte weiter. Dabei kann das Bild auf der Einstiegsseite 4 hilfreich sein. Die Lehrkraft sollte die Kinder darauf hinweisen, die in den Geschichtenanfängen gewählte Zeitform konsequent beizubehalten (Bei zwei Sätzen ist es das Präsens, ein Geschichtenanfang ist im Imperfekt verfasst.). Stärkere Kinder beginnen die Aufgabe 3 in der Schule und setzen die Arbeit ggf. als Hausaufgabe fort. Wer möchte, darf seine Geschichte den anderen Kindern vorlesen.

▶ ***Jo-Jo Sprachbuch, Kurs Texte verfassen, S. 144***

▶ ***Jo-Jo Arbeitsheft, S. 64***

▶ ***Jo-Jo Lesebuch, S. 10/11, 14***

▶ ***Jo-Jo Kopiervorlagen, Nr. 30***

Weitere Anregungen

- *verschiedene Geschichten daraufhin untersuchen, wo sich Einleitung und Hauptteil befinden; diese Teile mit unterschiedlichen Farben markieren*
- *Ideen zum Weiterschreiben anbieten und die Kinder kleine Geschichten erfinden lassen; eine Schreibidee ist beispielsweise:*
  Am Montag wollte Leo bis oben in die Spitze des Birnbaumes an der Schule steigen …
- *Kinder schreiben lassen, was sie selbst gern auf dem Schulhof spielen*
- *einen „blinden“ Partner führen:*
  Die Kinder finden sich paarweise zusammen. Ein Kind bekommt die Augen mit einem Halstuch verbunden und wird von seinem Partner durch den Pausenhof geführt. Das „blinde“ Kind schult so nicht nur seine Wahrnehmung, sondern lernt auch, seinem Partner zu vertrauen. Das führende Kind lernt in diesem Spiel, Verantwortung zu übernehmen.
  Es kann sinnvoll sein, Kinder als Paare zusammen spielen zu lassen, die gelegentlich Konflikte miteinander haben.

Seite 6

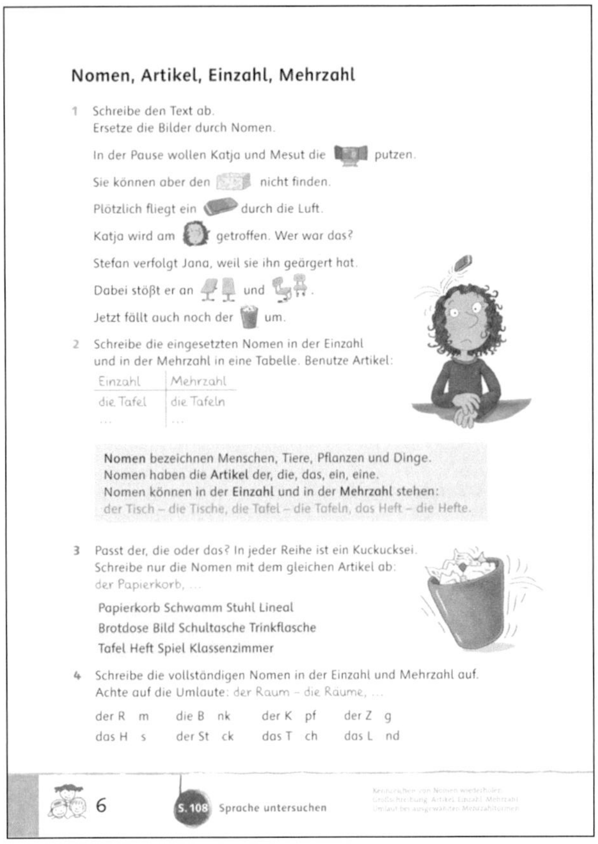

Nomen, Artikel, Einzahl, Mehrzahl

1 Schreibe den Text ab.
Ersetze die Bilder durch Nomen.

In der Pause wollen Katja und Mesut die … putzen.
Sie können aber den … nicht finden.
Plötzlich fliegt ein … durch die Luft.
Katja wird am … getroffen. Wer war das?
Stefan verfolgt Jana, weil sie ihn geärgert hat.
Dabei stößt er an … und … .
Jetzt fällt auch noch der … um.

2 Schreibe die eingesetzten Nomen in der Einzahl und in der Mehrzahl in eine Tabelle. Benutze Artikel:

Einzahl	Mehrzahl
die Tafel	die Tafeln
…	…

Nomen bezeichnen Menschen, Tiere, Pflanzen und Dinge.
Nomen haben die **Artikel** der, die, das, ein, eine.
Nomen können in der **Einzahl** und in der **Mehrzahl** stehen:
der Tisch – die Tische, die Tafel – die Tafeln, das Heft – die Hefte.

3 Passt der, die oder das? In jeder Reihe ist ein Kuckucksei.
Schreibe nur die Nomen mit dem gleichen Artikel ab:
der Papierkorb, …

Papierkorb Schwamm Stuhl Lineal
Brotdose Bild Schultasche Trinkflasche
Tafel Heft Spiel Klassenzimmer

4 Schreibe die vollständigen Nomen in der Einzahl und Mehrzahl auf.
Achte auf die Umlaute: der Raum – die Räume, …

der R m	die B nk	der K pf	der Z g
das H s	der St ck	das T ch	das L nd

6 S. 108 Sprache untersuchen

Nomen als Bezeichnung für konkrete Dinge (Menschen, Tiere, Pflanzen, Dinge) kennen die Kinder bereits aus dem zweiten Schuljahr. An dieser Stelle werden die Nomen-Kennzeichen wiederholt (s. gelb unterlegter Kasten): Nomen haben einen Artikel und sie können in der Einzahl und in der Mehrzahl stehen. Dass es auch Ausnahmen gibt – Wörter, die es entweder nur im Singular oder im Plural gibt, – kann ggf. mit leistungsstarken Lerngruppen thematisiert werden (Wörter wie *Ferien, Trümmer, Wissen* etc.)

Aufgabe 1

In dem Text wurden Nomen durch Bilder ersetzt. Bei Unsicherheiten in der Schreibweise können die Kinder die entsprechenden Wörter auch in der Wörterliste oder in einem Wörterbuch nachschlagen.

Aufgabe 2

Hier werden die Kinder aufgefordert, die Begriffe aus dem Text, die als Bild dargestellt wurden, in Einzahl und Mehrzahl mit dem entsprechenden bestimmten Artikel aufzuschreiben. Auch hier dienen die Wörterliste oder ein Wörterbuch als Hilfe bzw. als Selbstkontrollmöglichkeit. Ergänzend können die Kinder dazu aufgefordert werden, farbig zu kennzeichnen, was sich bei den Mehrzahlwörtern verändert hat.

D den Text des gelb unterlegten Merkkastens ins Heft schreiben

Aufgabe 3

„Kuckuckseier" sind die Wörter, die sich in einem Merkmal von den anderen Wörtern der Reihe unterscheiden. In dieser Übung ergibt sich das „Kuckucksei" durch einen jeweils anderen Artikel. Die Kinder schreiben nur die Wörter mit dem gleichen Artikel in ihr Heft.

D Die Kinder schreiben mithilfe der Wörterliste selbst solche Reihen mit „Kuckuckseiern" und geben sie einem Partner zum Lösen. Entweder schreibt das Partnerkind dann wie in der Aufgabe 3 alle Nomen mit dem gleichen Artikel ab oder das „Kuckucksei" wird einfach jeweils durchgestrichen.

Aufgabe 4

Die Nomen, die hier in Ein- und Mehrzahl aufgeschrieben werden sollen, ändern ihre Selbstlaute in Umlaute bei der Bildung der Mehrzahl. Vor dieser Übung ist daher die Wiederholung der Begriffe *Selbstlaut – Mitlaut – Umlaut* zu empfehlen.

▶ ***Jo-Jo Sprachbuch, Kurs Sprache untersuchen, S. 108***

▶ ***Jo-Jo Arbeitsheft, S. 26***

▶ ***Jo-Jo Lesebuch, S. 12, 15***

▶ ***Jo-Jo Kopiervorlagen, Nr. 12***

Weitere Anregungen

- *für die Rätselkiste Wörterreihen mit „Kuckuckseiern" erfinden, bei denen ein Wort jeweils inhaltlich nicht in die Reihe passt oder die sich hinsichtlich des bestimmten Artikels unterscheiden (Wichtig ist, dass ein Hinweis auf das Unterscheidungskriterium gegeben wird.)*
- *Angelspiele sind leicht herzustellen, können auch von den Kindern selbst gebastelt werden. An dieser Stelle bietet es sich an, ein Angelspiel mit Nomen und bestimmten Artikeln herzustellen – jeweils ein Nomen und einen Artikel angeln und prüfen, ob sie zusammenpassen. Für Kinder mit Migrationshintergrund bzw. mit Deutsch als Zweitsprache kann der richtige Gebrauch der Artikel besonders schwierig sein. Doch auch bei muttersprachlichen Kindern besteht hinsichtlich des richtigen Gebrauchs der Artikel oft ein großer Übungsbedarf, dem man gut spielerisch nachkommen kann.*

Seite 7

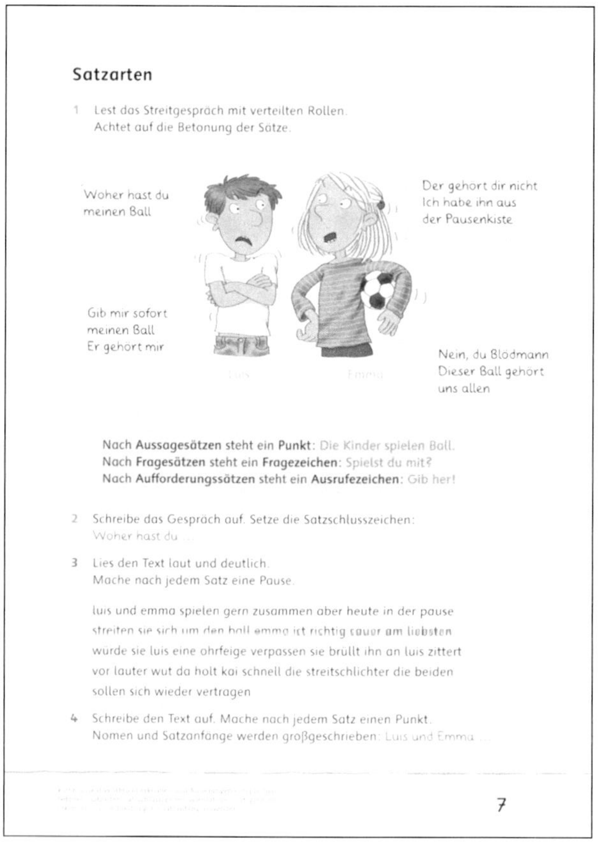

Satzarten

1 Lest das Streitgespräch mit verteilten Rollen. Achtet auf die Betonung der Sätze.

Woher hast du meinen Ball

Der gehört dir nicht
Ich habe ihn aus der Pausenkiste

Gib mir sofort meinen Ball
Er gehört mir

Nein, du Blödmann
Dieser Ball gehört uns allen

Nach Aussagesätzen steht ein Punkt: Die Kinder spielen Ball.
Nach Fragesätzen steht ein Fragezeichen: Spielst du mit?
Nach Aufforderungssätzen steht ein Ausrufezeichen: Gib her!

2 Schreibe das Gespräch auf. Setze die Satzschlusszeichen:
Woher hast du …

3 Lies den Text laut und deutlich.
Mache nach jedem Satz eine Pause.

luis und emma spielen gern zusammen aber heute in der pause streiten sie sich um den ball emma ist richtig sauer am liebsten würde sie luis eine ohrfeige verpassen sie brüllt ihn an luis zittert vor lauter wut da holt kai schnell die streitschlichter die beiden sollen sich wieder vertragen

4 Schreibe den Text auf. Mache nach jedem Satz einen Punkt.
Nomen und Satzanfänge werden großgeschrieben: Luis und Emma …

7

Ausgehend von einem kleinen Streitgespräch werden auf dieser Seite die Satzarten behandelt. Die Kinder wissen bereits, dass Sätze inhaltlich abgeschlossene Informationseinheiten sind, die zu Beginn großgeschrieben werden und mit einem bestimmten Satzzeichen enden. Etwas schwieriger als beim Satzzeichen Punkt gestaltet sich jedoch die Verwendung von Ausrufezeichen und Fragezeichen. Hier entscheidet weitgehend die Äußerungsabsicht des Sprechers über die Verwendung. Das Ausrufezeichen gibt dem Inhalt von Sätzen einen besonderen Nachdruck. Die Verwendung des Fragezeichens bereitet Kindern in der Regel weniger Probleme als die des Ausrufezeichens, denn die meisten Fragen sind schon allein durch die einleitenden Fragewörter für sie eindeutig erkennbar. In der dritten Klasse geht es nun verstärkt darum, Aussage-, Ausrufe- und Fragesätze zu unterscheiden und in diesem Sinne das Satzbildungsgespür der Kinder zu stärken, was auch den eigenen Texten der Kinder zugute kommt.

Aufgabe 1

In Sprechblasen sind Aussagen zu einer Streitsituation abgedruckt. Die Satzschlusszeichen sind nicht vorhanden. Die Kinder lesen das Gespräch mit verteilten Rollen und versuchen, die Sätze richtig zu betonen. Im Unterrichtsgespräch können die Satzschlusszeichen wiederholt und an der Tafel notiert werden. Im Anschluss daran werden die Sätze aufgeschrieben. Dabei sollte deutlich werden, dass manche Sätze durch das Setzen verschiedener Satzschlusszeichen eine andere Bedeutung erlangen.
Beispiel: *Das weißt du nicht? Das weißt du nicht.*

Aufgabe 2

Die Kinder schreiben das Gespräch auf und setzen die Satzschlusszeichen. Dies ist auch eine gut geeignete Hausaufgabe.

Aufgabe 3

Der ausschließlich in Kleinbuchstaben geschriebene Text greift die Streitsituation auf. Gemeinsam kann der Text von verschiedenen Kindern laut und deutlich vorgelesen werden, nach jedem Satz wird eine Pause gemacht.

Aufgabe 4

Als Hausaufgabe kann der Text von Aufgabe 3 unter Berücksichtigung der korrekten Groß- und Kleinschreibung (Nomen und Satzanfänge) von den Kindern aufgeschrieben werden.

D Leistungsstärkere Kinder können den Text weiterschreiben (Gelingt es den Streitschlichtern wohl, zwischen den beiden Streithähnen zu vermitteln?), wobei auch insbesondere auf die Satzschlusszeichen zu achten ist.

KV 1 ***In der Pause***
Die Kinder lesen einen ausschließlich in Großbuchstaben geschriebenen Text, markieren die Satzenden und schreiben den Text dann in richtiger Groß- und Kleinschreibung mit Interpunktion ab.

Weitere Anregungen

- *Streitschlichterspiel herstellen: Ein DIN-A3-Blatt wird als Spielfeld gestaltet. Die Kinder zeichnen hierfür ein Start- und ein Zielfeld auf und gestalten einen Weg mit Klebepunkten. Dann fertigen sie Situationskärtchen an, die beim Erreichen bestimmter Felder beantwortet werden müssen. Auf die Kärtchen wird eine Konflikt- oder Streitsituation geschrieben, in der ein Streit geschlichtet werden muss. Das Kind, das auf dem entsprechenden Feld steht, bekommt das Situationskärtchen vorgelesen und gibt einen Vorschlag ab, wie es in der Situation reagieren würde. Die Gruppe entscheidet, ob das Kind mit seinem Vorschlag den Streit vermutlich geschlichtet hätte. Wenn ja, darf es noch einmal würfeln. Wenn nicht, ist das nächste Kind an der Reihe. Die Gruppe muss dann aber ihre Entscheidung begründen und Verbesserungsvorschläge machen.*

Seite 8

Ordnen und nachschlagen

1 Lest die Listen der Kinder.

2 Ordne die Verben auf jedem Plakat nach dem ABC:
arbeiten, …

3 Ordne die Wörter aus jedem Kasten nach dem ABC.
Male den 4. Buchstaben an: verdienen, …

versprechen	ausmalen	wegwischen
verraten	ausdenken	weggehen
verdienen	ausschlafen	weglaufen
verlieren	austrinken	wegfahren

4 Ordne die Wörter aus jedem Kasten nach dem ABC:
Laub, laufen, …

laufen	Ball	Reise	pflücken
Laub	bald	reich	Pflaster
laut	Balkon	reiten	pflanzen
lauschen	Ballon	Reim	pflegen

5 Schlage die Wörter aus Aufgabe 4 in der Wörterliste nach.
Unterstreiche die Wörter, die nicht in der Wörterliste stehen.

8 S. 86 Arbeitstechniken

Ziel aller Übungen zum Ordnen und Nachschlagen ist ein selbstständiger Umgang mit der Wörterliste bzw. mit Wörterbüchern, um die Arbeitstechnik „Nachschlagen“ als (legitime) Rechtschreibstrategie effizient nutzen zu können.

Aufgabe 1 und 2

Die Kinder lesen die beiden Listen mit Verben und ordnen sie anschließend nach dem Abc. Schwächere Kinder sollten dabei die Möglichkeit haben, in einem vorgegebenen Alphabet nachzuschauen oder sie schreiben das Alphabet untereinander auf und ordnen die Verben dann passend zu.

D einzelne Buchstaben aus dem Alphabet an der Tafel vorgeben und von den Kindern Vorgänger bzw. Nachfolger aufschreiben lassen

Aufgabe 3 und 4

Hier werden die vorgegebenen Wörter nach dem vierten Buchstaben sortiert. Schwächere Kinder können die Wörter zunächst probeweise auf einem Schmierzettel ordnen oder sie sortieren die Wörter als Wortkärtchen.

Aufgabe 5

Das selbstständige Nachschlagen stellt eine erhöhte Schwierigkeit dar. Wörter, die nicht in der Wörterliste aufgefunden werden können, werden von den Kindern ins Heft geschrieben.

► ***Jo-Jo Sprachbuch, Kurs Arbeitstechniken, S. 86***

► ***Jo-Jo Arbeitsheft, S. 4***

► ***Jo-Jo Kopiervorlagen, Nr. 1***

Seite 9

Aufgabe 1

Die Kinder sollten es aus dem zweiten Schuljahr gewöhnt sein, die Wörter der Wörterleiste zunächst sorgfältig auf Karten zu schreiben und sie in der Wörterkiste abzulegen. Danach beschäftigen sich die Kinder mit dem kleinen Übungstext, den sie entweder abschreiben oder als Dosen-, Partner- oder Schleichdiktat üben.

Aufgabe 2

Die Arbeit mit Reimwörtern hilft den Kindern, Rechtschreibwissen zu vertiefen, da sie erleben, dass bestimmte Wortteile bei Reimwörtern gleich sind.

Aufgabe 3

Die Kinder schreiben alle Verben aus dem Übungstext heraus. Leistungsstärkere Schülerinnen und Schüler können zusätzlich jeweils die Grundform der Verben notieren. Anschließend sollte das Schreibergebnis in jedem Fall kontrolliert werden.

Aufgabe 4

Die Kinder schreiben W-Fragen ab und notieren die jeweilige Antwort als Satz. Derartige Übungen helfen, das Satzbildungsgespür der Kinder weiterzubilden.

Aufgabe 5

Diese Aufgabe bietet nochmals eine basale Übung zur Großschreibung von Nomen und Satzanfängen.

D Leistungsstärkere Kinder können ggf. am Computer selbst kleine Texte in kompletter Groß- oder Kleinschreibung verfassen und zur Übung der richtigen Groß- und Kleinschreibung zur Verfügung stellen. Die Lehrkraft muss derartige Texte aber im Hinblick auf mögliche sonstige Fehler korrigiert haben.

KV 2 ***Schleichdiktat***

KV 3 ***Diktatvorbereitung***

Name: Datum: Klasse:

In der Pause

1. Lies den Text. Markiere die Satzenden mit einem Strich.
Schreibe den Text dann mit Satzschlusszeichen auf.
Achte darauf, dass du Nomen und Satzanfänge großschreiben musst.

IN DER PAUSE HAT ES HEUTE STREIT GEGEBEN MARIO
HAT SVEN GESCHUBST DA IST SVEN GLEICH AUF
MARIO LOSGEGANGEN DIE JUNGEN HABEN AUF
DEM SCHULHOF GELEGEN UND GERAUFT NUN
IST HERR SCHUBERT DAZUGEKOMMEN ER HAT DIE
STREITHÄHNE GETRENNT UND WOLLTE WISSEN,
WARUM DIE BEIDEN JUNGEN SICH STREITEN.

Name: Datum: Klasse:

Schleichdiktat

Streit in der Pause

In der Pause gab es gestern
einen bösen Streit
zwischen Leon und Jenny.
Wie hat er nur angefangen?
Niemand weiß das so genau.
Leon schrie Jenny laut an und
Jenny schlug dann Leon auf den Rücken.
Plötzlich lagen beide am Boden.
Da holte Kai die Streitschlichter.
Die hörten sich an,
was passiert war.
Meinst du, Jenny und Leon konnten
ihren Streit lösen?

Name: Datum: Klasse:

Diktatvorbereitung

1 Lies von hinten nach vorn. Schreibe die Wörter richtig auf.

tiertS ______ esuaP ______

gulsch ______ esöb ______

nesöl ______ nekcüR ______

2 Setze die Verben vom linken Rand in der richtigen Zeit ein.

gibt
gab
schreit
schrie
schlägt
schlug
liegen
lagen
holt
holte
lösen
lösten

Heute: Plötzlich gibt es einen Streit. Leon ______ Jenny an. Jenny ______ Leon. Beide ______ am Boden. Kai ______ die Streitschlichter. Diese ______ das Problem.

Gestern: Plötzlich gab es einen Streit. Leon ______ Jenny an. Jenny ______ Leon. Beide ______ am Boden. Kai ______ die Streitschlichter. Diese ______ das Problem.

3 Schreibe einen der beiden Texte ab.

______

______

______

______

______

Herbst

Verbundübersicht

Jo-Jo Sprachbuch, Themenkapitel
Seite 10–15

Jo-Jo Sprachbuch, Kursteil
Seite 96, 110, 154

Jo-Jo Arbeitsheft
Seite 14, 28, 72

Jo-Jo Sprachförderheft
Seite 10–15

Jo-Jo Kopiervorlagen
Nr. 6, 13, 35

Jo-Jo Lesebuch
Seite 18–29

Lerninhalte

Sprechen und Zuhören	durch Bilder angeregt über Herbstwetter sprechen, persönliche Wettervorlieben benennen; zu einem Herbsttag malen und schreiben (10)
Lesen (mit Texten und Medien umgehen)	Arbeitsanweisungen lesen und verstehen (10–15); Texte präsentieren: ein Gedicht auswendig vortragen; handelnd mit Texten umgehen: illustrieren; eigene Gedanken zu Texten entwickeln (11); genau lesen: passende Verben einsetzen (13)
Schreiben (Texte schreiben)	ein Gedicht lesen, auswendig lernen und vortragen; den Ausgang der Geschichte malen und aufschreiben; ein Schreibziel suchen (11) **Texte verfassen** SB (154), AH (72)
Schreiben (Richtig schreiben)	Rechtschreibhilfe „Wörterverlängerung“ kennen lernen; auf Wörter aus dem Übungswortschatz anwenden (14) **Richtig schreiben** SB (96), AH (14)
Sprache und Sprachgebrauch untersuchen	Kennzeichen von Verben wiederholen; Verben nach semantischen Gesichtspunkten ordnen; in zusammengesetzten Nomen versteckte Verben entdecken (12); Grundform und Personalformen kennen lernen; Verben in allen Personalformen aufschreiben, Personalformen würfeln (13) **Sprache untersuchen** SB (110), AH (28)

Vorüberlegungen

Das Kapitel „Herbst“ gehört in den Kanon der Jahreszeitenkapitel. Diese Kapitel unterliegen der Progression des Schülerbuches, sind also nicht als isolierter Teil zu verstehen.
Im Kapitel „Herbst“ spielt das Thema Wind eine wichtige Rolle. Wind entsteht durch die unterschiedliche Erwärmung benachbarter Luftschichten. Erwärmte Luft steigt auf, es kommt zu einer vertikalen Luftbewegung. Zwischen der kälteren und der erwärmten Luft entstehen Schichten mit unterschiedlichem Luftdruck. Je größer der Temperaturunterschied und damit der Luftdruck ist, desto schneller fließt die wärmere Luft ab. Primärer Motor für die Erwärmung der Luft und damit die Entstehung des Windes ist die Sonne. Ein weiterer wichtiger Faktor für das Aufkommen sind die Erdrotation und die damit verbundene Reibung. Hierdurch wird der Wind abgelenkt und in seiner Richtung beeinflusst, wobei der Wind nach der Richtung benannt ist, aus der er kommt. Der Wind beeinflusst auch unsere Empfindungen in der Natur. Auf unserer Haut liegt ein Luftpolster, das uns vor dem Frieren schützt. Wenn wir uns im Freien aufhalten, bläst der Wind dieses Luftpolster weg. Unser Körper kühlt dann schneller aus. Neben der Besprechung des Themas Wind eröffnet das Kapitel die Möglichkeit, weitere Herbst- und Wettererfahrungen zu thematisieren.

Ideen für fächerübergreifendes Arbeiten

Sachunterricht

- Wetterphänomene und ihre Ursachen beobachten und dokumentieren, einfache technische Hilfsmittel bauen und Erscheinungen der Natur dokumentieren: Windmessgerät bauen
- einen Jahreszeitentisch mit für den Herbst typischen Naturmaterialien in der Klasse aufbauen, dazu eventuell Bilder, Gedichte und Lieder sammeln

Kunst/Musik

- Materialdruck mit Blättern, „Laubmännchen“ kleben
- Herbstlieder

Zum Einsatz der Kapitelseiten

Seite 10

Herbst

1 Im Herbst kann das Wetter ganz unterschiedlich sein. Erzählt zu den Bildern.

2 Welches Herbstwetter magst du am liebsten? Berichte, was du an solchen Herbsttagen gerne tust.

3 Male ein Bild zu einem Herbsttag und schreibe dazu.

Mein Lieblingswetter im Herbst ist …

10

Dargestellt sind in vier Illustrationen Kinder und Erwachsene, die ganz unterschiedliche Wettererfahrungen machen: Sie lassen bei windigem Wetter Drachen steigen, fegen bei nebligem Wetter Laub zusammen, machen einen Spaziergang in einem sonnendurchfluteten Herbstwald und bewegen sich bei Regen mit Regenschirmen draußen.

Aufgabe 1

Zunächst sollen sich die Kinder die vier Abbildungen anschauen und sie beschreiben. Herausgearbeitet werden sollte, dass das Wetter im Herbst ganz unterschiedlich sein kann. Dies kann zunächst „neutral" beschrieben und in Stichworten an der Tafel festgehalten werden. Diese Bilder gilt es zu eigenen Erfahrungen der Kinder in Beziehung zu setzen. Mit welchem der Bilder können sie eigene Erlebnisse verbinden? Welche Vor- und Nachteile hat es beispielsweise, wenn im Herbst der Wind weht, wenn es gar stürmt? Welche Kleidung ist bei verschiedenen Wettererscheinungen zweckmäßig? Wo kann man einen Drachen steigen lassen? Wissen und Erfahrungen der Kinder werden im Unterrichtsgespräch gesammelt und diskutiert.

Aufgabe 2

In dieser Aufgabe geht es um die persönliche Einstellung, um die persönliche Empfindung, die jedes Kind mit Wind und Wetter im Herbst verbindet. Sie bildet somit eine Weiterführung von Aufgabe 1, die keine persönliche Betroffenheit vorausgesetzt hat, sondern in erster Linie eine eher distanzierte Beschreibung ermöglicht. Dazu kommt eine Fokussierung auf positive Erlebnisse mit dem Herbstwetter. „Welches Herbstwetter magst du am liebsten?" Die Kinder sollen im Erzählkreis oder in kleinen Gruppen berichten, was sie an solchen Herbsttagen gern machen. Denkbar ist auch, in den Gruppen Herbstgeschichten erfinden zu lassen, die anschließend von einem Kind aus der Gruppe für die ganze Klasse vorgetragen werden.

Aufgabe 3

Die dritte Aufgabe regt dazu an, die eigenen Erfahrungen mit dem Herbstwetter bildhaft darzustellen und dazu zu schreiben. Die Kinder können beispielsweise auf einem DIN-A3-Format mit Wasserfarben malen und gesondert Texte auf liniertem Papier schreiben, die sie nachher einkleben.

D Wer keine Idee für einen erzählenden Text hat, kann auch z. B. ein passendes Herbstgedicht aus dem Lesebuch abschreiben und aufkleben.

▶ ***Jo-Jo Lesebuch, S. 18–27***

Weitere Anregungen

- *Zum Thema „Wind und Wetter im Herbst" gibt es viel zu erzählen und zu erkunden. Es bietet sich an, Gedichte, Geschichten, Berichte oder Bilder zur Thematik zu suchen und zu sammeln. Dann ist zu klären, wie die Ergebnisse in der Klasse öffentlich gemacht werden. Eine Wandzeitung auf Packpapier, Vorleserunden oder „Wind- und Wetterbücher", die in der Leseecke der Klasse ausliegen, sind ebenso denkbar wie eine Pinnwand oder eine Litfaßsäule. Letztere könnte auch im Schulhaus aufgestellt werden.*
- *eine Buchausstellung mit Herbstbüchern machen*
- *eine Lesung mit Gedichten und Geschichten zum Thema Herbst veranstalten*
- *Wortschatzsammlungen zu den Themen Herbst, Wind und Wetter anlegen, ggf. nach Wortarten trennen*
- *Fantasiefiguren mit herbstlichen Materialien basteln (Blätter, Kastanien, Eicheln etc.) und dazu Fantasiegeschichten schreiben; auf Einleitung, Hauptteil und Schluss der Geschichten achten bzw. diese Teile farbig markieren*

Seite 11

Gedichte

1 Lest das Gedicht. Lernt eine oder mehrere Strophen auswendig. Tragt sie in der Klasse vor.

Die Geschichte
vom fliegenden Robert
Wenn der Regen niederbraust,
wenn der Sturm das Feld durchsaust,
bleiben Mädchen oder Buben
hübsch daheim in ihren Stuben.
Robert aber dachte: „Nein!
Das muss draußen herrlich sein!“
Und im Felde patschet er
mit dem Regenschirm umher.

Hui! Wie pfeift der Wind und keucht,
dass der Baum sich niederbeugt!
Seht! Den Schirm erfasst der Wind,
und der Robert fliegt geschwind
durch die Luft so hoch, so weit.
Niemand hört ihn, wenn er schreit.
An die Wolken stößt er schon
und der Hut fliegt auch davon.

Schirm und Robert fliegen dort
durch die Wolken immerfort.
Und der Hut fliegt weit voran,
stößt zuletzt am Himmel an.
Wo der Wind sie hingetragen,
ja, das weiß kein Mensch zu sagen.

Heinrich Hoffmann

2 Betrachte die Bilder. Überlege, wohin Robert getragen wird. Male, was weiter geschieht.

3 Schreibe auf, wie die Geschichte ausgeht.

Texte verfassen S. 154 11

„Die Geschichte vom fliegenden Robert“ aus dem „Struwwelpeter“ von Heinrich Hoffmann gehört zu den Klassikern der Kinder- und Jugendliteratur. Heinrich Hoffmann (1809–1894) war ein deutscher Psychiater, Lyriker und Kinderbuchautor. Seit 1842 veröffentlichte er Gedichte und Theaterstücke unter verschiedenen Pseudonymen. Weltweit bekannt wurde er durch sein von ihm selbst illustriertes Kinderbuch „Der Struwwelpeter“, das er zu Weihnachten 1844 für seinen ältesten Sohn schrieb. Vermutlich 1858 erstellte Hoffmann eine neue Fassung mit veränderten Bildern, auf der alle folgenden Ausgaben des „Struwwelpeter“ basieren. Das immer wiederkehrende Grundthema ist das Verhalten der Kinder. Unerwünschtes Verhalten führt zum Unglück, so auch für Robert. Anstatt bei stürmischem Regenwetter daheim zu bleiben, geht er hinaus auf das Feld. Vom Sturm wird sein Regenschirm erfasst. Mit ihm fliegt Robert davon und wird nicht mehr gesehen. Was einst als Belehrung gedacht war, kann heute vor allem dazu genutzt werden, um die Fantasie der Kinder anzuregen: Was ist mit Robert geschehen? Wohin könnte er mit seinem Regenschirm geflogen sein? Was könnte er dort erleben?

Aufgabe 1

Jedes Kind sollte zunächst ausreichend Zeit haben, das Gedicht still für sich zu erlesen, dann kann es Strophe für Strophe von einzelnen Kindern vorgelesen werden. Alternativ zur Aufgabenstellung kann das Auswendiglernen des Textes auch an den Schluss der Arbeit mit der Sprachbuchseite gestellt werden. Gerade Kinder in der Grundschule haben häufig noch viel Freude am Auswendiglernen und Vortragen von Gedichten. Die Aufgabenstellung – *lerne eine oder mehrere Strophen* – ermöglicht eine ausreichende Differenzierung in der Klasse. Alternativ ist auch denkbar, noch weitere Gedichte aus dem „Struwwelpeter“ von Heinrich Hoffmann in der Klasse zu lesen oder durch einzelne Kinder vorstellen zu lassen. Die Kinder sollten sich gegenseitig Tipps geben, wie der Vortrag noch verbessert werden könnte. Falls das Gedicht als Kopie vorliegt, können die Kinder Wörter markieren, die sie besonders betonen wollen; das erleichtert das gestaltende Lesen bzw. Vortragen des Textes.

Aufgabe 2

Die alten Bilder regen sicherlich die Fantasie der Kinder an. Auf einzelne Blätter kann in Form einer Bildergeschichte gemalt werden, was mit Robert geschieht. Dazu können auch vorab im Unterrichtsgespräch gemeinsam Ideen gesammelt werden. Indem die Kinder bildhaft darstellen, was weiter mit Robert geschieht, versetzen sie sich in die Hauptfigur und finden eine inhaltliche Anbindung an den offenen Schluss des Gedichts.

Aufgabe 3

Wohin fliegt Robert? Wohin wird er vom Wind getragen? Kommt er wieder nach Hause zurück? Geht die Geschichte gut aus oder geschieht ein Unglück? Bevor die Kinder ihre Geschichten aufschreiben, müssen sie diese Fragen für sich selbst beantwortet haben. Der Schreibprozess ist durch die vorhergehenden Aufgaben bereits entlastet. Gedanken zum Fortgang der Erlebnisse von Robert haben sich die Kinder bereits durch das bildhafte Gestalten gemacht. Die Kinder können sich also auf die eigentliche Schreibaufgabe konzentrieren.

▶ ***Jo-Jo Sprachbuch, Kurs Texte verfassen, S. 154***

▶ ***Jo-Jo Arbeitsheft, S. 72***

▶ ***Jo-Jo Kopiervorlagen, Nr. 35***

Weitere Anregungen
- *weitere Gedichte aus dem „Struwwelpeter“ lesen und das Bilderbuch gemeinsam betrachten*
- *alte Bilderbücher aus der Bücherei ausleihen (oft als Reprint erhältlich), gemeinsam betrachten, lesen und darüber sprechen, woran man feststellen kann, dass es sich um ein altes Buch handelt*

Seite 12

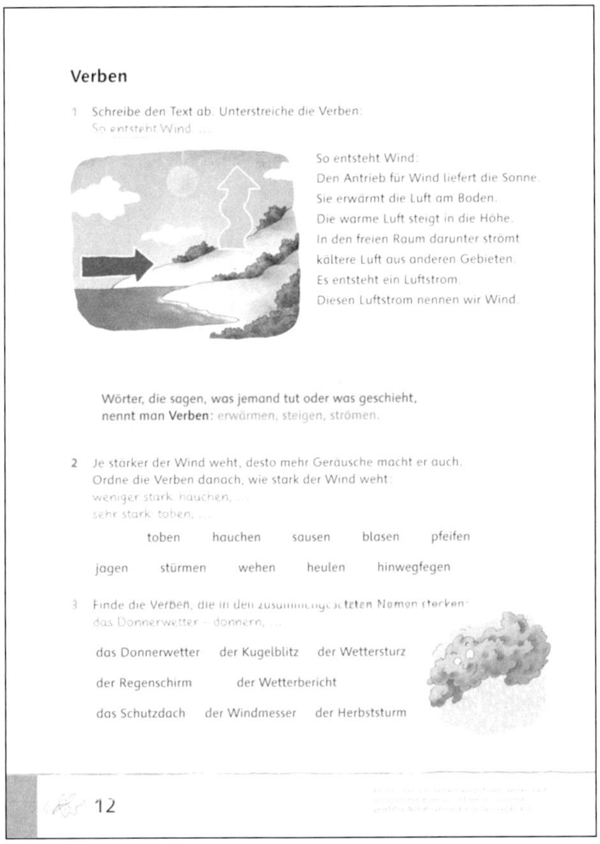

Verben

1 Schreibe den Text ab. Unterstreiche die Verben:
So entsteht Wind: …

So entsteht Wind:
Den Antrieb für Wind liefert die Sonne.
Sie erwärmt die Luft am Boden.
Die warme Luft steigt in die Höhe.
In den freien Raum darunter strömt
kältere Luft aus anderen Gebieten.
Es entsteht ein Luftstrom.
Diesen Luftstrom nennen wir Wind.

Wörter, die sagen, was jemand tut oder was geschieht, nennt man Verben: erwärmen, steigen, strömen.

2 Je stärker der Wind weht, desto mehr Geräusche macht er auch.
Ordne die Verben danach, wie stark der Wind weht:
weniger stark: hauchen, …
sehr stark: toben, …

toben hauchen sausen blasen pfeifen

jagen stürmen wehen heulen hinwegfegen

3 Finde die Verben, die in den zusammengesetzten Nomen stecken:
das Donnerwetter – donnern, …

das Donnerwetter der Kugelblitz der Wettersturz

der Regenschirm der Wetterbericht

das Schutzdach der Windmesser der Herbststurm

12

Die Sprachbuchseite 12 stellt Verben in den Mittelpunkt der Betrachtung und Untersuchung, wobei Wissen aus dem zweiten Schuljahr wiederholt und vertieft wird. Zunächst gehen die Kinder auf dieser Seite mit der Wortart Verb unter semantischen Gesichtspunkten um. Sie wiederholen, dass mit Verben Tätigkeiten und Vorgänge bezeichnet werden.

Aufgabe 1

Die Kinder lesen den informierenden Text über die Entstehung von Wind. Im Text und auf dem Bild ist die Entstehung des lokalen Windes in einem einfachen Schema dargestellt. Erwärmte Luft steigt auf, am Boden strömt kühlere Luft nach. Es entsteht eine Art Kreislauf, den wir als Wind wahrnehmen. Text und Bild bilden eine Einheit. Mithilfe des Textes lässt sich das Bild erklären. Dies kann im Unterrichtsgespräch oder in Partnerarbeit erfolgen. In Partnerarbeit wird der Text zunächst gelesen, dann erklären sich die Kinder das Bild gegenseitig. Einzelne von ihnen können zur Kontrolle eine Erklärung vor der ganzen Klasse geben. Dann wird der Text abgeschrieben und die Verben im Text werden gesucht und unterstrichen. Die Ergebnisse werden in der Klasse besprochen. Wichtig ist dabei die Frage nach den Merkmalen der Verben. Je nach Vorkenntnissen bieten sich als Erkennungsmerkmale an:

- Verben beschreiben, was jemand tut oder was geschieht. Mit Verben lassen sich Tätigkeiten ausdrücken.
- Mit Verben lässt sich die Zeit darstellen.
- Verben haben eine Personalform, sie können verändert werden: *jagen – er jagt*
- Verben haben eine Grundform (*jagen* etc.).

Aufgabe 2

Die Aufgabe zielt auf die semantische Ebene, die Bedeutung der Verben soll differenziert dargestellt werden. Dazu müssen die Verben geordnet werden. Kriterium sind zum einen die Windstärke, zum anderen die Lautstärke, mit der der Wind sich bemerkbar macht. Durch die Einteilung in die drei Gruppen „weniger stark", „stark", „sehr stark" lassen sich auch Verben wie *heulen* und *toben*, die parallel stehen könnten, einordnen.

weniger stark: hauchen, wehen, blasen
stark: sausen, pfeifen, heulen
sehr stark: toben, stürmen, jagen, hinwegfegen

Aufgabe 3

In den zusammengesetzten Nomen sind Verben „versteckt", die die Kinder finden und notieren sollen. Die Verben können sowohl im Grundwort als auch im Bestimmungswort verborgen sein: *das Donnerwetter – donnern (und wettern), der Kugelblitz – blitzen (und kugeln), der Wettersturz – stürzen, der Regenschirm – regnen, der Wetterbericht – berichten, das Schutzdach – schützen, der Windmesser – messen (und winden), der Herbststurm – stürmen.*

Weitere Anregungen

- *Windrad basteln, dazu braucht man: 3 Schrauben (15 mm lang, 2 mm dick), 1 Rundstab (6 mm Durchmesser), 1 Stück Pappe (20 cm lang, 20 cm breit), 1 Perle (8 mm Durchmesser), 1 Holzscheibe (3 cm Durchmesser, 1 cm dick), Wachsmalstifte, Zirkel, Schere, Bohrmaschine, 1 Bohrer (2,5 mm), Schraubendreher, Lineal; Mit dem Zirkel einen kleinen Kreis (Durchmesser 8 cm) auf die Pappe zeichnen und einen großen Kreis (20 cm Durchmesser) darum. Dann gleichmäßig verteilt 12 Linien vom inneren zum äußeren Kreisrand zeichnen. Als Nächstes an den 12 Linien bis an den Rand des inneren Kreises entlangschneiden. Die Pappe anmalen. Danach die Kreisteile zu Windschaufeln verbiegen. Den Rundstab mit 2 Schrauben auf der Rückseite der Holzscheibe in der Mitte befestigen. Dazu müssen am Ende des Rundstabes 2 Löcher gebohrt werden. Zum Schluss die Mitte des Windrades auf die Mitte der Holzscheibe legen, die Perle auf die Mitte des Windrades und beides mit einer Schraube an der Holzscheibe befestigen.*

Seite 13

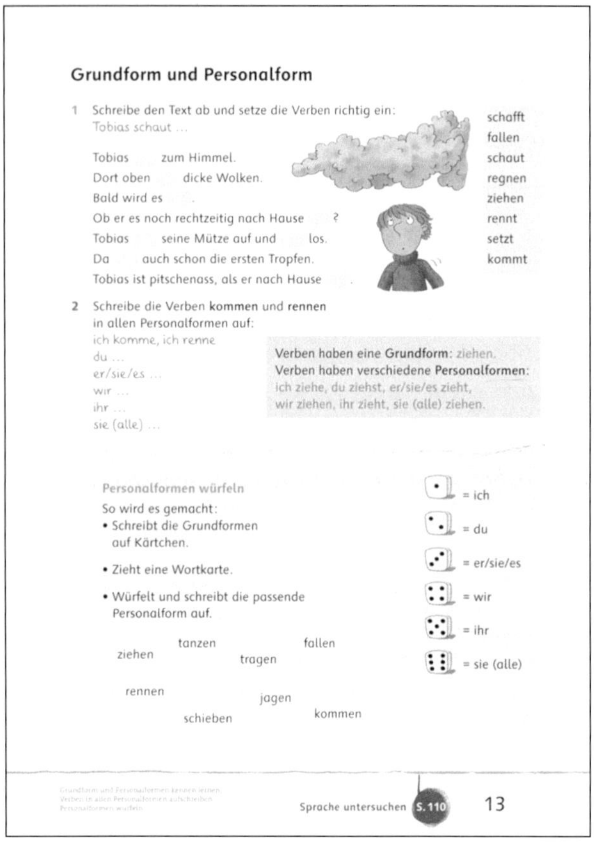

Grundform und Personalform

1 Schreibe den Text ab und setze die Verben richtig ein:
Tobias schaut …

Tobias zum Himmel.
Dort oben dicke Wolken.
Bald wird es .
Ob er es noch rechtzeitig nach Hause ?
Tobias seine Mütze auf und los.
Da auch schon die ersten Tropfen.
Tobias ist pitschenass, als er nach Hause .

schafft
fallen
schaut
regnen
ziehen
rennt
setzt
kommt

2 Schreibe die Verben **kommen** und **rennen** in allen Personalformen auf:
ich komme, ich renne
du …
er/sie/es …
wir …
ihr …
sie (alle) …

Verben haben eine Grundform: ziehen.
Verben haben verschiedene Personalformen:
ich ziehe, du ziehst, er/sie/es zieht,
wir ziehen, ihr zieht, sie (alle) ziehen.

Personalformen würfeln
So wird es gemacht:
- Schreibt die Grundformen auf Kärtchen.
- Zieht eine Wortkarte.
- Würfelt und schreibt die passende Personalform auf.

= ich
= du
= er/sie/es
= wir
= ihr
= sie (alle)

tanzen fallen ziehen tragen rennen jagen schieben kommen

Sprache untersuchen S. 110 13

Die Kinder lernen die Begriffe „Grundform“ und „Personalform“ kennen und schreiben Verben in allen Personalformen auf.

Aufgabe 1

In den Lückentext werden die Verben aus dem blau unterlegten Kasten eingesetzt. Die Aufgabe kann zur Entlastung zunächst mündlich in Partnerarbeit und danach schriftlich in Einzel- oder Partnerarbeit gelöst werden.

Aufgabe 2

Die Verben *kommen* und *rennen* werden von den Kindern in allen Personalformen aufgeschrieben. Es handelt sich hierbei um schwache Verben, bei denen sich der Stammvokal beim Konjugieren nicht ändert, von daher müsste die Aufgabe von den meisten Kindern gut zu bewältigen sein. Trotzdem sollte das Ergebnis der Arbeit auf jeden Fall gemeinsam überprüft werden.

D Stärkere Kinder können weitere Verben mit allen Personalformen aufschreiben, beispielsweise *sagen, toben, tanzen*. Dazu legen sie am besten eine Tabelle an. Für schwächere Kinder ist oft eine stärkere Handlungsorientierung wichtig. Es bietet sich an, die Personalpronomen und die Verben in allen Personalformen jeweils auf Kärtchen zu schreiben und von den Kindern zuordnen zu lassen.

KV 4 ***Herbstwetter***

Die Kinder vervollständigen Sätze zum Thema „Herbst“. Dabei müssen sie die richtige Personalform der Verben aufschreiben. Danach schreiben sie Personalformen zu vorgegebenen Verben in eine Tabelle.

▶ ***Jo-Jo Sprachbuch, Kurs Sprache untersuchen, S. 110***

▶ ***Jo-Jo Arbeitsheft, S. 28***

▶ ***Jo-Jo Kopiervorlagen, Nr. 13***

Weitere Anregungen

- *Personalformen würfeln:*
  Die auf der Sprachbuchseite vorgestellte Idee, Personalformen von den Kindern würfen und aufschreiben zu lassen, ist eine leicht umsetzbare und sehr motivierende Form der Arbeit mit Verben. Es bietet sich an, mit einem Partner zu arbeiten und abwechselnd Verben zu schreiben, die vom Partner dann jeweils kontrolliert werden können. Leistungsstärkere Kinder suchen sich selbst weitere Verben aus, schreiben sie auf Kärtchen und fügen sie dem Spiel hinzu. Das Spiel kann zunächst auch nur mündlich gespielt werden.
- *„Verbschieber“ mit drei Fenstern erstellen:*
  für Personalpronomen, Verbstamm und Verbendungen; Streifen zum Durchziehen mit Personalpronomen, Verbstämmen und Endungen basteln
- *Verbformen mit einem Kreisel finden; dazu einen Kreisel aus einem Zahnstocher und einer sechseckigen Pappscheibe basteln, Pappschreibe in sechs Felder unterteilen und mit den Personalformen beschriften. Ergänzend werden etliche Verben in der Grundform auf Kärtchen geschrieben.*
  Und so wird gespielt:
  Man zieht eine Wortkarte und dreht den Kreisel.
  Die Seite, auf die er fällt, zeigt das zu verwendende Personalpronomen an.
  Leistungsstarke Kinder können sich auch eigene Spielregeln überlegen.
- *Spielerische Elemente, die mit Bewegung verknüpft sind, kommen zur Auflockerung bei den Kindern meist gut an, daher kann ein Ballspiel im Sitzkreis sinnvoll sein: Ein Kind fängt an, sagt ein Verb in der Ich-Form und wirft den Ball einem anderen Kind zu, das die entsprechende Du-Form sagt. So kann spielerisch konjugiert werden, was gerade bei starken Verben, bei denen sich der Stammvokal ändert, sinnvoll ist.*

Seite 14

Verlängern: b, d, g am Wortstammende

1 Lies den Text.

Heute ist ein schöner Tag im Herbst.
Der Wind treibt die Blätter über das Feld.
In roten, gelben und braunen Farben
hat der Herbst das Laub gefärbt.
Es glänzt bunt in der Sonne.
Julian geht den Weg entlang.
Er hebt Blatt für Blatt auf
und legt es in seinen Korb.
Daheim klebt er mit den Blättern ein Bild.
Besonders schön findet er Laubmännchen.

2 Schreibe alle roten Nomen ab.
Finde in den Blättern die passende Verlängerung:
Tag – Tage, ...

Bilder windig Wege Tage Körbe Felder

3 Schreibe alle grünen Verben ab.
Finde in den Körben die passende Verlängerung.
treibt – treiben, ...

legen färben treiben kleben heben

4 Nutze die Verlängerung zum richtigen Schreiben.
Schreibe zuerst die Verlängerung: jagen – er jagt, ...

trei t
p oder b?

er ja t · du blei st · es flie t
sie lie t · es hän t · sie rei t
er le t · sie schwe t · er wie t

14 S.96 Richtig schreiben

Auf dieser Sprachbuchseite üben die Kinder das Verlängern von Wörtern mit *b, d, g* am Wortstammende. Sie üben dies nach Wortarten getrennt und zunächst nur auf Nomen und Verben bezogen, da es jeweils unterschiedliche Wege gibt, die Wörter passend zu verlängern.

Aufgabe 1
Jedes Kind liest individuell für sich den vorgegebenen Text. Er weist einfache Inhalte und Satzstrukturen auf, sodass die Kinder zügig zur Bearbeitung der nächsten Aufgabe übergehen können.

Aufgabe 2
Die rot gedruckten Nomen mit Auslautverhärtung werden von den Kindern ins Heft geschrieben. Dabei suchen sie zugleich die passenden Mehrzahlwörter, um den Auslaut hörbar zu machen. Ergänzend kann der Auslaut bzw. die Pluralendung unterstrichen werden.

Aufgabe 3
Hier geht es darum, die grün gedruckten Verben abzuschreiben und eine passende Verlängerung zu finden. Die Kinder erkennen, dass sie mithilfe der Grundform die richtige Schreibweise finden können.

Aufgabe 4
Bei den vorgegebenen Verben sind *b, d* oder *g* am Wortstammende in der dritten Person Singular nicht hörbar. Die Kinder schreiben zu jedem Wort zunächst die Grundform auf, dann ergänzen sie jeweils das Wort.

► ***Jo-Jo Sprachbuch, Kurs Richtig schreiben, S. 96***

► ***Jo-Jo Arbeitsheft, S. 14***

► ***Jo-Jo Kopiervorlagen, Nr. 6***

Seite 15

Aufgabe 1
Der Übungstext greift das Thema Herbst wieder auf. Die Übungswörter werden einzeln und im Textzusammenhang geübt, als Partner-, Dosen- und Schleichdiktat.

Aufgabe 2
Die Kinder bilden sinnvolle Sätze, indem sie die Verben der Sätze austauschen. Derartige Übungen fallen schwächeren Kindern leichter, wenn sie die Satzteile als Papierstreifen erhalten, mit denen sie die Sätze dann probeweise legen können, bevor sie sie abschreiben.

Aufgabe 3
Hier wird der Begriff „Grundform“ nochmals wiederholt: Die Kinder schreiben die Verben der Sätze aus Aufgabe 2 in der Grundform auf.

Aufgabe 4
Dies ist eine Übung zu den Personalformen. Die Kinder bilden zu den drei Verben *tanzen, singen* und *träumen* jeweils alle Personalformen, indem sie diese untereinander notieren. Als Hilfe sind die Personalformen nochmals am rechten Seitenrand angegeben. Da das Personalpronomen *sie* im Singular und im Plural vorkommt und dadurch Irritationen bei den Kindern entstehen können, ist im Plural als Hilfe das Wort *alle* angegeben.

D Personalformen zu weiteren Verben bilden, z. B. *wandern, lachen, suchen;* für schwächere Kinder: Personalformen und Personalpronomen auf Kärtchen schreiben und zuordnen lassen

KV 5 ***Schleichdiktat***

KV 6 ***Diktatvorbereitung***

Name: Datum: Klasse:

Herbstwetter

❶ Ergänze die richtige Personalform und die Satzschlusszeichen.

Der Wind ______________ mit voller Kraft
(blasen)

Die Blätter ______________ über das Feld
(fliegen)

Der Regen ______________ vom Himmel
(fallen)

Die Äste ______________ sich im Sturm
(biegen)

Klara ______________ lieber im Haus
(spielen)

Die Wäsche ______________ an der Leine
(tanzen)

Wie Verben sich verändern

❷ Ergänze die Tabelle.

Pronomen	**Verben**			
	tanzen	stehen	jagen	drehen
ich	tanze			
du		stehst		
er/sie/es				
wir			jagen	
ihr				dreht
sie				

Name: Datum: Klasse:

Schleichdiktat

Im Herbst

Im Herbst fallen die Blätter
von den Bäumen.
Sie tanzen im Wind.
Hoch oben am Himmel
ziehen die Wolken.
Der Wind treibt sie voran.
Die Luft ist kalt und frisch.
Anne friert.
Sie zieht ihre Mütze auf.
Dann schlägt sie den Kragen
ihrer Jacke hoch und
schiebt die Hände in die Taschen.
Endlich wird ihr warm und
sie macht sich auf den Weg.

Name: Datum: Klasse:

Diktatvorbereitung

1 Unterstreiche alle Nomen blau, alle Verben rot und alle Adjektive grün.
Ordne die Wörter in die Tabelle.

BLATT TANZEN LUFT REGNEN WEHEN DREHEN SCHÖN
WARM SCHIEBEN ZIEHEN JACKE HIMMEL KALT
ALT FRISCH REGEN JAGEN NASS WEG MÜTZE HOCH

Nomen	Verben	Adjektive

2 Ordne die Wörter aus der Tabelle nach der Silbenzahl.
Schreibe sie mit Silbenbögen auf.

Eine Silbe: Blatt,

Zwei Silben: tanzen,

Natur entdecken: Pflanzen

Verbundübersicht

Jo-Jo Sprachbuch, Themenkapitel Seite 16–21	**Jo-Jo Sprachbuch, Kursteil** Seite 98, 118, 134	**Jo-Jo Arbeitsheft** Seite 16, 36, 52
Jo-Jo Sprachförderheft Seite 16–21	**Jo-Jo Kopiervorlagen** Nr. 7, 17, 25	**Jo-Jo Lesebuch** Seite 30–39

Lerninhalte

Sprechen und Zuhören	Beobachtungen wiedergeben; Sachverhalte beschreiben; Pflanzen entdecken und benennen (16)
Lesen (mit Texten und Medien umgehen)	Arbeitsanweisungen lesen und verstehen (16–21); Texte erschließen: Text mit eigenen Worten wiedergeben (17); genau lesen: passende Adjektive einsetzen (18)
Schreiben (Texte schreiben)	Getreideprodukte sammeln; Texte lesen, Verständnisprobleme klären; Stichworte notieren; mithilfe von Stichworten zu einem Bild informieren (17) **Texte verfassen** SB (134), AH (52)
Schreiben (Richtig schreiben)	Rechtschreibhilfo „Wortverlängerung“ bei Adjektiven kennen lernen; auf Übungswörter anwenden (20) **Richtig schreiben** SB (98), AH (16)
Sprache und Sprachgebrauch untersuchen	Kennzeichen von Adjektiven wiederholen; Adjektive in Texten verwenden; zusammengesetzte Adjektive erklären (18); Brot und Gebäck als Grundnahrungsmittel thematisieren; Adjektive mit den Wortbausteinen -ig und -lich kennen lernen und selber bilden (19) **Sprache untersuchen** SB (118), AH (36)

Vorüberlegungen

Es ist für unsere Kinder eine immer größere Herausforderung, den Rhythmus der jahreszeitlichen Naturerscheinungen zu beobachten und die Bedeutung der Natur für unser tägliches Leben wahrzunehmen und zu verstehen. Die Menschen versorgen sich in der Regel nicht mehr mit Nahrungsmitteln aus dem eigenen Garten. Die Abhängigkeit von Abläufen und Produkten aus der Natur wird daher von vielen nicht mehr in ihrer Bedeutung gesehen. Ein wesentliches Grundnahrungsmittel ist jedoch nach wie vor das Getreide. Weizen, Gerste, Roggen, Hafer, Mais und Reis gehören zu den wichtigsten Getreidesorten. In unseren Breiten hat Getreide gerade auch in seiner Verarbeitung zu Brot seine besondere Bedeutung. Seine Herkunft verdankt das Brot allerdings den alten Ägyptern. Schon vor über 3000 Jahren waren sie als „Brotesser“ bekannt. Von Ägypten aus verbreitete sich die Kunst des Brotbackens weiter. In Europa waren die Römer die Ersten, die sich die Kunst des Brotbackens zu eigen machten. Für die Kinder beginnt der Tag heute oft mit einem Frühstück, bei dem Brot oder Brötchen gegessen werden. Viele Kinder haben für die Pause ein Pausenbrot dabei, andere kaufen sich ein Gebäck. Die Fragen, woher das Brot kommt und wie es entsteht, bilden den thematischen Schwerpunkt des Kapitels.

Ideen für fächerübergreifendes Arbeiten

Sachunterricht
- Getreidepflanzen und Feldarbeiten im Jahreslauf
- Unterscheidungsmerkmale von Getreidepflanzen
- Nutzung von Getreidepflanzen für verschiedene Nahrungsmittel
- warum regionale Produkte vorzuziehen sind

Musik
- Lied: Wollt ihr wissen, wie der Bauer seinen Hafer aussät? (s. Handreichungen S. 32)

Religion
- Informationen zum Erntedankfest

Zum Einsatz der Kapitelseiten

Seite 16

Natur entdecken: Pflanzen

März | Mai | Juli | September

1 Wie verändert sich das Feld im Jahreslauf? Seht euch die Bilder an und erzählt.

Im März wird das Feld gepflügt. …

2 Welche Feldpflanzen entdeckt ihr? Kennt ihr noch andere? Notiere die Pflanzennamen und zeichne passende Bilder: Mohnblume …

Mohnblume Getreide Kornblume Distel

16

Beobachtungen wiedergeben; Sachverhalte beschreiben; Pflanzen entdecken und benennen

Viele Kinder haben heute nicht mehr die Möglichkeit, ländliches, bäuerliches Leben unmittelbar zu erleben. Das Wachsen des Getreides auf dem Feld können sicher nur noch die Wenigsten beobachten. Gerade deshalb ist es elementar wichtig, Kinder für den Rhythmus der jahreszeitlichen Naturerscheinungen und die Bedeutung der Natur für unser tägliches Leben zu sensibilisieren. Denn nur das, was für sie auch eine wichtige Bedeutung hat, werden sie auch als schützens- und erhaltenswert erkennen. Es reicht jedoch nicht, Kinder ausschließlich medial vermittelte Erfahrungen machen zu lassen. Entscheidend und meist viel nachhaltiger sind Erfahrungen, die Kinder bei Ausflügen und Exkursionen unmittelbar machen können. Auch das „Lernen mit allen Sinnen" kann im Rahmen dieses Natur-Kapitels eine wichtige Rolle spielen, wenn die Kinder z. B. Getreidepflanzen und Getreideprodukte anfassen, riechen und schmecken dürfen.

Aufgabe 1

Ausgehend von der Bildfolge zum Feld im Jahreslauf können alle Kinder erzählen, welche Veränderungen sich im Laufe der Monate zeigen. Die Sprechblase neben der Aufgabenstellung gibt als Hilfe ein mögliches Satzmuster vor, das die Kinder aufgreifen können.

Aufgabe 2

Die Aufgabe fordert dazu auf, die Bilder genau zu betrachten und mögliche weitere Feldpflanzen zu entdecken und zu benennen. Wer darüber hinaus weitere Feldpflanzen kennt, nennt diese und beschreibt ihr Aussehen. Bei der Durchführung der Aufgabe sind verschiedene Vorgehensweisen möglich: Zum einen kann das Gespräch in der Großgruppe stattfinden, da davon auszugehen ist, dass nur einige Kinder sich mit Feldpflanzen auskennen. Diese Kinder fungieren dann als „Experten" und informieren die anderen. Es können aber auch Kleingruppengespräche angeregt werden. Dadurch erhalten mehr Schülerinnen und Schüler die Gelegenheit, sich zu äußern. Bei Bedarf können auch Pflanzenbestimmungsbücher hinzugezogen werden, um offene Fragen zu klären.

▶ ***Jo-Jo Lesebuch, S. 38–39***

Weitere Anregungen

- *Lied: Wollt ihr wissen, wie der Bauer seinen Hafer aussät?*

2. Wollt ihr wissen, wie der Bauer seinen Hafer abmäht? Sehet, so, so macht's der Bauer, wenn er Hafer abmäht.

3. Wollt ihr wissen, wie der Bauer seinen Hafer einfährt? Sehet, so, so macht's der Bauer, wenn er Hafer einfährt.

4. Wollt ihr wissen, wie der Bauer seinen Hafer ausdrischt? Sehet, so, so macht's der Bauer, wenn er Hafer ausdrischt.

Während die Kinder das Lied singen, stehen sie im Kreis und versuchen, die Bewegungen (säen, mähen, einfahren, ausdreschen) nachzuahmen.

Text und Musik: traditionell (19. Jh.)
(aus: Klusen, Ernst: Die schönsten Kinderlieder und Kinderreime. Naumann & Göbel, Köln)

Seite 17

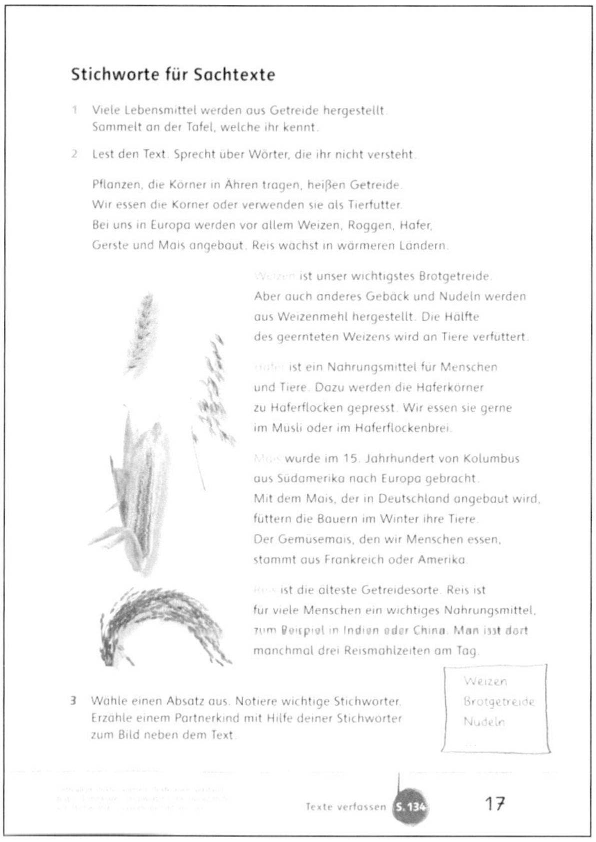

Stichworte für Sachtexte

1 Viele Lebensmittel werden aus Getreide hergestellt. Sammelt an der Tafel, welche ihr kennt.

2 Lest den Text. Sprecht über Wörter, die ihr nicht versteht.

Pflanzen, die Körner in Ähren tragen, heißen Getreide. Wir essen die Körner oder verwenden sie als Tierfutter. Bei uns in Europa werden vor allem Weizen, Roggen, Hafer, Gerste und Mais angebaut. Reis wächst in wärmeren Ländern.

Weizen ist unser wichtigstes Brotgetreide. Aber auch anderes Gebäck und Nudeln werden aus Weizenmehl hergestellt. Die Hälfte des geernteten Weizens wird an Tiere verfüttert.

Hafer ist ein Nahrungsmittel für Menschen und Tiere. Dazu werden die Haferkörner zu Haferflocken gepresst. Wir essen sie gerne im Müsli oder im Haferflockenbrei.

Mais wurde im 15. Jahrhundert von Kolumbus aus Südamerika nach Europa gebracht. Mit dem Mais, der in Deutschland angebaut wird, füttern die Bauern im Winter ihre Tiere. Der Gemüsemais, den wir Menschen essen, stammt aus Frankreich oder Amerika.

Reis ist die älteste Getreidesorte. Reis ist für viele Menschen ein wichtiges Nahrungsmittel, zum Beispiel in Indien oder China. Man isst dort manchmal drei Reismahlzeiten am Tag.

3 Wähle einen Absatz aus. Notiere wichtige Stichwörter. Erzähle einem Partnerkind mit Hilfe deiner Stichwörter zum Bild neben dem Text.

Weizen
Brotgetreide
Nudeln
…

Texte verfassen S. 134 17

Auf dieser Sprachbuchseite beschäftigen die Kinder sich mit einem Sachtext, der über verschiedene Getreidesorten informiert. Gleichzeitig steht eine wichtige Lesetechnik im Mittelpunkt: das Notieren von Stichwörtern zu Textinhalten. Dem Finden zentraler Stichwörter und Begriffe in Sachtexten kommt eine große Bedeutung zu, weil dies eine basale Technik ist, die Kinder sozusagen ihr ganzes Leben lang benötigen, wenn sie sich mit Texten – in welcher Form auch immer – beschäftigen. Stichwörter können den Kindern dabei helfen, den Inhalt eines Textes besser zu verstehen. Sie können jedoch auch genutzt werden, um den Inhalt eines Textes mit eigenen Worten wiederzugeben – eine Technik, die im Zusammenhang mit eigenen Referaten immer stärker zum Tragen kommt.

Aufgabe 1

Vorwissen zu einem Thema bewusst zu machen und zu sammeln ist wichtig, um den Inhalt von Sachtexten besser zu verstehen. Demgemäß steht in Aufgabe 1 die Aufforderung, zunächst an der Tafel Lebensmittel zusammenzutragen, die aus Getreide hergestellt werden. Die Aufgabe wendet sich zunächst an alle Kinder der Klasse. Produkte aus Getreide sind nicht auf Brot beschränkt. Die Kinder können über ihre Vorlieben berichten. Auch unterschiedliche Nahrungsmittel aus Getreide bei unterschiedlicher kultureller Herkunft können an dieser Stelle thematisiert und probiert werden.

Eine Ausstellung von Getreideprodukten im Klassenzimmer ist möglich und lässt die Berichte und Erzählungen der Kinder anschaulich werden.

Aufgabe 2

Die Kinder lesen nun den in fünf Abschnitte gegliederten Sachtext zum Thema Getreide. Die Lehrkraft sollte die Kinder dazu ermuntern, den Text mehrfach zu lesen, da sich auf diese Weise manche Verständnisfrage von selbst klärt. Verständnisprobleme, die dann noch immer existieren, sollten die Kinder gemeinsam lösen.

Aufgabe 3

Jedes Kind wählt einen Absatz des Textes aus und notiert dazu wichtige Stichwörter. Die Schwierigkeit besteht für die Kinder darin, sich auf wenige Wörter zu beschränken und nicht etwa den ganzen Absatz zu umschreiben. Die Stichwörter sollen dann dazu dienen, einem Partnerkind den Inhalt des Textabschnittes zu referieren, wobei das Bild der jeweiligen Getreidepflanze im Sprachbuch hilfreich ist.

D Leistungsstärkere Kinder können mehrere Textabschnitte auswählen und dazu Stichwörter notieren.

► ***Jo-Jo Sprachbuch, Kurs Texte verfassen, S. 134***

► ***Jo-Jo Arbeitsheft, S. 52***

► ***Jo-Jo Kopiervorlagen, Nr. 25***

Weitere Anregung

- *„Pflanzen-Domino“ herstellen: Auf das erste Feld im ersten Kärtchen wird START geschrieben, auf das zweite Feld im ersten Kärtchen kommt eine Frage oder eine Aussage zu einer Pflanze. Auf das erste Feld des zweiten Kärtchens wird die richtige Antwort geschrieben. Ins zweite Feld kommt wieder eine Frage zu einer anderen Pflanze etc. Das Spiel kann auf Feldfrüchte beschränkt, aber auch auf andere Pflanzen ausgeweitet werden.*

START	Welches ist das wichtigste Brotgetreide?

Weizen	Welches Getreide wurde von Columbus nach Europa gebracht?

Seite 18

Adjektive

1 Lest den Text. Klappt das Buch zu und erzählt, wie Getreide angebaut wird.

Im Herbst wird der leere Acker vom Bauern gepflügt.
Früher zogen starke Ochsen oder Pferde den Pflug.
Heute macht das ein großer Traktor.
Die Egge zerkleinert die harten Erdschollen.
Dann sät die neue Sämaschine das Korn.
Langsam wachsen die jungen Triebe.
Kleine Wurzeln graben sich in den Ackerboden.
Im nächsten Frühling geht die neue Saat auf.

2 Schreibe die farbigen Wörter ab. Unterstreiche die Adjektive:

Adjektive beschreiben, wie etwas oder jemand ist.
Wenn Adjektive vor Nomen stehen, verändern sie sich:
Der Acker ist leer. – der leere Acker

der leere Acker, ...

3 Schreibe den Text mit den passenden Adjektiven:
Im Spätsommer steht das goldgelbe ...

Im Spätsommer steht das Korn auf dem Acker.
Der Bauer fährt mit einer Maschine auf das Feld.
Er mäht das Korn und drischt es.
Die Körner kommen in die Mühle.
Dort werden sie zu Mehl gemahlen.
Körner ohne Schale werden zu Mehl,
Körner mit Schale zu Vollkornmehl gemahlen.

goldgelbe
reife
großen
losen
weißem
feinem

4 Erkläre die zusammengesetzten Adjektive:
goldgelb – gelb wie Gold, bildschön – schön wie ...

goldgelb bildschön himmelblau rabenschwarz
kugelrund feuerrot bienenfleißig steinhart

18

Die Wortart Adjektive ist den Kindern aus dem zweiten Schuljahr bekannt. Sie wissen, dass Adjektive eine Wortart sind, die Eigenschaften angibt und somit darüber Auskunft erteilt, *wie* etwas ist.

Zum Einstieg in die Arbeit bietet es sich z. B. an, heimische Pflanzen in Rätselform mit Adjektiven beschreiben zu lassen. Auf diese Weise können die Kinder spielerisch Erfahrungen mit der Wortart Adjektive machen und zugleich ist ihre genaue Wahrnehmung und Beobachtung gefordert, wenn es darum geht, Pflanzen mit wenigen Worten zu charakterisieren.

Bei der prädikativen Verwendung des Adjektivs steht das Adjektiv hinter dem Nomen, auf das es sich bezieht, und wird nicht dekliniert. Dies trifft immer dann zu, wenn das Adjektiv mit den Verben *sein*, *werden* oder *bleiben* benutzt wird (z. B.: *Der Ball ist bunt. Das wird schlimm. Die Frau bleibt krank.*). Anders verhält es sich, wenn ein Adjektiv vor einem Nomen steht, also attributiv verwendet wird. In diesem Fall wird das Adjektiv dekliniert, was in Satzzusammenhängen oft zu Fehlern führt (Schwierig ist z. B. folgende Konstruktion: *Ich leihe einem alten Freund ein Buch.*). Dass sich Adjektive, die vor Nomen stehen, verändern, wird den Kindern auf dieser Sprachbuchseite bewusst gemacht.

Aufgabe 1

Der kurze Sachtext zeichnet sich durch zahlreiche attributiv gebrauchte Adjektive aus. Indem die Kinder diese zunächst im mündlichen Nacherzählen verwenden, wird ihre Sprachbewusstheit gefördert. Zugleich wird durch das Nacherzählen sichergestellt, dass die Textinhalte verstanden wurden. Das mündliche Wiedergeben des Textes kann frontal, in Gruppen- oder Partnerarbeit erfolgen. Im Klassenverband kann die Lehrkraft helfend eingreifen, in Gruppen- oder Partnerarbeit müssen Hilfe und Korrekturen durch Mitschülerinnen und Mitschüler erfolgen.

Aufgabe 2

Die farbigen Wörter (= Nomen mit vorangestellten Adjektiven) werden nun herausgeschrieben, wobei die Adjektive durch Unterstreichen bewusst gemacht werden. Ergänzend können die Kinder die gelb unterlegten Merksätze in ihr Heft schreiben, um sie sich einzuprägen.

Aufgabe 3

Hier können die Kinder in Anlehnung an die ersten beiden Aufgaben flektierte Adjektive in einen Text einsetzen. Diese stehen im blauen Kasten am Rand. Kriterium für die Position der Adjektive im Text sind einmal der semantische Aspekt, zum anderen aber auch die Flexion.

Aufgabe 4

Zusammengesetzte Adjektive bereichern den Wortschatz der Kinder, werden jedoch häufig falsch geschrieben. Diese Aufgabe bietet Übungsmaterial an, das den Kindern hilft, bei der Rechtschreibung zusammengesetzter Adjektive sicherer zu werden. Zur Visualisierung können die zusammengesetzten Adjektive auf ein Plakat geschrieben und in der Klasse aufgehängt werden.

D Leistungsstärkere Kinder können allein oder mit einem Partner weitere zusammengesetzte Adjektive sammeln und sie ggf. auch schriftlich in Sätzen verwenden.

KV 7 ***In der Backstube***
Die Kinder setzen flektierte Adjektive in einen Lückentext ein und formulieren anschließend Sätze zu Bildern.

► ***Jo-Jo Kopiervorlagen, Nr. 17***

Weitere Anregung

- *Die Lehrkraft schreibt Wörterreihen mit einem „Kuckucksei" in Form einer nicht zu den anderen Wörtern passenden Wortart auf. Die Kinder benennen die „Kuckuckseier". Beispiele:*
  groß, reif, essen, weiß;
  Salz, frisch, fein, lang.

Seite 19

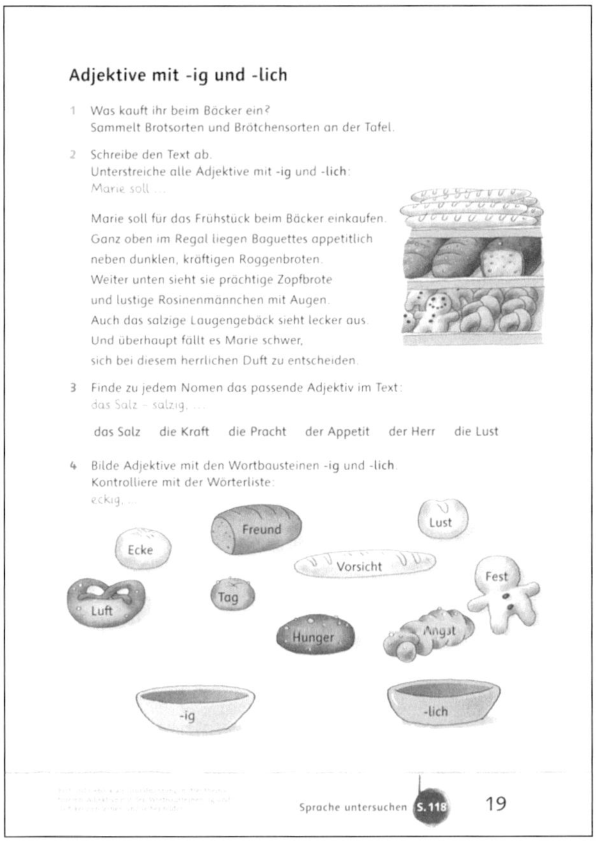

Adjektive mit -ig und -lich

1 Was kauft ihr beim Bäcker ein?
Sammelt Brotsorten und Brötchensorten an der Tafel.

2 Schreibe den Text ab.
Unterstreiche alle Adjektive mit -ig und -lich:
Marie soll …

Marie soll für das Frühstück beim Bäcker einkaufen.
Ganz oben im Regal liegen Baguettes appetitlich
neben dunklen, kräftigen Roggenbroten.
Weiter unten sieht sie prächtige Zopfbrote
und lustige Rosinenmännchen mit Augen.
Auch das salzige Laugengebäck sieht lecker aus.
Und überhaupt fällt es Marie schwer,
sich bei diesem herrlichen Duft zu entscheiden.

3 Finde zu jedem Nomen das passende Adjektiv im Text:
das Salz – salzig, …

das Salz die Kraft die Pracht der Appetit der Herr die Lust

4 Bilde Adjektive mit den Wortbausteinen -ig und -lich.
Kontrolliere mit der Wörterliste:
eckig, …

Sprache untersuchen S. 118 19

Diese Sprachbuchseite behandelt die Endungen *-ig* und *-lich* abgeleiteter Adjektive. Diese Suffixe sind keine selbstständigen Wörter, sondern es handelt sich um Bausteine, die bei der Bildung von Adjektiven aus Nomen verwendet werden. Die Kenntnis über diese Endungen kann den Kindern bei der Bestimmung der Wortart bzw. bei der Frage nach der Groß- oder Kleinschreibung eine wichtige Hilfe sein.

Aufgabe 1

Verschiedene Brot- und Brötchensorten aus der Erfahrungswelt der Kinder sollen aufgezählt und notiert werden. Es bietet sich an, diese Auflistung mit den im Text zu Aufgabe 2 genannten Sorten zu vergleichen. Interessant kann es auch sein, gemeinsam zu überlegen, aus welchen Zutaten die verschiedenen Brot- und Brötchensorten wohl bestehen. Dabei kann vorhandenes Wissen vertieft und erweitert werden. Das Nachlesen von entsprechenden Rezepten kann dabei hilfreich sein.

Aufgabe 2

Die Kinder schreiben den Text ab und unterstreichen alle Adjektive mit *-ig* oder *-lich*. Die Endung *-ig* bereitet im Rechtschreiben durch den Auslaut Probleme, daher finden sich im Text nur flektierte Adjektive mit *-ig*, die eindeutig abgehört werden können (*neben kräftigen Roggenbroten, prächtige Zopfbrote, lustige Rosinenmännchen, auch das salzige Laugengebäck …*).

Aufgabe 3

Bei dieser Übung leiten die Kinder passende Adjektive mit *-ig* und *-lich* aus Nomen ab. Die entsprechenden Adjektive sind auch im Text zu finden, wodurch die Kinder ihr Ergebnis auch selbst kontrollieren können. Bei den Adjektiven *prächtig* und *kräftig* ist zusätzlich die Umlautung zu beachten.

Aufgabe 4

Nachdem sie die Ableitung kennen gelernt haben, sollen die Kinder im nächsten Schritt selbst Adjektive aus Nomen bilden. Bei Unsicherheit über die Bildung der Nomen mit *-ig* oder *-lich* können die Schülerinnen und Schüler in der Wörterliste bzw. im Wörterbuch nachschauen und ihre Ergebnisse überprüfen. Auch eine Kontrolle in Partnerarbeit ist sinnvoll.

▶ ***Jo-Jo Sprachbuch, Kurs Sprache untersuchen, S. 118***

▶ ***Jo-Jo Arbeitsheft, S. 36***

Weitere Anregungen

- *zu weiteren Nomen passende Adjektive mit den Endungen -ig und -lich bilden und aufschreiben, z. B. zu: Mut, Kraft, Freude, Angst, Spaß, Nutzen, Glas, Holz, Stein, Witz, Glück, Sonne, Gefahr, Wolke, Langeweile, Sahne, Creme, Krümel, Welle, Luft, Farbe, Zeit*
- *Adjektive mit den Endungen -ig und -lich in eigenen Sätzen verwenden, Adjektive unterstreichen*
- *ein Nomen-Adjektiv-Memory herstellen: Die Karten enthalten das Nomen und das dazugehörige Adjektiv. Geeignete Wörter können den Sprachbuchseiten entnommen werden.*
- *Brottest:*
  Lernen mit allen Sinnen hat mittlerweile breiten Eingang in den Unterricht gefunden. Eine spielerische Form und gleichzeitig eine Anbindung an das Thema der Sprachbuchseite bietet der Brottest. Der Versuch kann vielfältig variiert werden: Was schmeckt süß, was salzig? Was besteht aus Vollkornmehl, was aus Weißmehl? Wer erkennt die meisten Brotsorten? Findest du dein Lieblingsbrot auch mit verbundenen Augen?
- *gemeinsam einen Ausflug in eine Backstube unternehmen und sich vom Bäcker über seine Arbeit und die vielfältigen Getreideprodukte informieren lassen*
- *gemeinsam Brote oder Brötchen aus verschiedenen Getreidesorten backen und sie bei einem gemeinsamen Schulfrühstück verzehren*

Seite 20

Verlängern: Adjektive

1 Schreibe die Sätze ab. Unterstreiche die Adjektive:
Für das leckere Klassenfrühstück ...

Für das leckere Klassenfrühstück haben die Kinder der 3b gute Dinge mitgebracht: lustige Tomatenpilze, saftige Melonenstücke, witzige Wurstbrote und würzige Käsespieße. Die Lehrerin bringt in einer großen Kanne den heißen Tee herein. Alles wird auf dem langen, bunten Tisch angerichtet.

2 Finde zu jedem Adjektiv ein passendes Nomen.
Verlängere die Adjektive: längliche Brötchen, ...

länglich
eckig
knusprig
festlich
gesund
salzig
rund
würzig

Pfefferkuchen
Brötchen
Weißbrot
Zuckerschnecken
Laugenbrezeln
Brot
Torte
Karottenkuchen

3 Die Tafeln sind verwischt.
Male sie in dein Heft und beschrifte sie richtig.

20 S.98 Richtig schreiben

Das Verlängern von Adjektiven, um Auslautverhärtungen hörbar zu machen – z. B. bei Adjektiven wie *knusprig, cremig, gesund, rund, würzig* etc. – funktioniert nur unter Zuhilfenahme eines passenden Nomens, indem Wortgruppen gebildet werden (*das würzige Brötchen, der cremige Käse* etc.). Auf dieser Sprachbuchseite lernen die Kinder die Wortverlängerung bei Adjektiven kennen und erhalten zugleich mehrere Übungsaufgaben dazu.

Aufgabe 1

Der Text wird abgeschrieben, die Adjektive werden ermittelt und unterstrichen. Die Adjektive werden hier ausschließlich attributiv in flektierter Form vor Nomen gebraucht, sodass die Kinder bereits vorbegrifflich zum Verlängern von Adjektiven hingeführt werden.

Aufgabe 2

Durch die Zuordnung der Adjektive zu den Nomen wird das Wortmaterial für die folgende Übung eingeführt. Vor dem Notieren der Beispiele bietet es sich an, die Übung zunächst mündlich durchführen zu lassen. Unter die Adjektive in der verlängerten Form können die Kinder die Silbenbögen zeichnen. Hilfreich ist es auch, die Silben deutlich sprechen zu lassen. Die Aufmerksamkeit wird so auf das Hören des Auslautes im unflektierten Adjektiv gelenkt.

Aufgabe 3

Die Tafeln enthalten Adjektive, deren Endung fehlt. Mithilfe der Strategie „Verlängern“ ermitteln die Kinder die richtige Schreibweise, dann werden die Tafeln ins Heft gemalt und richtig beschriftet.

▸ ***Jo-Jo Sprachbuch, Kurs Richtig schreiben, S. 98***

▸ ***Jo-Jo Arbeitsheft, S. 16***

Seite 21

Aufgabe 1

Die Wörter der Wörterleiste werden zunächst sorgfältig auf Karten geschrieben und in der Wörterkiste abgelegt. Danach beschäftigen sich die Kinder mit dem kleinen Übungstext, den sie entweder abschreiben oder als Dosen-, Partner- oder Schleichdiktat üben können. Wer möchte, kann zusätzlich Silbenbögen einzeichnen.

Aufgabe 2

Die Kinder schreiben alle Nomen in Einzahl und Mehrzahl aus dem Text heraus. Das Ergebnis kann in Partnerarbeit verglichen werden. Die gefundenen Nomen können nochmals in alphabetischer Folge aufgeschrieben werden.

Aufgabe 3

Die Wörter in den Illustrationen werden alphabetisch geordnet, wobei nach dem ersten Buchstaben zu ordnen ist. Bei Schwierigkeiten können die Wörter vorab auf Kärtchen oder Haftzettel geschrieben und dann geordnet werden.

Aufgabe 4

Hier geht es um die Wortfamilien *backen* und *Brot*. Das Arbeiten mit Wortfamilien ist für die Rechtschreibung sehr förderlich, da sich verwandte Wörter durch rechtschreibliche Ähnlichkeiten auszeichnen. In jeder der beiden Reihen ist ein „Kuckucksei“ versteckt, das nicht zu der Wortfamilie passt.

D — Analog können die Kinder auch selbst Wörterreihen mit Wortfamilien aufschreiben, zwischen denen sie jeweils ein „Kuckucksei“ verstecken.

KV 8 — ***Schleichdiktat***

KV 9 — ***Diktatvorbereitung***

Name: Datum: Klasse:

In der Backstube

1 Setze die Adjektive an der passenden Stelle in den Text ein.

lauwarmes	schwere	groben	lockeren	elektrischen

Der Bäcker karrt ______ Säcke mit Mehl in die Backstube.

Mit der ______ Knetmaschine wird der Teig vermischt.

Um einen ______ Teig zu bekommen, gibt er ein Treibmittel dazu.

Er schüttet ______ Roggenschrot und Weizenschrot in den Bottich.

Danach kommt ______ Wasser hinzu.

2 Schreibe zu jedem Bild einen passenden Satz.

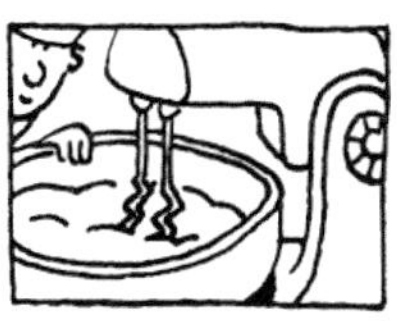

Name: Datum: Klasse:

Schleichdiktat

In der Bäckerei

In der Bäckerei gibt es viele Brotsorten.
Marie kauft oft dunkles Brot.
Der Bäcker backt das Brot aus
Mehl, Wasser, Salz und Hefe.
Die Mengen misst er genau ab.
Er knetet die Zutaten mit einer Maschine
und lässt den Teig eine Stunde ruhen.
Dann wiegt der Bäcker den Teig ab
und gibt ihn in Backformen.
Die Backformen kommen in den Backofen.
Nach einiger Zeit sind
die leckeren braunen Brote fertig.
Der Bäcker holt sie dann aus dem Ofen.
Manchmal sind sie noch warm,
wenn sie in der Bäckerei verkauft werden.

Name: Datum: Klasse:

Diktatvorbereitung

1 Welche Wörter verstecken sich in den Brötchen? Schreibe sie auf.

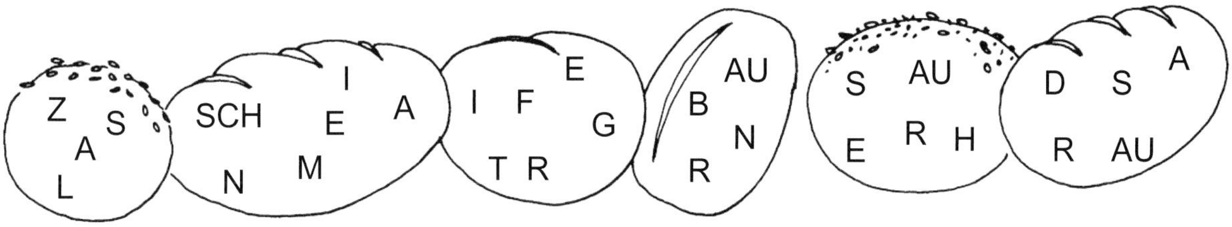

Salz

2 In dem Buchstabengitter verstecken sich zehn Wörter. Kreise sie ein.

X	B	T	M	E	I	S	T	E	N
W	S	L	W	R	U	D	L	M	T
M	B	Ä	C	K	E	R	D	J	K
S	U	N	R	M	E	S	S	E	N
T	X	G	W	R	K	M	R	N	Z
U	D	L	F	C	I	L	U	Z	U
N	B	I	R	W	M	E	N	G	E
D	H	C	K	L	E	D	D	S	R
E	K	H	H	I	H	N	N	M	S
G	E	N	A	U	L	T	T	I	T

3 Kannst du die Sätze in die richtige Reihenfolge bringen?
Sortiere die Wörter und schreibe die Nummern in die Kreise.

viele Brotsorten. es Bäcker Beim gibt
(5) (6) (4) (2) (1) (3)

einfache gekauft. Am jedoch Brote meisten werden
( ) ( ) ( ) ( ) ( ) ( ) ( )

der einfache backt nur aus Brot Mehl, Bäcker Wasser, und Hefe. Das Salz
( ) (2) ( ) ( ) ( ) ( ) ( ) ( ) ( ) ( ) ( ) (1) ( )

genau Menge ab. misst Die er
( ) ( ) ( ) ( ) ( ) ( )

1. Jo-Jo-Test

Lerninhalte

Lesen (mit Texten und Medien umgehen)	einen Text lesen und unpassende Wörter im Textzusammenhang durch passende ersetzen
Schreiben (Richtig schreiben)	Fehlerwörter berichtigen, durch Strategie „Verlängern“ Nomen mit Auslautverhärtung am Wortende richtig schreiben
Sprache und Sprachgebrauch untersuchen	Nomen erkennen und mit Artikel und Mehrzahl notieren; Verben in die passende Personalform setzen; Adjektive mit den Wortbausteinen -ig und -lich bilden

Seite 22

1. Jo-Jo-Test

Falsche Wörter finden

1 In dem Text passen vier Wörter nicht. Finde sie und schreibe sie auf.

Draußen wird es immer herbstlicher.
Morgens muss Peter eine Jacke anziehen.
Die Sonne weht kräftiger und
die Tage werden immer kürzer.
Aber Peter mag den Herbst gern,
vor allem, wenn es richtig windig ist!
Dann lässt er seinen Schulranzen steigen.
Mit seinen Freunden geht er dazu
extra auf einen ganz tiefen Berg.
Oft bleiben sie den ganzen Tag da
und gehen erst morgens
zum Abendbrot nach Hause.

2 Schreibe den Text ab. Ersetze dabei die vier unpassenden Wörter durch passende.

3 Berichtige die Fehlerwörter.

Bletter fligen himmel schpielen

Wörter richtig schreiben

4 Finde die Mitlaute und verlängere die Wörter.

22

Aufgabe 1

Lösung:

Die Sonne, Schulranzen, tiefen, morgens

Aufgabe 2

Lösung:

Draußen wird es immer herbstlicher.
Morgens muss Peter eine Jacke anziehen.
Der Wind weht kräftiger und
die Tage werden immer kürzer.
Aber Peter mag den Herbst gern,
vor allem, wenn es richtig windig ist.
Dann lässt er seinen Drachen steigen.
Mit seinen Freunden geht er dazu dann
extra auf einen ganz hohen Berg.
Oft bleiben sie den ganzen Tag da
und gehen erst abends
zum Abendbrot nach Hause.

Aufgabe 3

Lösung:

Blätter, fliegen, Himmel, spielen

Aufgabe 4

Lösung:

König – Könige
Rad – Räder
Zwerg – Zwerge
Pferd – Pferde
Mond – Monde
Hund – Hunde
Wald – Wälder
Weg – Wege

Seite 23

Nomen erkennen

5 Finde die Nomen und schreibe sie mit ihren Artikeln auf.

Der Hut weht vom Kopf. Auf der Leine hängt mein Hemd.

Im Garten läuft ein Igel. Der Baum hat ein rotes Blatt bekommen.

Die kleine Nuss passt in meinen Mund.

6 Finde zu allen Nomen die Mehrzahl.

Verben verändern

7 Schreibe den Text ab. Setze dabei die Verben in die richtige Personalform. Unterstreiche die Endungen.

Die Klasse 3d (basteln) mit ihrem Lehrer Laubfiguren.
Ein Mädchen (verteilen) die Klebestifte.
Alle Kinder (holen) sich ihre Schere und ein Papier.
Ein Junge (bringen) alle gesammelten Blätter in die Mitte.
Dann (gehen) es los. Einige Schüler (arbeiten) schnell.
Der Lehrer sagt: „Ihr (helfen) bitte den anderen Kindern."
Am Ende der Stunde (haben) fast alle Kinder ein Bild mit Laubfiguren.

Adjektive mit -ig und -lich

8 Bilde Adjektive mit **-ig** oder **-lich**.

Fleiß Gift Feind Kraft Sonne Salz

Ecke Schmutz Schatten Angst Dreck

Blut Mut Vorsicht Freund Glück Durst

9 Finde zu sechs Adjektiven passende Nomen. Dabei soll das Adjektiv immer vor dem Nomen stehen, zum Beispiel: ein fauliger Apfel.

faulig empfindlich fröhlich

nebelig fürchterlich kuschelig

23

Aufgabe 5

Lösung:

der Hut, der Kopf, die Leine, das Hemd, der Garten, der Igel, der Baum, das Blatt, die Nuss, der Mund

Aufgabe 6

Lösung:

die Hüte, die Köpfe, die Leinen, die Hemden, die Gärten, die Igel, die Bäume, die Blätter, die Nüsse, die Münder

Aufgabe 7

Lösung:

Die Klasse 3d bastelt mit ihrem Lehrer Laubfiguren.
Ein Mädchen verteilt die Klebestifte.
Alle Kinder holen sich ihre Schere und ein Papier.
Ein Junge bringt alle gesammelten Blätter in die Mitte.
Dann geht es los. Einige Schüler arbeiten schnell.
Der Lehrer sagt: „Ihr helft bitte den anderen Kindern."
Am Ende der Stunde haben fast alle Kinder ein Bild mit Laubfiguren.

Aufgabe 8

Lösung:

fleißig, giftig, feindlich, kräftig, sonnig, salzig, eckig, schmutzig, schattig, ängstlich, dreckig, blutig, mutig, vorsichtig, freundlich, glücklich, durstig

Aufgabe 9

individuelle Lösung, z. B.:

ein fauliger Apfel, ein empfindliches Kleidungsstück, ein fröhliches Kind, ein nebeliger Morgen, ein fürchterlicher Urlaub, ein kuscheliges Kissen

Winter

Verbundübersicht

Jo-Jo Sprachbuch, Themenkapitel Seite 24–29	**Jo-Jo Sprachbuch, Kursteil** Seite 104, 128, 136	**Jo-Jo Arbeitsheft** Seite 22, 46, 54
Jo-Jo Sprachförderheft Seite 24–29	**Jo-Jo Kopiervorlagen** Nr. 10, 22, 26	**Jo-Jo Lesebuch** Seite 54–65

Lerninhalte

Sprechen und Zuhören	persönliche Vorlieben erklären und begründen; über Weihnachtsbräuche in verschiedenen Ländern sprechen (24)
Lesen (mit Texten und Medien umgehen)	Arbeitsanweisungen lesen und verstehen (24–29); szenische Texte kennen (25); Texte präsentieren: Dialoge auswendig vortragen; bei Aufführungen mitwirken (26); Texte erschließen: gezielt Informationen suchen (28)
Schreiben (Texte schreiben)	ein englisches Märchen lesen; fremdsprachige Textteile übersetzen; den Inhalt einzelner Textabschnitte notieren (25) **Texte verfassen** SB (136), AH (54)
Schreiben (Richtig schreiben)	Informationen aus verschiedenen Texten entnehmen: aus Sachtext, historischem Text; Wörter mit Dehnungs-h üben; Wortfamilien zusammenstellen (28) **Richtig schreiben** SB (104), AH (22)
Sprache und Sprachgebrauch untersuchen	wörtliche Rede und ihre Zeichensetzung kennen lernen; Szenen aufschreiben und proben; Intonation und Körpersprache einsetzen (26); Redebegleitsätze kennen lernen; Redebegleitsätze wörtlicher Rede sinnentsprechend zuordnen; Zeichensetzung bei wörtlicher Rede korrekt anwenden (27) **Sprache untersuchen** SB (128), AH (46)

Vorüberlegungen

Der Winter ist in unserem Kulturkreis vor allem durch das Weihnachtsfest geprägt. Daher steht in diesem Kapitel ein Weihnachtsmärchen mit englischen Textteilen im Mittelpunkt, das auch die Vorlage für eine mögliche Aufführung liefern kann. Ausgehend vom Text beschäftigen sich die Kinder auch mit Fragen der stimmlichen Intonation und mit dem Einsatz von körpersprachlichen Mitteln. Daneben steht das Thema wörtliche Rede im Mittelpunkt.

Ideen für fächerübergreifendes Arbeiten

Sachunterricht
- Feuer und Licht
- Weihnachten bei uns und anderswo: Weihnachtsbräuche hier und in anderen Ländern (dazu ggf. aus dem Internet Informationen beschaffen)

Religion/Ethik
- Weihnachten als christliches Fest: Wodurch zeichnet sich die christliche Seite des Weihnachtsfestes aus?

Mathematik
- Mengenberechnung (Liter, Gramm) in Verbindung mit Backrezepten, Rezepte auf größere Mengen umrechnen
- Messen (Zentimeter, Millimeter) in Verbindung mit Bastelanleitungen

Kunst/Musik
- weihnachtliches Basteln
- Weihnachts- und Winterlieder, z. B. „Christmas candles“ (s. Handreichungen S. 44)

Fremdsprachenunterricht
- Weihnachtsgrüße, Weihnachtsbräuche, Weihnachtslieder aus anderen Ländern (s. o.: „Christmas candles“)

Zum Einsatz der Kapitelseiten

Seite 24

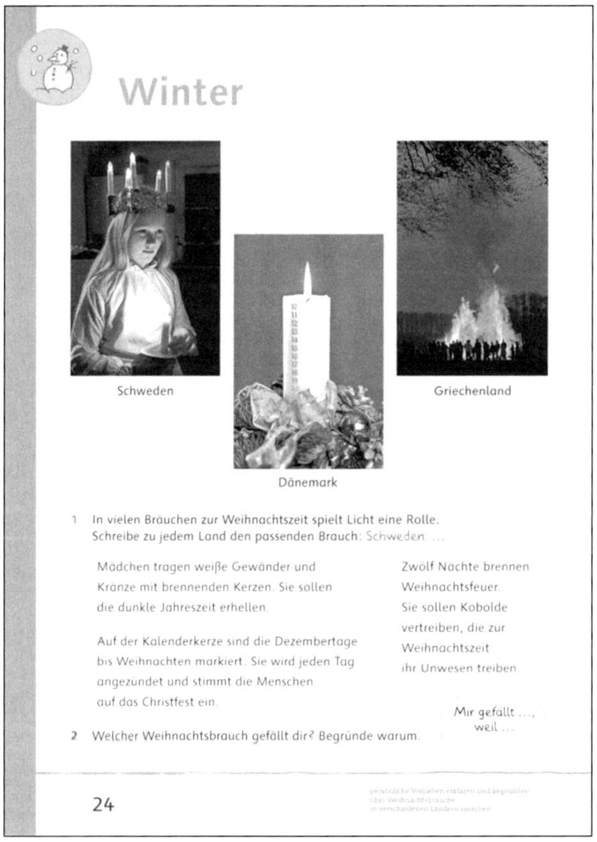
Winter

Schweden

Griechenland

Dänemark

1 In vielen Bräuchen zur Weihnachtszeit spielt Licht eine Rolle.
Schreibe zu jedem Land den passenden Brauch: Schweden: …

Mädchen tragen weiße Gewänder und Kränze mit brennenden Kerzen. Sie sollen die dunkle Jahreszeit erhellen.

Auf der Kalenderkerze sind die Dezembertage bis Weihnachten markiert. Sie wird jeden Tag angezündet und stimmt die Menschen auf das Christfest ein.

Zwölf Nächte brennen Weihnachtsfeuer. Sie sollen Kobolde vertreiben, die zur Weihnachtszeit ihr Unwesen treiben.

2 Welcher Weihnachtsbrauch gefällt dir? Begründe warum.

Mir gefällt …, weil …

24

persönliche Vorlieben erklären und begründen
über Weihnachtsbräuche in verschiedenen Ländern sprechen

Die Kapiteleinstiegsseite stellt den Kindern in Form von drei Fotos und zugehörigen kurzen Texten einige Weihnachtsbräuche aus anderen Ländern vor, die sie wahrscheinlich noch nicht kennen werden. Kinder, die über die dargestellten Bräuche weitergehende Informationen besitzen, sollten unbedingt als Experten einbezogen werden.

Aufgabe 1

Die Fotos präsentieren typische Weihnachtsbräuche aus Schweden, Dänemark und Griechenland, die alle mit dem Thema Licht in Zusammenhang stehen. Die Kinder befassen sich zunächst jeder für sich still mit der Aufgabe 1, betrachten die Fotos und schreiben zu jedem Landesnamen den passenden Brauch. Bei Interesse können den Kindern weitere Informationen gegeben werden.

Das Lucia-Fest

Jedes Jahr am 13. Dezember wird in Schweden das Lucia-Fest als vorweihnachtlicher Brauch gefeiert. Vor der Gregorianischen Kalenderreform war der 13. Dezember der kürzeste Tag des Jahres. Er stellte damals die Wintersonnenwende dar, ein Tag, an dem das Licht eine besondere Bedeutung hatte. Ursprünglich war das Fest ein Heiligengedenktag zu Ehren der heiligen Lucia. Doch in heutiger Zeit ist das Fest wenig religiös geprägt. Im Mittelpunkt der Feierlichkeiten stehen Lichterumzüge und jedes schwedische Mädchen träumt davon, einmal die Lucia sein zu dürfen, um im Mittelpunkt des Tages zu stehen. Man singt zusammen im Chor und isst spezielles Safrangebäck.

Dänische Kalenderkerze

Die Kalenderkerze, an der die Tage des Dezembers bis zum 24. 12. mit Zahlen markiert sind, ist eine dänische Tradition. Im Jahr 1942 kam man auf die Idee, solche Kerzen zusammen mit den Kindern anzufertigen. Seit 1946 werden diese Kerzen in den verschiedensten Größen und Ausfertigungen industriell hergestellt.

Griechische Weihnachtsfeuer

Von der Heiligen Nacht des 24. Dezembers an entzünden die orthodoxen Griechen zwölf Nächte lang Weihnachtsfeuer, welche die gesamte Nacht über nicht erlöschen dürfen. Die griechischen Weihnachtsfeuer sollen die kleinen Kobolde, genannt „Kalikanzari“, vertreiben. Die Kalikanzari sind flinke, boshafte, nachtaktive Kobolde, die durch den Kamin in die Häuser schlüpfen, das Feuer löschen, die Milch sauer machen und allerlei Unheil stiften.

Aufgabe 2

Die Kinder können sich darüber austauschen, welcher der Weihnachtsbräuche ihnen am besten gefällt. Die Sprechblase neben der Aufgabe gibt dazu ein mögliches Satzmuster vor. Wichtig ist, dass die Kinder ihre Meinung auch begründen. Es kann aber an dieser Stelle auch zur Sprache kommen, welche weihnachtlichen Bräuche und Traditionen in der eigenen Familie gepflegt werden.

► *Jo-Jo Lesebuch, S. 59–64*

Weitere Anregungen

- *sich in Büchern oder im Internet weitergehend über das Lucia-Fest in Schweden oder andere Weihnachtsbräuche informieren*
- *Spielidee „Gut zugehört?“: Ein Kind erzählt, was es an Weihnachten macht. Der rechte Nachbar wiederholt, was er sich gemerkt hat, und erzählt von sich. Sein rechter Nachbar wiederholt, was er sich gemerkt hat, und so geht es weiter.*

Seite 25

Zusammenfassungen

1 Lest den Text. Findet mit eurer Lehrerin heraus, was die Tanne, das Rentier und die Taube sagen.

Hoch im Norden, mitten in den großen Wäldern, lag einst ein See.
In dem See spiegelte sich eine kleine Tanne.
Im Winter war es bitterkalt und die kleine Tanne fror sehr.
Doch eines Nachts wurde es hell um sie.
Über dem See stand ein heller Stern. Auch ein Rentier sah ihn,
als es bei der kleinen Tanne vorbeikam.
Rentier: „Oh, what a beautiful star."
Tanne: „Yes, a beautiful star!"

Als über dem See der Morgen dämmerte, flog eine Taube herbei.
Taube: „Come with me! Come with me!"
Die Taube flog wieder davon und das Rentier folgte ihr.
Es wurde von der Taube zu einer Wiese geführt,
auf der statt Blumen bunte Kerzen leuchteten.
Rentier: „How beautiful!"
Taube: „Take it to the little tree!"
Das Rentier lud die kostbare Last auf sein Geweih
und eilte mit der Taube zurück zur kleinen Tanne.

Sie steckten der Tanne die Kerzen auf und staunten:
„How beautiful! What a beautiful Christmas tree!"
Die kleine Tanne sah wie ein prächtiger Weihnachtsbaum aus!
Sie spürte die Kälte nicht mehr, die Kerzen wärmten sie.
Sie empfing den goldenen Sternenglanz
und strahlte ihn in die kalte Nacht hinaus.

2 Die Geschichte von der Tanne soll ein Theaterstück werden. Fasse zusammen, was in jedem Abschnitt passiert:

1. Abschnitt

Wo spielt der Abschnitt?	Wer spielt mit?	Was geschieht?
Im Wald an einem See	Tanne, Rentier, Taube, Stern	Es ist Nacht, ein heller Stern erscheint. Die Tanne ...

Texte verfassen S. 136 25

Die Sprachbuchseite 25 präsentiert ein englisches Weihnachtsmärchen, bei dem die Anteile mit wörtlicher Rede in englischer Sprache verfasst sind.

Aufgaben 1

Jedes Kind sollte zunächst in Ruhe still für sich den Märchentext lesen. Dann wird der Text abschnittweise vorgelesen, wobei die Lehrkraft die englischen Redeanteile mit passender Betonung vortragen kann, sofern nicht ein Kind in der Klasse ist, das über hinreichend Englischkenntnisse verfügt, um die englischen Sätze vorzulesen. Nun geht es darum, den Inhalt der fremdsprachlichen Textteile zu ermitteln. Die Bedeutung einzelner Wörter kann mit der gesamten Lerngruppe zusammengetragen werden. Unklare Wörter sollten von einzelnen Kindern in einem englisch-deutschen Wörterbuch nachgeschlagen werden. Ergänzend können die englischen Sätze von allen Schülerinnen und Schülern ins Heft geschrieben und übersetzt werden.

Aufgabe 2

Das Zusammenfassen von Inhalten ist eine wichtige Strategie, die dabei hilft, Texte besser zu verstehen und Textinhalte für die weitere Arbeit verfügbar zu machen. Das Weihnachtsmärchen ist ein klar strukturierter, überschaubarer Text mit den Protagonisten Tanne, Rentier, Taube, Stern und lässt sich gut in ein szenisches Spiel umsetzen. Dafür ist es hilfreich, sich die Inhalte der einzelnen Abschnitte nochmals in Form einer Zusammenfassung zu vergegenwärtigen. Die Kinder schreiben zu jedem Abschnitt die wesentlichen Punkte auf. Dem liegen folgende Fragen zugrunde:

- Wo spielt der Abschnitt?
- Wer spielt mit?
- Was geschieht?

D Es ist auch möglich, die Klasse in drei Gruppen zu teilen, die jeweils nur einen Abschnitt bearbeiten. Dann werden die Ergebnisse gemeinsam besprochen und an der Tafel festgehalten. Die Ergebnisse der anderen Gruppen werden anschließend ins Heft übertragen.

▸ ***Jo-Jo Sprachbuch, Kurs Texte verfassen, S. 136***

▸ ***Jo-Jo Arbeitsheft, S. 54***

▸ ***Jo-Jo Lesebuch, S. 63***

▸ ***Jo-Jo Kopiervorlagen, Nr. 26***

Weitere Anregungen

- *In dem Weihnachtsmärchen wird die Geschichte der Tanne erzählt. Nun kann eine Geschichte aus der Sicht des Rentiers aufgeschrieben werden. Wo kommt es her? Was erlebt es? Wie kommt es zur Begegnung mit der Tanne und der Taube? Möglicher Schreibantritt: Eines Nachts ging ich durch den Wald …*
- *Lied: Christmas candles*

(Text aus: Kreis, Renate: Merry Christmas – Beispiele für die Unterrichtspraxis. In: FF – Fremdsprachen Frühbeginn 6/99. Domino, München 1999.)

Seite 26

Wörtliche Rede

1 Lest mit verteilten Rollen, was die Figuren sagen.
Achtet auf die passende Betonung.

2 Schreibt die Szene auf. Setzt die wörtliche Rede in Redezeichen:
Rentier: „Was für ein schöner Stern!"
Tanne: „Ja, er ..."
Taube: „..."

Was gesprochen wird, heißt wörtliche Rede.
Sie steht in Redezeichen: „Was für ein schöner Stern!"

3 Probt eure Szenen. Bewegt euch wie die Figuren.
Drückt mit eurer Stimme aus, wie die Figuren sprechen.

26

Mit wörtlicher Rede haben die Kinder meist bereits vielfältige Erfahrungen gesammelt. Sie kennen diese als unverzichtbares Stilmittel aus verschiedensten Erzähltexten und verwenden sie oft bereits in eigenen Geschichten, ohne sich über die Verwendung bestimmter Satzzeichen Gedanken zu machen. Nachdem die Kinder auch in dem Märchen auf der Sprachbuchseite 25 bereits wörtlicher Rede begegnet sind, ohne dass diese thematisiert wurde, lernen sie nun auf dieser Sprachbuchseite die wörtliche Rede mit vorangestelltem Begleitsatz kennen.

Wörtliche Rede

Wörtlich wiedergegebene Äußerungen, auch direkte Rede genannt, werden von Anführungszeichen eingeschlossen. Der Begleitsatz hierzu kann vor oder hinter der wörtlichen Rede oder auch im Ganzsatz stehen. Das ist bei der Zeichensetzung zu berücksichtigen:

- Satzzeichen, die zum wörtlich Wiedergegebenen gehören, setzt man vor das abschließende Anführungszeichen.
- Satzzeichen, die zum Begleitsatz gehören, setzt man nach dem abschließenden Anführungszeichen.
- Sowohl die direkte Rede als auch der Begleitsatz behalten ihre Ausrufe- oder Fragezeichen.
- Beim angeführten Satz wird der Schlusspunkt weggelassen, wenn er am Anfang oder in der Mitte des Ganzsatzes steht.
- Beim Begleitsatz wird der Schlusspunkt weggelassen, wenn der angeführte Satz oder ein Teil von ihm am Ende des Ganzsatzes steht. Folgt nach dem angeführten Satz der Begleitsatz oder ein Teil von ihm, setzt man nach dem abschließenden Anführungszeichen ein Komma.
- Ist der Begleitsatz in den angeführten Satz eingeschoben, schließt man ihn mit Kommas ein.
- Beispielsätze:
  Die Tanne rief: „Oh, was für ein schöner Stern!"
  „Oh, was für ein schöner Stern!", rief die Tanne.
  „Oh", rief die Tanne, „was für ein schöner Stern!"

Aufgabe 1

Die Sprachbuchfiguren zeigen hier einen Ausschnitt einer szenischen Umsetzung des englischen Märchens. Die Texte in den Sprechblasen werden zunächst gelesen und mit verteilten Rollen nachgesprochen. Ziel ist es, den verschiedenen Figuren unterschiedliche Stimmen und Sprechweisen zuzuordnen. Dabei können den Kindern folgende Fragen helfen: Wer spricht eher laut, wer spricht eher leise? Wer hat eher eine hohe Stimme, wer eher eine tiefe?

Aufgabe 2

Die Kinder schreiben die Szene in Form wörtlicher Reden auf. Dabei helfen ihnen die Informationen im gelb unterlegten Kasten. Statt eines kompletten Begleitsatzes, bei dem auch immer ein passendes Verb gefunden werden muss, notieren die Kinder zunächst nur den Sprecher mit einem anschließenden Doppelpunkt. Das erleichtert die Einstiegsarbeit.

Aufgabe 3

Die Jo-Jo-Wahlaufgabe regt die Kinder dazu an, die aufgeschriebenen Szenen auch zu proben. Während des Spiels können sie auch ergänzend weitere passende Äußerungen integrieren und diese erproben. Hilfreich ist es, wenn ein oder zwei Kinder je Gruppe in die Rolle der Zuschauer schlüpfen und anschließend Verbesserungsvorschläge einbringen können, die zu einer Überarbeitung der jeweiligen Szenen führen. Anschließend entscheiden die Kinder sich gemeinsam für eine Variante und schreiben eine Überarbeitung der Szene auf.

Seite 27

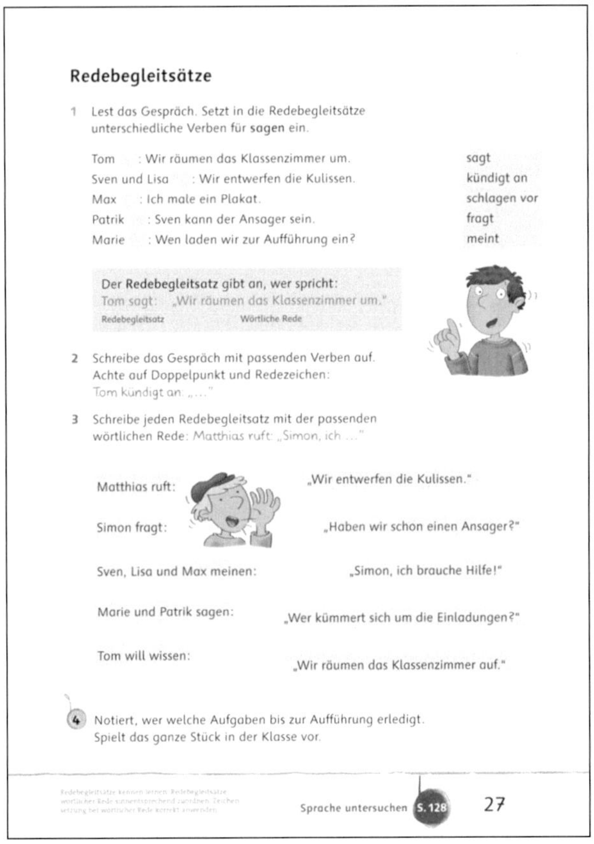

Redebegleitsätze

1 Lest das Gespräch. Setzt in die Redebegleitsätze unterschiedliche Verben für **sagen** ein.

Tom : Wir räumen das Klassenzimmer um.
Sven und Lisa : Wir entwerfen die Kulissen.
Max : Ich male ein Plakat.
Patrik : Sven kann der Ansager sein.
Marie : Wen laden wir zur Aufführung ein?

sagt
kündigt an
schlagen vor
fragt
meint

Der **Redebegleitsatz** gibt an, wer spricht:
Tom sagt: „Wir räumen das Klassenzimmer um."
Redebegleitsatz — Wörtliche Rede

2 Schreibe das Gespräch mit passenden Verben auf. Achte auf Doppelpunkt und Redezeichen:
Tom kündigt an: „..."

3 Schreibe jeden Redebegleitsatz mit der passenden wörtlichen Rede: Matthias ruft: „Simon, ich ..."

Matthias ruft: „Wir entwerfen die Kulissen."
Simon fragt: „Haben wir schon einen Ansager?"
Sven, Lisa und Max meinen: „Simon, ich brauche Hilfe!"
Marie und Patrik sagen: „Wer kümmert sich um die Einladungen?"
Tom will wissen: „Wir räumen das Klassenzimmer auf."

4 Notiert, wer welche Aufgaben bis zur Aufführung erledigt. Spielt das ganze Stück in der Klasse vor.

Redebegleitsätze kennen lernen. Redebegleitsätze wörtlicher Rede sinnentsprechend zuordnen. Zeichensetzung bei wörtlicher Rede korrekt anwenden.

Sprache untersuchen S. 128 27

Aufgabe 1

Der Einstieg in das Thema der Sprachbuchseite, die unter der Überschrift „Redebegleitsätze" steht, soll zunächst mündlich erfolgen. Die Kinder lesen das abgedruckte Gespräch und überlegen, welches der angegebenen Verben jeweils in die Redebegleitsätze passt. Mehrere Möglichkeiten sind denkbar und sollten von den Kindern diskutiert werden.
Die Aufgabe zielt darauf ab, die Kinder für passende Verben in Redebegleitsätzen zu sensibilisieren, um Wiederholungen des Verbs *sagen* zu vermeiden.

Aufgabe 2

Nun kann der komplette Text zu Aufgabe 1 ins Heft geschrieben werden, wobei die Doppelpunkte und Anführungszeichen evtl. mit einem Textmarker zu kennzeichnen sind. Die Bearbeitung der Aufgabe ist nach der Vorarbeit in der Schule auch gut als Hausaufgabe möglich. Ergänzend wird der Text im gelb unterlegten Merkkasten im Heft notiert.

D eigene Sätze mit vorangestelltem Redebegleitsatz und verschiedenen Verben für *sagen* aufschreiben, dabei ebenfalls die Redezeichen farbig markieren

Aufgabe 3

Die Aufgabe bietet weiteres Übungsmaterial zur wörtlichen Rede mit vorangestelltem Redebegleitsatz: Wörtliche Reden und Redebegleitsätze müssen passend zugeordnet werden, anschließend kommt es auf genaues Abschreiben an. Die Kinder sollten selbst überprüfen, ob sie alles richtig abgeschrieben haben. Anschließend kann ein Partner nochmals die Kontrolle übernehmen.

Aufgabe 4

Die Jo-Jo-Wahlaufgabe regt dazu an, das gesamte Weihnachtsmärchen in einzelnen Szenen aufzuführen. Dies ist auch gut als Stabpuppenspiel möglich (s. unten).

► ***Jo-Jo Sprachbuch, Kurs Sprache untersuchen, S. 128***

► ***Jo-Jo Arbeitsheft, S. 46***

► ***Jo-Jo Kopiervorlagen, Nr. 22***

KV 10 ***Wer sagt was?***
Redebegleitsätze und wörtliche Reden sind passend zuzuordnen.

Weitere Anregungen

- *Comics umschreiben und daraus Dialoge mit wörtlicher Rede machen (z. B. „Peanuts"-Comics)*
- *Wortfeld „sagen" auf einem großen Plakat anlegen*
- *ein „Theater im Karton" basteln und das Weihnachtsmärchen mit Stabpuppen aufführen*

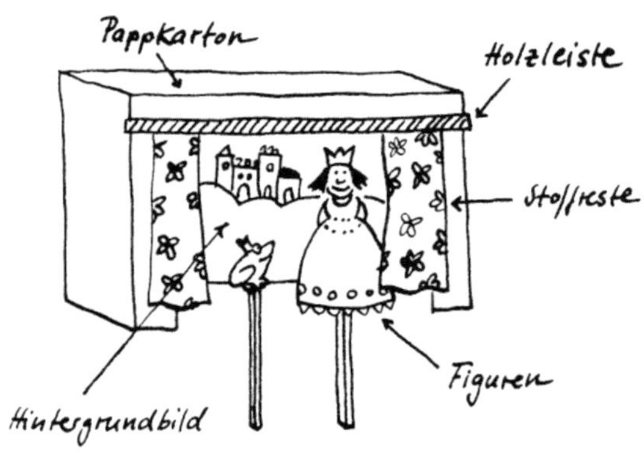

Aus einem Karton eine Seite herausschneiden, über der ausgeschnittenen Seite eine Holzleiste anbringen, an der Holzleiste Stoffreste als Vorhang anbringen, für die Kulissen mit Wasserfarben Hintergrundbilder auf Papier malen, die Kulissen mit Klebestreifen an den Holzleisten befestigen, die über den Karton gelegt werden, Figurengröße an den Karton anpassen!
Tipp: Front und Seiten des „Theaters im Karton" können auch ausgestaltet werden.

Seite 28

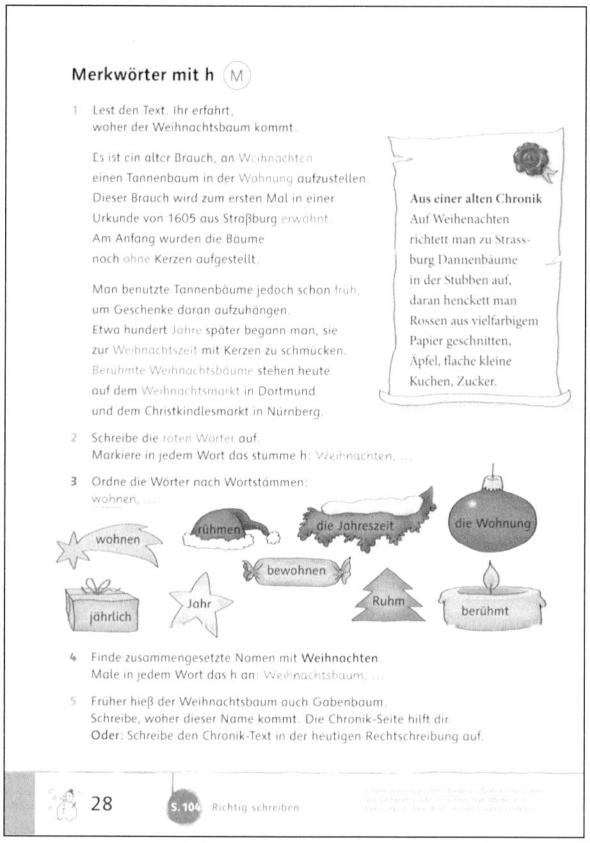

Merkwörter mit h (M)

1 Lest den Text. Ihr erfahrt, woher der Weihnachtsbaum kommt.

Es ist ein alter Brauch, an Weihnachten einen Tannenbaum in der Wohnung aufzustellen. Dieser Brauch wird zum ersten Mal in einer Urkunde von 1605 aus Straßburg erwähnt. Am Anfang wurden die Bäume noch ohne Kerzen aufgestellt.

Man benutzte Tannenbäume jedoch schon früh, um Geschenke daran aufzuhängen. Etwa hundert Jahre später begann man, sie zur Weihnachtszeit mit Kerzen zu schmücken. Berühmte Weihnachtsbäume stehen heute auf dem Weihnachtsmarkt in Dortmund und dem Christkindlesmarkt in Nürnberg.

Aus einer alten Chronik
Auf Weihenachten
richtett man zu Strass-
burg Dannenbäume
in der Stubben auf,
daran henckett man
Rossen aus vielfarbigem
Papier geschnitten,
Äpfel, flache kleine
Kuchen, Zucker.

2 Schreibe die roten Wörter auf.
Markiere in jedem Wort das stumme h: Weihnachten, ...

3 Ordne die Wörter nach Wortstämmen:
wohnen, ...

4 Finde zusammengesetzte Nomen mit **Weihnachten**.
Male in jedem Wort das h an: Weihnachtsbaum, ...

5 Früher hieß der Weihnachtsbaum auch Gabenbaum.
Schreibe, woher dieser Name kommt. Die Chronik-Seite hilft dir.
Oder: Schreibe den Chronik-Text in der heutigen Rechtschreibung auf.

28 S. 104 Richtig schreiben

Auf dieser Sprachbuchseite stehen die Wörter mit Dehnungs-h im Mittelpunkt. Das Dehnungs-h ist nicht hörbar, steht aber nur nach einem langen Vokal. Das Dehnungs-h ist vom silbentrennenden *h* zu unterscheiden, das hörbar ist (*ge-hen, se-hen, Kü-he* etc.).

Aufgabe 1 und 2

Die Kinder lesen den Sachtext, in dem sie etwas zur Geschichte des Weihnachtsbaumes erfahren. Die Kinder schreiben dann die rot gedruckten Wörter ab, die ein Dehnungs-h enthalten, welches markiert wird. Die Wörter können zur Übung auch ein zweites Mal in alphabetischer Folge abgeschrieben werden.

Aufgabe 3

Hier werden die Kinder auf den Wortstamm orientiert. Leistungsstärkere Kinder können weitere Wörter mit den passenden Wortstämmen ergänzen.

Aufgabe 4

Die zusammengesetzten Nomen mit den Wortteil *Weihnachten* können auch in Partnerarbeit gefunden werden.

Aufgabe 5

Die Übertragung des Textes in die aktuelle Rechtschreibung eignet sich auch gut als Gruppenarbeit.

▶ ***Jo-Jo Sprachbuch, Kurs Richtig schreiben, S. 104***

▶ ***Jo-Jo Arbeitsheft, S. 22***

Seite 29

Aufgabe 1

Die Übungswörter aus dem Themenfeld „Weihnachten" sind zum Teil nicht ganz einfach. Sie sollten zunächst sorgfältig auf Karten geschrieben und in der Wörterkiste abgelegt werden. Danach beschäftigen sich die Kinder mit dem kleinen Übungstext, den sie entweder abschreiben oder als Dosen-, Partner- oder Schleichdiktat üben können. Die Kinder können dann selbst entscheiden, ob sie die mit einem Jo-Jo gekennzeichnete Erweiterung schreiben möchten. Dazu kann erklärt werden, dass Namen oder Titel manchmal in Anführungszeichen gesetzt werden (hier: *„O Tannenbaum"*).

D — Verben unter den Übungswörtern in allen Personalformen in der Gegenwartsform aufschreiben

Aufgabe 2

Hier wird eine Übung zu den Nomen angeboten, die durch die Großschreibung auch von schwächeren Kindern gut ermittelt werden können. Probleme kann die richtige Zuordnung der bestimmten Artikel bereiten.

D — Wortfeld zum Thema Weihnachten erstellen, ggf. Wörter nach Wortarten ordnen

Aufgabe 3

Einige der Übungswörter erscheinen hier als Lückenwörter und sollen von den Kindern richtig aufgeschrieben werden. Bei den Nomen ist zusätzlich der richtige Artikel zu ergänzen. Ähnliche Übungen können die Kinder sich gegenseitig stellen, indem sie Wörter aus der Wörterliste untereinander abschreiben, wobei ein oder mehrere Buchstaben ausgelassen werden. Ein Partner schreibt dann jeweils das vollständige Wort daneben.

Aufgabe 4

Hier sind die Satzglieder verwurfelt und sollen von den Kindern reorganisiert werden. Schwächere Kinder können die Satzglieder auf Papierstreifen erhalten, damit sie die Sätze probeweise legen können, bevor sie diese aufschreiben.

KV 11 — ***Schleichdiktat***

KV 12 — ***Diktatvorbereitung***

Name: Datum: Klasse:

Wer sagt was?

❶ Schreibe die Begleitsätze und die wörtliche Rede auf.
Setze die Anführungszeichen und markiere sie farbig.

Max ruft:	Ich male den Hintergrund.
Sven und Lisa meinen	Wer hat den Stoff für den Vorhang weggenommen?
Simon fragt:	Lisa, pass auf!
Sonja und Patrik möchten wissen:	Wir stellen gemeinsam die Spielfiguren her.
Irina schimpft:	Können wir helfen?
Tom sagt:	Das geht viel zu langsam!

Name: Datum: Klasse:

Schleichdiktat

Weihnachtsfeier

Die Klasse 3 macht dieses Jahr eine Weihnachtsfeier. Die Kinder haben im Klassenzimmer bereits glänzende Sterne an die Fenster gehängt.
Auf den Tischen brennen Kerzen und strahlen in einem warmen Licht.
Die Kinder spielen das Weihnachtsmärchen vor.
Danach sitzen sie mit ihren Eltern noch fröhlich zusammen. Sie trinken Tee und essen Lebkuchen.
Zuletzt singen alle zusammen „O Tannenbaum". „Die Feier hat mir sehr gefallen", sagt Hannas Mutter.

Name: Datum: Klasse:

Diktatvorbereitung

1 Immer zwei Wörter gehören zu einer Wortfamilie. Kreise sie in der gleichen Farbe ein und schreibe sie auf.

fröhlich	Weihnachten	Brand	weihnachtlich
brennen	Wärme	warm	Fröhlichkeit

fröhlich –

2 Sortiere die Wörter in jeder Spalte nach dem Abc.

hängen	1	Eltern	Raum	1	fröhlich
Fenster	2		zuletzt	2	
Licht	3		strahlen	3	
Eltern	4		fröhlich	4	

3 Schreibe die Sätze in dein Heft. Achte dabei auf die Groß- und Kleinschreibung.

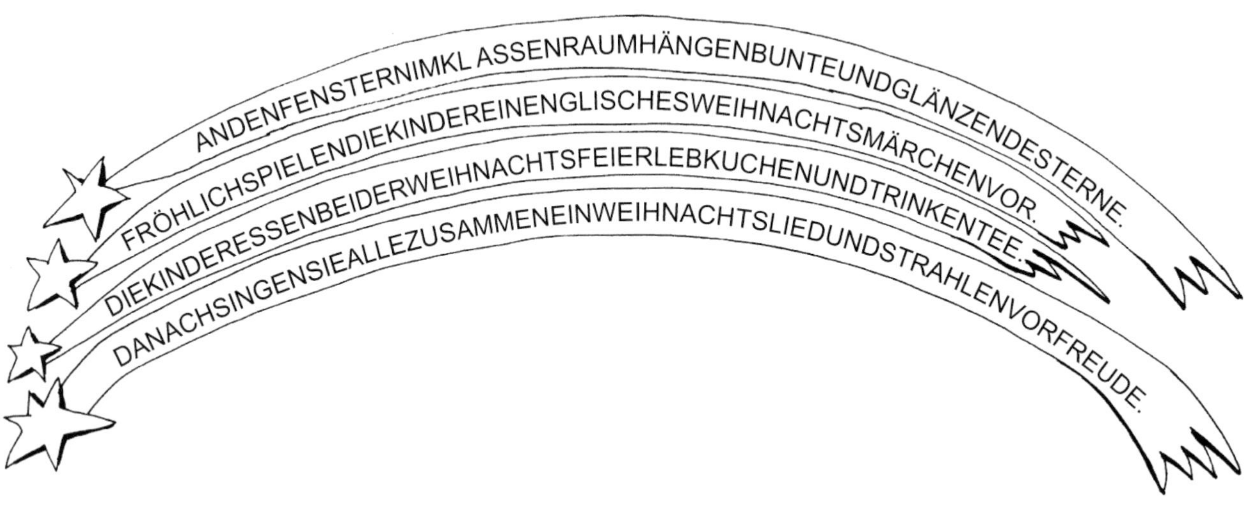

Das bin ich

Verbundübersicht

Jo-Jo Sprachbuch, Themenkapitel Seite 30–35	**Jo-Jo Sprachbuch, Kursteil** Seite 94, 112, 142	**Jo-Jo Arbeitsheft** Seite 12, 30, 60
Jo-Jo Sprachförderheft Seite 30–35	**Jo-Jo Kopiervorlagen** Nr. 5, 14, 29	**Jo-Jo Lesebuch** Seite 66–77

Lerninhalte

Sprechen und Zuhören	Anliegen und Konflikte mit anderen gemeinsam diskutieren: Klischees diskutieren und hinterfragen; einen Fragebogen lesen und verstehen (30)
Lesen (mit Texten und Medien umgehen)	Arbeitsanweisungen lesen und verstehen (30–35); Sach- und Gebrauchstexte kennen: diskontinuierliche Texte (30); Kinderliteratur kennen
Schreiben (Texte schreiben)	über das Thema „Mädchen und Jungen“ sprechen; Zustimmung und Ablehnung zeigen; Stichpunkte für einen Brief notieren; einen Brief schreiben (31) **Texte verfassen** SB (142), AH (60)
Schreiben (Richtig schreiben)	schwierige Wörter mit Mitlauthäufungen üben; zusammengesetzte Nomen mit sch-Lauten bilden; Wörter mit Pf/pf üben (34) **Richtig schreiben** SB (94), AH (12)
Sprache und Sprachgebrauch untersuchen	Pronomen als Ersatz für Nomen kennen lernen; Pronomen in verschiedenen Texten einsetzen, z. B. Personenbeschreibung, Rätselröllchen (32); Wortstamm erkennen und unterstreichen; passende Endungen für Verben auswählen; passende Wortstämme auswählen, Wortfamilien erstellen (33) **Sprache untersuchen** SB (112), AH (30)

Vorüberlegungen

Zwischen Mädchen und Jungen gibt es gerade in diesem Alter oft Konflikte. Dies kann mithilfe der Sprachbucheinheit thematisiert werden. Die Kinder werden dazu angeleitet, Anliegen und Konflikte gemeinsam zu diskutieren und Vorurteile und geschlechtsspezifische Klischees altersgemäß zu hinterfragen. Wenn das Thema ausgeweitet werden soll, bietet sich ein Umfrageprojekt zum Thema „Jungen und Mädchen“ an, das in der eigenen oder auch in anderen Klassen durchgeführt werden kann. Die Sprachbuchseite 30 gibt den Beginn eines möglichen Fragebogens vor, der von den Kindern weitergeführt werden kann.
Darüber hinaus wird eine Situation thematisiert, die nicht jedes Kind aus eigenem Erleben kennt, die aber im Schulalltag immer wieder vorkommt und dann aus anderer Perspektive für alle in der Klasse bedeutsam wird: Ein neues Kind kommt in die Klasse und möglicherweise verändern sich die Strukturen, die in den bisher gemeinsam verbrachten Schuljahren gewachsen sind. Die Kinder können davon ausgehend auch darüber nachdenken, wie wichtig Freundschaften für sie sind und wann für sie jemand ein guter Freund/eine gute Freundin ist.

Ideen für fächerübergreifendes Arbeiten

Religion/Ethik
- eigenes Verhalten und das Verhalten anderer kritisch hinterfragen, z. B. gegenüber Mädchen/Jungen, Außenseitern, Minderheiten, Kindern anderer Nationalität oder Religion

Mathematik
- eine Umfrage auswerten

Kunst
- Porträts malen, Collagen gestalten

Sachunterricht
- Sexualerziehung

Zum Einsatz der Kapitelseiten

Seite 30

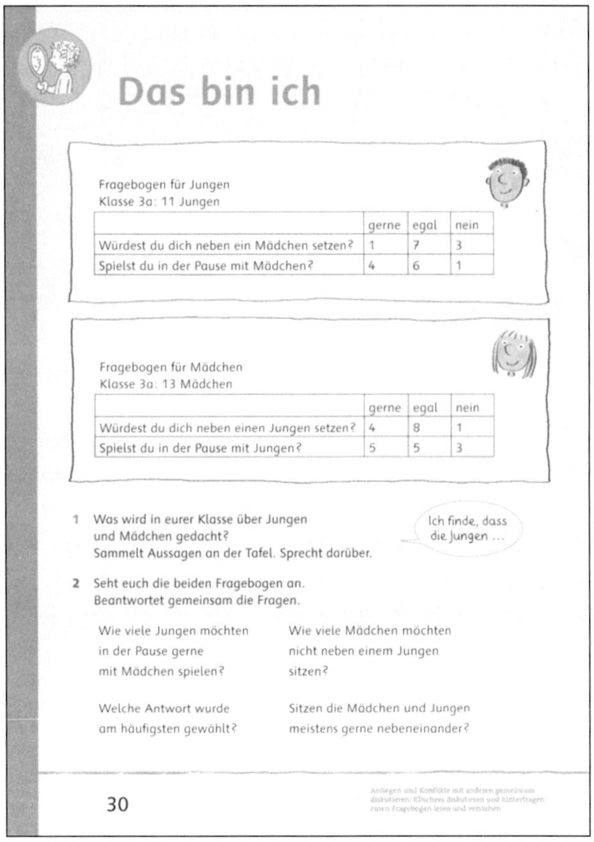

Das bin ich

Fragebogen für Jungen
Klasse 3a: 11 Jungen

	gerne	egal	nein
Würdest du dich neben ein Mädchen setzen?	1	7	3
Spielst du in der Pause mit Mädchen?	4	6	1

Fragebogen für Mädchen
Klasse 3a: 13 Mädchen

	gerne	egal	nein
Würdest du dich neben einen Jungen setzen?	4	8	1
Spielst du in der Pause mit Jungen?	5	5	3

1 Was wird in eurer Klasse über Jungen und Mädchen gedacht? Sammelt Aussagen an der Tafel. Sprecht darüber.

2 Seht euch die beiden Fragebogen an. Beantwortet gemeinsam die Fragen.

Wie viele Jungen möchten in der Pause gerne mit Mädchen spielen?

Wie viele Mädchen möchten nicht neben einem Jungen sitzen?

Welche Antwort wurde am häufigsten gewählt?

Sitzen die Mädchen und Jungen meistens gerne nebeneinander?

30

Anliegen und Konflikte mit anderen gemeinsam diskutieren. Klischees diskutieren und hinterfragen. einen Fragebogen lesen und verstehen

Die Einstiegsseite regt dazu an, sich mit dem Thema „Jungen und Mädchen“ auseinanderzusetzen. Gerade bei diesem emotionalen Thema sollte nochmals auf das Einhalten der Gesprächsregeln hingewiesen werden. Äußerungen des Vorredners können ggf. zusammenfassend wiederholt werden, um das genaue Zuhören zu schulen.

Aufgabe 1

Zunächst sollen Aussagen zum Thema „Jungen und Mädchen“ mündlich gesammelt und an der Tafel zusammengetragen werden. Möglicherweise haben einige Kinder jedoch auch Scheu, sich zu diesem Thema offen zu äußern. Deshalb kann auch dazu angeregt werden, Äußerungen zum Thema anonym auf Zetteln zu notieren. Diese werden dann nacheinander vorgelesen. Gegebenenfalls können positive und negative Äußerungen auch geordnet bzw. an der Tafel inhaltlich zusammengefasst werden.

Aufgabe 2

Die abgedruckten Fragenbögen stellen diskontinuierliche Texte dar, in denen die Kinder sich zunächst in Ruhe orientieren müssen. Anschließend können mit der gesamten Lerngruppe die Fragen beantwortet werden. Bei Interesse kann davon ausgehend ein Umfrage-Projekt durchgeführt werden. Eine Umfrage macht den Kindern nicht nur großen Spaß, sie erweitert auch ihre Kompetenzen in Hinsicht auf Planung, Organisation, Durchführung, Auswertung und Präsentation.

In Tischgruppen, Partnerarbeit, im Kreisgespräch oder allein erarbeiten die Kinder zunächst weitere Fragen, z. B.:

- Würdest du dich neben einen Jungen/ein Mädchen setzen?
- Spielst du in der Pause gern mit Jungen/Mädchen?
- Spielst du in deiner Freizeit mit Jungen/Mädchen?
- Bist du im Verein mit Jungen/Mädchen zusammen?
- Lädst du Jungen/Mädchen zu deinem Geburtstag ein?
- Lässt du Jungen/Mädchen in dein Freunde-Album schreiben?
- Gehst du auf dem Schulweg mit einem Jungen/Mädchen zusammen?
- Wählst du im Sportunterricht auch ein Mädchen/einen Jungen in deine Mannschaft?

Nun sollte der organisatorische Rahmen für eine Umfrage festgelegt werden. Dabei helfen den Kindern folgende Fragen:

- Welche Kinder sollen die Befragung durchführen?
- Wann ist ein günstiger Zeitpunkt?
- Welche Lehrkräfte müssen informiert werden?
- Wollen wir allen Mitschülern Fragen stellen oder nur bestimmten Klassen? (Diese Entscheidung darüber, wie viele Mitschüler befragt werden sollen, hat Auswirkungen auf die Anzahl der Fragen.)

Der Fragebogen sollte so gestaltet sein, dass die zu befragenden Kinder nicht viel zu schreiben brauchen. Dies erleichtert die Handhabung und Auswertung. Smileys lassen sich für die Rubriken gut verwenden. Es ist einfacher für die Kinder, die Fragebögen nach Jungen und Mädchen zu trennen, weil dann eindeutige Fragen gestellt werden können. Stellen die Kinder Tabellen zusammen, können sie die Ergebnisse leichter vergleichen und später anschaulicher darstellen. Dies ist eine wichtige Erfahrung, die auch beim Umgang mit Medien und Sachbüchern eine Rolle spielt. Eine schriftliche Darstellung erspart dem Leser das Entziffern und Interpretieren der Tabelle, erschwert aber auch den Vergleich und die rasche Informationsaufnahme. Es wäre auch möglich, zunächst gemeinsam eine Tabelle anzulegen und anschließend eine schriftliche Darstellung anzufertigen, wenn beispielsweise die Ergebnisse auf der Homepage oder in der Schülerzeitung veröffentlicht werden sollen.

▶ ***Jo-Jo Lesebuch, S. 68–71, 74–75***

Seite 31

Briefe

1 Rosi ist in eine neue Schule gekommen. Dort gefällt es ihr nicht. Lest gemeinsam, was sie ihrem Großvater schreibt.

Lieber Großpapa,
ich hasse meine neue Schule. Sie ist so groß und fremd, und ich kenne niemanden. Frau West, die Lehrerin, ist in Ordnung, aber sie setzte mich neben einen JUNGEN, der Roland Roberts heißt! Er soll sich um mich kümmern! Roland Roberts sagte: „Mädchen sind doof."
Mädchen sind nicht doof und er soll sich nicht um mich kümmern! Ich hasse Roland Roberts! …

Lieber Großpapa,
Samstag gingen Mutti und ich in den Park. Roland war auch da, mit seinem Hund Bingo. Ich sollte Roland Roberts auf meinen Schlitten lassen! Bingo jagte uns durch den Schnee. Das hat Spaß gemacht! Roland sagte: „Ich hätte auch gern einen Schlitten. Wollen wir morgen einen Schneemann bauen?"
Bingo habe ich echt gern, aber Roland Roberts?

Martina Selway

2 Roland sagt: „Mädchen sind doof."
Wer zustimmt, hebt die Hand. Wer ablehnt, steht auf.
Und wie ist die Meinung zu Jungen?
Diskutiert über das Ergebnis.

3 Was könnte der Großvater Rosi antworten?
Sammelt Stichpunkte an der Tafel.

4 Stelle dir vor, du bist der Großvater.
Schreibe einen Brief an Rosi. Denke auch an Datum, Grüße und Unterschrift: Liebe Rosi, …

Texte verfassen S.142 31

Rosis (gekürzte) Briefe an den Großvater geben einen Einblick in ihre Situation, in ihre Gedanken und Gefühle. Dazu können sich die Kinder zunächst frei äußern. Es ist auch möglich, anhand des Buches (Martina Selway: Ich hasse Roland Roberts. Gerstenberg, Hildesheim 1996.) den gesamten Briefwechsel vorzulesen.

Aufgabe 1

Nach der individuellen stillen Lektüre der beiden Briefe können zwei Kinder die Texte vorlesen und dabei darauf achten, wie sie Rosis Gefühle durch passende Intonation hörbar machen können.

Aufgabe 2

„Mädchen sind doof." „Jungen sind doof." Die Kinder können öffentlich oder geheim mit kleinen anonymen Zetteln ermitteln, wer diesen Aussagen zustimmt oder sie ablehnt. Das Ergebnis wird dann an der Tafel festgehalten und zur Diskussion gestellt. Mögliche Fragen dazu sind:

- Habt ihr dieses Ergebnis erwartet?
- Wie kommt es, dass Jungen und Mädchen sich manchmal „doof" finden?

Aufgabe 3

An dieser Stelle muss ein Perspektivwechsel vollzogen werden. Die Kinder versuchen, sich in Rosis Großvater hineinzuversetzen und überlegen, was er seiner Enkelin antworten könnte. Die genannten Aspekte werden stichpunktartig an der Tafel festgehalten.

Aufgabe 4

Die im Gespräch gesammelten und schriftlich festgehaltenen Aspekte können nun in einen Brief integriert werden. Die Kinder schreiben nun aus der Perspektive des Großvaters, wobei auch auf formale Elemente eines Briefes zu achten ist (Datum, Grüße, Unterschrift).

D Kinder, denen es schwer fällt, anstelle des Großvaters zu antworten, können auch selbst zum „Briefpartner" von Rosi werden. Die Aufgabenstellung könnte dann lauten: „Was würdest du Rosi antworten?"

► ***Jo-Jo Sprachbuch, Kurs Texte verfassen, S. 142***

► ***Jo-Jo Arbeitsheft, S. 60***

► ***Jo-Jo Kopiervorlagen, Nr. 29***

Weitere Anregung

- *Das Lied vom Anderswerden und vom Bleiben*

Gesprochen: Ob du schlank bist, kurz oder lang bist, dick oder dünn, feige bist oder Mut hast.
Gesungen: Du bist du und das find ich gut!
Gesprochen: Ob du rund bist, weiß oder bunt bist, grob oder fein, Junge, Mädchen, Frau oder Mann.
Gesungen: Wir sind wir und darauf kommt's an!

Ich bin ich und du bist du
und das kann auch so bleiben.
Denn ganz genau so wie wir sind,
mögen wir uns leiden.

(aus: Kreusch-Jacob, Dorothée: Das Liedmobil. Heinrich Ellermann Verlag, München 1991.)

Seite 32

Pronomen

1 Lest die Beschreibungen. Was fällt euch auf?

Beste Freunde
Maria ist meine Tischnachbarin.
Wir haben keine Geheimnisse voreinander.
Maria kann gut rechnen
und hilft mir immer in Mathe.
Maria ist ein Fan von Harry Potter.
Maria ist meine beste Freundin.

Beste Freunde
Tim ist mein bester Freund.
Tim kann nacheinander
zehn Schokoküsse essen.
Tim ist neun Jahre alt.
Tim mag keine Hunde.
Tim spielt gern Tischtennis,
aber manchmal ist er dabei unfair.

2 Wähle einen Text und überarbeite ihn.
Ersetze die Namen an passenden Stellen durch die Pronomen **sie** oder **er**: Beste …

Nomen kann man durch Pronomen ersetzen:
Maria – sie, Tim – er, Maria und ich – wir.

3 Schreibe Rätsel über deine Freunde.
Lass andere Kinder raten.
Achtung: Verwende nur Pronomen.

Er ist klein,
aber stark.
In seiner Freizeit
schwimmt er
im Verein. Er ist
ein sehr guter
Schüler. In unserer
Klasse macht er
meistens den
Tafeldienst.

32

Auf dieser Seite geht es um die Beschäftigung mit Freundinnen und Freunden sowie mit den Mitschülern in der Klasse: Sie müssen möglichst genau beschrieben werden, und zwar nicht nur im Hinblick auf ihr Äußeres, sondern auch darauf, wie sie sind, welche Eigenschaften sie haben und welche Hobbys und Vorlieben sie besitzen. Den Kindern kann dabei bewusst werden, dass sie eigentlich nicht viel über die anderen wissen, sie als unverwechselbare und einzigartige Persönlichkeiten noch nie differenziert wahrgenommen haben. Die intensive Beschäftigung mit den Mitschülern kann sich auf das Miteinander im Klassenverband positiv auswirken. Vorurteile und Abneigungen können überprüft und ggf. relativiert werden. Sprachlicher Schwerpunkt der Sprachbuchseite ist die Funktion der Pronomen.

Pronomen

Das Pronomen (deutsch: Fürwort) ist eine Wortart mit vielen Untergruppen. Die Pronomen stehen für das Nomen, wie es der Name sagt. Sie ersetzen nicht nur Nomen, sondern Satzglieder, die mit einem Nomen gebildet werden, ganze Sätze und vor allem den Sprecher und den Hörer. Personalpronomen sind „Rollenwörter", sie zeigen Gesprächsrollen im Satz an:

- Es gibt jemanden, der etwas sagt oder schreibt: den Sprecher/Schreiber, wenn er sich selbst meint – *ich* bzw. *wir* (= Mehrzahl).
- Es gibt jemanden, an den sich der Sprecher/Schreiber wendet: den Angesprochenen (Angeschriebenen) – *du* bzw. *ihr* (= Mehrzahl) und *Sie* bzw. *Ihr* als Höflichkeitsanrede.
- Es gibt jemanden oder etwas, worüber gesprochen/geschrieben wird: der/die/das Besprochene (Beschriebene) – *er*, *sie*, *es* bzw. *sie* (= Mehrzahl). Die Personalpronomen werden gebeugt.

(aus: Bünting, Karl-Dieter; Eichler, Wolfgang: Grammatiklexikon. Kompaktwissen für Schule, Ausbildung und Beruf. Cornelsen Scriptor, 7. überarbeitete Auflage, Berlin 2006.)

Aufgabe 1

Die Wiederholung der Namen in den beiden Kindertexten fällt am stärksten beim (ggf. mehrmaligen) lauten Vorlesen auf. Wenn die Texte am Overheadprojektor präsentiert werden, können die Wiederholungen durch Unterstreichen visualisiert werden.

Aufgabe 2

Die Kinder wählen einen Text aus und überarbeiten ihn, indem sie die Namen an passenden Stellen durch Pronomen ersetzen. Die Lehrkraft sollte den Kindern erklären, dass es nicht darum geht, Namen stets durch Pronomen zu ersetzen. Es kann durchaus sinnvoll sein, statt der Wiederholung des Pronomens wieder einmal den Namen einzusetzen. Lautes Vorlesen macht den Kindern deutlich, ob der überarbeitete Text gut klingt.

Aufgabe 3

Die Kinder wählen jeweils eine Mitschülerin oder einen Mitschüler aus, über den sie einen kleinen Text schreiben, in dem statt des Namens nur Pronomen verwendet werden. Die Verwendung der Pronomen ist sogar zwingend, wenn man nicht die Lösung des Rätsels (die Person) verraten will. Wenn jedes Kind ein Rätselröllchen über ein anderes Kind geschrieben hat, werden die Texte in einer Schüssel gesammelt. Dann kann damit gespielt werden. Jedes Kind darf ein Röllchen ziehen und vorlesen. Wer findet das gesuchte Kind am schnellsten?

D

Rätselröllchen können auch über Tiere und Dinge geschrieben werden. Auch sehr beliebt ist das Spiel „Ich sehe was, was du nicht siehst".

KV 13

Brieffreunde

Die Kinder überlegen, an welcher Stelle eines Textes sie sinnvoll Pronomen einsetzen können.

Seite 33

Wortstamm und Endung

1 Finde im Text alle Wörter mit dem Wortstamm **spiel**.
Schreibe sie auf und unterstreiche den Wortstamm:
Spielenachmittag, ...

Heute ist ein Spielenachmittag geplant.
Jeder darf sich ein Spiel wünschen.
Mama sucht sich ein Würfelspiel
aus der Spielesammlung aus.
Alle sind begeistert und spielen mit.
Papa findet in der Spielekiste ein Brettspiel,
das er als Kind schon gespielt hat.
Aber wo ist der Würfel dazu? Alle suchen im Spielzimmer.
Dennis findet ihn in der Spielverpackung vom Memoryspiel.
So kann endlich die zweite Spielrunde beginnen.
Welches Lieblingsspiel wird sich Tim wohl aussuchen?
Vielleicht ein Fußballspiel oder ein Fangspiel im Freien?

2 Finde die richtige Endung und schreibe die Verben:
ich trinke, ...

ich trink	wir schreib	sie sing	er lach	e
ihr schreib	ihr trink	sie lach	wir sing	st t
du schreib	du lach	sie trink	du sing	en

3 Finde den passenden Wortstamm.
Schreibe die Sätze richtig ab: Ich hüpfe gerne ...

Ich ___e gerne mit dem Springseil.	trink
Lara ___t gerne kalte Apfelsaftschorle.	geh
Papa ___t gerne mit dem neuen Auto.	hüpf
Oma und Opa ___en am Abend immer spazieren.	fahr
Wir ___en tolle Sachen aus Legosteinen.	bau

4 Bilde Wortfamilien mit den Wortstämmen aus Aufgabe 3:
trink, trinken, Trinkhalm, ...

Sprache untersuchen S.112 33

Unsere Schriftsprache ist keine reine Lautsprache, sondern wird durch Morpheme als kleinste sinntragende Einheiten geprägt. Einsichten in die morphematische Grundstruktur der Wörter sind hinsichtlich des Rechtschreiblernens besonders wichtig und effektiv. Die Arbeit mit Wortfamilien und Wortstämmen hilft den Kindern dabei, Strukturwissen aufzubauen. Komplizierte Wortformen müssen nicht mehr einzeln gelernt werden, wenn Wortstämme gut gespeichert sind.

Der Wortstamm ist ein sinntragender Bestandteil eines Wortes, der nicht weiter zerlegt werden kann. Bei Zusammensetzungen wird der Wortstamm gefunden, indem Präfixe und Suffixe abgestrichen werden (z. B. *ver-fahr-en, Be-herrsch-ung* etc.), bei flektierten Verben findet man den Wortstamm, indem die Personalendungen weggelassen werden (z. B. *lach-t, geh-en, träg-st*).

Aufgabe 1

Der Wortstamm stellt ein Morphem dar, das Wortfamilien konstituieren kann. Im Text finden die Kinder zahlreiche Wörter mit dem Wortstamm *spiel*, die es aufzuschreiben gilt. Dabei soll der Wortstamm zur besseren Visualisierung unterstrichen werden. Den Kindern sollte bewusst werden, dass sie ganz viele Wörter richtig schreiben können, wenn sie die Schreibweisen von Wortstämmen beherrschen.

D Leistungsstärkere Kinder können weitere Wörter mit dem Wortstamm *spiel* ergänzen. Wenn zu jedem Wort auch ein Satz gebildet wird, ist sichergestellt, dass die Bedeutungsebene der Wörter klar ist.

Aufgabe 2

Diese Aufgabe macht den Kindern die Struktur flektierter Verben bewusst. Vorgegeben sind verschiedene Verben in unterschiedlichen Personalformen, die Personalendungen sollen jeweils von den Kindern ergänzt werden. Zu beachten ist, dass nach dem Personalpronomen *sie* jeweils eine Singular- oder eine Pluralform ergänzt werden kann (*sie singt, sie singen; sie lacht, sie lachen; sie trinkt, sie trinken*). Es handelt sich bei den Beispielen jeweils um schwache Verben, bei denen sich der Stammvokal nicht ändert.

D Schwächeren Kindern kann ein „Verbschieber" Wortstrukturen vermitteln (drei Pappstreifen durch einen gebastelten Schieber mit drei Fenstern durchziehen. Auf den Streifen stehen mit etwas Abstand Personalpronomen, Wortstämme und Personalendungen).

Aufgabe 3

Anders als in der vorherigen Aufgabe sind in diesem Lückentext die Personalendungen vorgegeben und die Wortstämme müssen passend zugeordnet werden. Danach kann ein Partner den Text kontrollieren.

Aufgabe 4

An leistungsstärkere Kinder richtet sich die Aufgabe, selbstständig Wortfamilien mit den Wortstammen aus Aufgabe 3 zu bilden. Wenn diese Wörter anschließend in „Wortfamilienhäuser" geschrieben werden, ist der Begriff „Wortfamilie" besonders anschaulich gemacht. Es bietet sich an, die „Wortfamilienhäuser" in der Klasse aufzuhängen. Von Zeit zu Zeit können weitere Wortfamilien ergänzt werden (*wohn, zahl, fahr* etc.).

Weitere Anregungen

- *Wortstämme in zusammengesetzten Wörtern ermitteln, z. B.: verlaufen, Erklärung, freundschaftlich, wohnlich, ausschlafen, erfahren, vorgehen, Ausgänge; zu jedem dieser Wörter ein weiteres verwandtes Wort aufschreiben und den Wortstamm kennzeichnen*
- *Die Lehrkraft kann am Overheadprojektor oder an der Tafel Wortstämme vorgeben und die Kinder passende Wörter dazu finden lassen (z. B. fall, renn, schlaf, such, spring, sitz, sprech, wahl, schalt).*

Seite 34

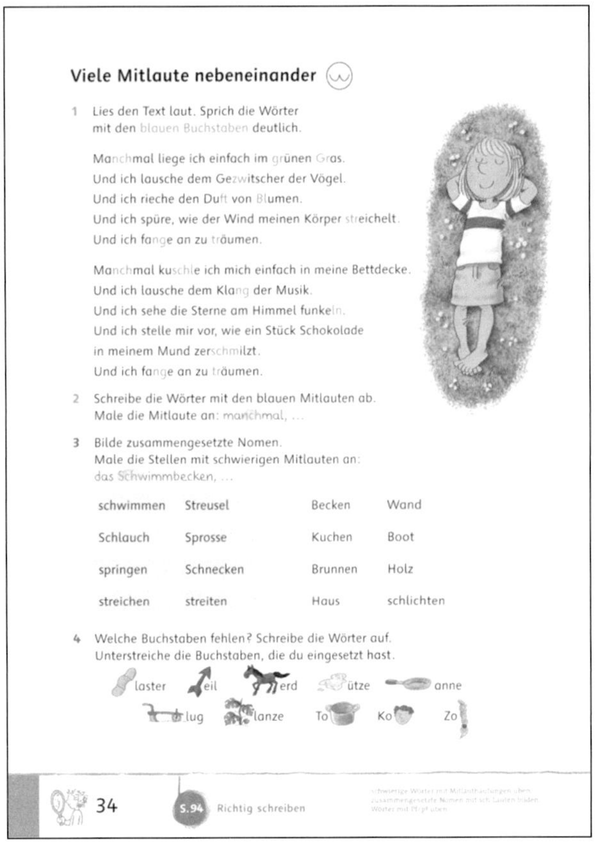

Viele Mitlaute nebeneinander

1 Lies den Text laut. Sprich die Wörter mit den blauen Buchstaben deutlich.

Manchmal liege ich einfach im grünen Gras.
Und ich lausche dem Gezwitscher der Vögel.
Und ich rieche den Duft von Blumen.
Und ich spüre, wie der Wind meinen Körper streichelt.
Und ich fange an zu träumen.

Manchmal kuschle ich mich einfach in meine Bettdecke.
Und ich lausche dem Klang der Musik.
Und ich sehe die Sterne am Himmel funkeln.
Und ich stelle mir vor, wie ein Stück Schokolade
in meinem Mund zerschmilzt.
Und ich fange an zu träumen.

2 Schreibe die Wörter mit den blauen Mitlauten ab.
Male die Mitlaute an: manchmal, …

3 Bilde zusammengesetzte Nomen.
Male die Stellen mit schwierigen Mitlauten an:
das Schwimmbecken, …

schwimmen	Streusel	Becken	Wand
Schlauch	Sprosse	Kuchen	Boot
springen	Schnecken	Brunnen	Holz
streichen	streiten	Haus	schlichten

4 Welche Buchstaben fehlen? Schreibe die Wörter auf.
Unterstreiche die Buchstaben, die du eingesetzt hast.

laster eil erd ütze anne
lug lanze To Ko Zo

34 S. 94 Richtig schreiben

Inhaltlich geht es auf dieser Seite um die Themen Freizeit bzw. Muße. Rechtschreiblicher Schwerpunkt sind Wörter mit Konsonantenhäufungen, wie sie zum Beispiel auch bei zusammengesetzten Nomen häufig entstehen, sowie Wörter mit *Pf/pf.*

Aufgabe 1

Der in der Ich-Form geschriebene Text erzählt von Zeiten der Muße, die mit zahlreichen Sinneseindrücken gefüllt werden können. Die Kinder lesen den Text zunächst leise für sich, dann kann ein Kind ihn laut vorlesen und dabei besonders die blau gesetzten Mitlauthäufungen betonen.

Aufgabe 2

Beim lautgetreuen Schreiben bereitet vielen Kindern das Wahrnehmen von Konsonantenhäufungen Probleme. Das deutliche Sprechen in Silben hilft dabei, insbesondere Konsonantenhäufungen in der Silbenfuge hörbar zu machen. Sollte sich herausstellen, dass die Kinder grundsätzliche Schwierigkeiten haben, bestimmte Laute richtig wahrzunehmen, sind entsprechende phonematische Differenzierungsübungen erforderlich.

Aufgabe 3

Die zu bildenden Nomen enthalten Konsonantenhäufungen am Wortanfang und auch im Wortinneren. Bei den Verben entfällt mit dem Zusammensetzen die Wortendung (*Springbrunnen, Schwimmbecken, Streichholz* etc.).

Aufgabe 4

Hier werden Wörter mit *Pf/pf* gefunden und aufgeschrieben. Weitere Wörter mit *Pf/pf* können in der Wörterliste oder in einem Wörterbuch gefunden und ergänzt werden. Auch zusammengesetzte Nomen mit *Pf/pf*-Wörtern können von den Kindern notiert werden.

▶ ***Jo-Jo Sprachbuch, Kurs Richtig schreiben, S. 94***

▶ ***Jo-Jo Arbeitsheft, S. 12***

▶ ***Jo-Jo Kopiervorlagen, Nr. 5***

Seite 35

Aufgabe 1 und 2

Das Diktat knüpft inhaltlich an das Thema Freunde an und kann als Partner-, Dosen- oder Schleichdiktat geschrieben werden. Durch das Umschreiben des Textes auf einen Freund hin werden auch andere Pronomen geübt.

Aufgabe 3

Alle Verben aus dem Text werden in der Grundform und in der dritten Person Singular aufgeschrieben. Ergänzend können weitere Personalformen notiert werden.

Aufgabe 4

Zu jedem Nomen wird ein passendes Adjektiv gefunden, wodurch der attributive Gebrauch von Adjektiven nochmals geübt wird. Die verschiedenen Adjektivendungen können farbig gekennzeichnet oder eingekreist werden.

D Die gefundenen Adjektive können auch prädikativ in Sätzen verwendet werden, z. B.: *Der Spaß im Schwimmbad war schnell zu Ende.*

Aufgabe 5

Die Aufgabe zur Satzbildung wird einfacher, wenn man die Wörter in den „Regalfächern“ einzeln auf Zettel schreibt und zunächst probeweise ordnet.

KV 14 ***Schleichdiktat***

KV 15 ***Diktatvorbereitung***

Name: Datum: Klasse:

Brieffreunde

1 Wo kannst du im Lückentext sinnvoll Pronomen einsetzen?
Wo setzt du besser die Namen ein?

sie

sie

er

Seit ein paar Monaten hat Anne einen Brieffreund, Pierre. ____ ist Franzose und wohnt in Nantes. Wie ____ ist ____ im dritten Schuljahr. Beide haben sich im Urlaub kennen gelernt. Da waren ____ mit ihren Familien in einem Ferienclub. ____ ist genauso eine Wasserratte wie ____ und ____ isst auch genauso gern Apfelkuchen wie ____.

Gemeinsam haben ____ viele tolle Ausflüge gemacht und sogar klettern gelernt. Jetzt schreibt ____, was bei ihm in der Schule und im Schwimmtraining los ist. ____ schreibt zurück, dass ____ eine Katze geschenkt bekommen hat und dass ____ mit der Schulmannschaft einen Wettkampf im Schwimmen gewonnen hat.

Name: Datum: Klasse:

Schleichdiktat

Meine Freunde

Leo und Nora sind
meine besten Freunde.
Ich besuche sie oft.
Leo ist immer fröhlich.
Bei ihm spielen
und basteln wir oft.
Er hat ein großes Zimmer
und einen riesigen Schrank mit
vielen Spielsachen und bunten Stiften.
Nora und ich haben das gleiche Hobby:
Wir spielen oft Tischtennis.
Natürlich haben wir auch
manchmal Streit.
Aber wir sprechen dann darüber
und vertragen uns danach wieder.

Name: Datum: Klasse:

Diktatvorbereitung

1. Lies die Sätze mit einem Spiegel und schreibe sie auf.

Meine Freundin heißt Anna.
Sie besucht mich gleich.
Wir basteln in meinem Zimmer.
Wir sprechen über Hobbys.
Das macht Spaß.

Meine Freundin

2. Hier sind sieben Nomen versteckt. Schreibe sie mit dem passenden Artikel auf.

K	T	S	T	I	F	T	R	S	L
B	C	D	L	E	R	Q	L	P	I
G	E	B	U	R	T	S	T	A	G
W	A	I	U	Z	R	F	J	Y	H
Z	H	O	B	B	Y	T	U	S	A
I	H	G	E	S	I	C	H	T	A
M	D	G	T	W	E	S	T	J	R
M	F	B	R	T	E	A	U	L	E
E	H	T	S	C	H	R	A	N	K
R	A	M	R	D	F	H	J	R	I

www.freizeit

Verbundübersicht

Jo-Jo Sprachbuch, Themenkapitel Seite 36–41	**Jo-Jo Sprachbuch, Kursteil** Seite 88, 124, 132	**Jo-Jo Arbeitsheft** Seite 6, 42, 50
Jo-Jo Sprachförderheft Seite 36–41	**Jo-Jo Kopiervorlagen** Nr. 2, 20, 24	**Jo-Jo Lesebuch** Seite 78–89

Lerninhalte

Sprechen und Zuhören	zum Thema „Computer“ Stellung nehmen; eine eigene Meinung äußern und begründen; Gesprächsregeln beachten; Rechtschreibprogramm thematisieren (36)
Lesen (mit Texten und Medien umgehen)	Arbeitsanweisungen lesen und verstehen (36–41); Verstehenshilfen anwenden: Wörter nachschlagen bzw. erfragen; Informationen in unterschiedlichen Medien suchen (37); genau lesen: Lückentext ergänzen (40)
Schreiben (Texte schreiben)	Methoden der Informationsbeschaffung erproben: Internet, Bücherei; über unterschiedliche Medien zur Informationsbeschaffung diskutieren (37) **Texte verfassen** SB (132), AH (50)
Schreiben (Richtig schreiben)	Wörter mit doppelten Mitlauten zusammensetzen und in Lückentext einsetzen; Personalformen mit doppeltem Mitlaut bilden (40) **Richtig schreiben** SB (88), AH (6)
Sprache und Sprachgebrauch untersuchen	Satzglieder aneinanderreihen; verwürfelte Satzglieder zu Sätzen ordnen; mit dem Satzfächer üben: Satzglieder umstellen (38); Satzglieder eines Satzes mehrfach umstellen; Satzglieder zu Fragesätzen umordnen (39) **Sprache untersuchen** SB (124), AH (42)

Vorüberlegungen

Dieses Kapitel rückt den Computer in den Mittelpunkt. Bücher, Nachschlagewerke, Fernsehen und Filme haben als eher traditionelle Medien zur Informationsbeschaffung und Unterhaltung zwar weiterhin ihre Bedeutung. Der Computer hat sich jedoch mittlerweile fest im Alltag der Kinder etabliert. Er wird zur Unterhaltung, Information, Kontaktaufnahme etc. genutzt und bietet vielfältige Möglichkeiten, die für Kinder meist überaus verführerisch und motivierend sind.

Auch beim Schreiben von Geschichten oder beim Präsentieren von Unterrichtsergebnissen mithilfe von Textverarbeitungsprogrammen bekommt der Computer zunehmend Bedeutung. Zwar hilft dieser nicht zwangsläufig beim Erlernen der Rechtschreibung und fördert auch nicht die Handschrift. Geschriebenes lässt sich durch den Computer aber in einer attraktiven und übersichtlichen Weise präsentieren und ermöglicht es auch Kindern mit einer weniger schönen Handschrift, ihre Werke gut leserlich vorzustellen. Schreibschwächere Kinder erlangen durch das Schreiben am Computer häufig Motivation, da sie Rechtschreibfehler nachträglich verbessern können, ohne den gesamten Text neu schreiben zu müssen.

Die Vor- und Nachteile des Computereinsatzes zu behandeln, ist ein wichtiger Bestandteil der Medienerziehung und kann im Rahmen dieser Unterrichtseinheit an verschiedenen Stellen des Kapitels erfolgen.

Ideen für fächerübergreifendes Arbeiten

Sachunterricht

- Internet – was ist das eigentlich?
- Grundfunktionen eines E-Mail-Programms
- Sicherheitstipps für Kinder im Internet (s. Handreichungen S. 61)

Kunst

- Präsentation von Texten/Ergebnissen mithilfe des Computers, verschiedene Schriftgestaltungen

Zum Einsatz der Kapitelseiten

Seite 36

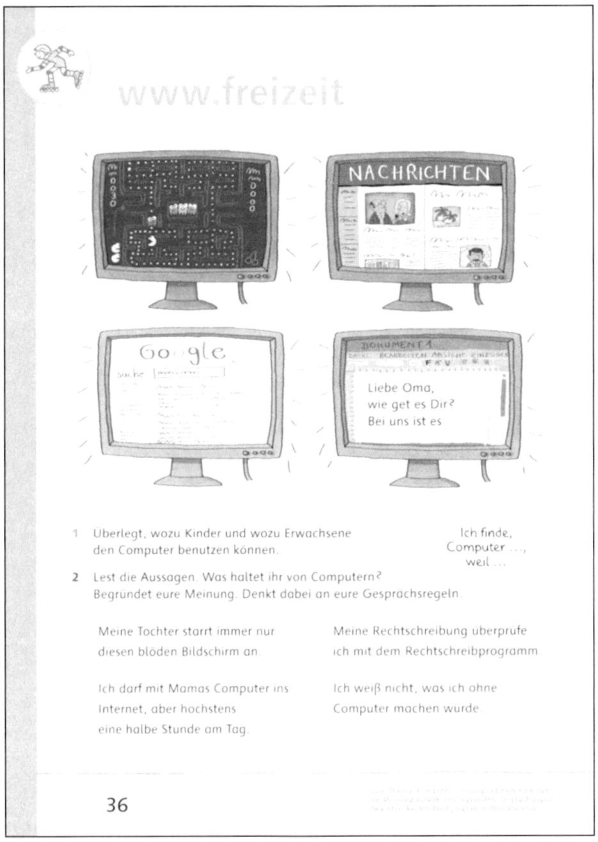
www.freizeit

NACHRICHTEN

Google

DOKUMENT 1

Liebe Oma,
wie get es Dir?
Bei uns ist es

1 Überlegt, wozu Kinder und wozu Erwachsene den Computer benutzen können.

Ich finde, Computer …, weil …

2 Lest die Aussagen. Was haltet ihr von Computern? Begründet eure Meinung. Denkt dabei an eure Gesprächsregeln.

Meine Tochter starrt immer nur diesen blöden Bildschirm an.

Meine Rechtschreibung überprüfe ich mit dem Rechtschreibprogramm.

Ich darf mit Mamas Computer ins Internet, aber höchstens eine halbe Stunde am Tag.

Ich weiß nicht, was ich ohne Computer machen würde.

36

Jedes Kind hat bereits mehr oder weniger vielfältige und intensive Erfahrungen mit dem Thema Computer gemacht. Daran kann nun angeknüpft werden.

Aufgabe 1

Die vier Computer, die auf der Einstiegsseite dargestellt sind, werden den Kindern bewusst machen, wozu der Computer häufig genutzt wird. Es ist jedoch durchaus sinnvoll, zunächst auf den Einsatz der Sprachbuchseite zu verzichten und die Kinder zum mündlichen Austausch ihrer Computer-Erfahrungen anzuregen. Dabei sollten sie zunächst auf die Frage orientiert werden, wozu sie selbst bzw. Kinder im Allgemeinen den Computer oft nutzen. Die Fragestellung kann dann auf Erwachsene hin ausgeweitet werden. Die Äußerungen der Kinder können stichwortartig an der Tafel festgehalten werden. Anschließend können die Sprachbuchillustrationen betrachtet werden. Welche Einsatzmöglichkeiten des Computers werden hier gezeigt? (Computerspiel, Nachrichten im Internet, Suchfunktion mithilfe von Google, Schreiben einer E-Mail)

Aufgabe 2

Die abgedruckten Aussagen zeigen ganz unterschiedliche Aspekte der Computernutzung, die von den Kindern sicher gut nachvollzogen werden können. Die Sätze sind als Impulse zum weiteren Nachdenken und zur Beschäftigung mit dem Thema gedacht. Die eigene Meinung sollte klar formuliert und vor der Gemeinschaft vertreten werden. Dabei ist es wichtig, auch die vereinbarten Gesprächsregeln bewusst einzuhalten. Im Vorfeld kann darüber gesprochen werden, wie mögliche Verstöße gegen die Gesprächsregeln geahndet werden (Tafeldienst, einem Kind einen netten Brief schreiben, ein Gedicht auswendig lernen etc.).

Variation eines Schreibgespräches: Im Klassenraum liegen Tapetenrollen aus und an verschiedenen Plätzen sind bereits Thesen formuliert, sie lauten z. B.:

- Ohne Computer kann ich gar nicht mehr leben.
- Ich finde viele Freunde im Internet.
- Es ist langweilig, ständig vor dem Computer zu sitzen.

Die Schülerinnen und Schüler bewegen sich leise im Raum und geben schriftlich ihre Kommentare ab, wenn ihnen etwas Passendes einfällt. Die Kommentare können stichwortartig verfasst werden.

Jo-Jo Lesebuch, S. 78/79, 86/87

Weitere Anregungen

- *Sicherheitstipps für Kinder im Internet besprechen:*
  - *Gib nie deinen ganzen Namen, deine Adresse, Telefonnummer und andere sehr persönliche Informationen online weiter.*
  - *Verabrede dich niemals mit einer Bekanntschaft aus dem Internet, vor allem nicht, ohne es deinen Eltern zu erzählen. Im Internet geben sich manche Leute für Personen aus, die sie gar nicht sind.*
  - *Wenn dir etwas merkwürdig vorkommt oder es dir Angst macht, sprich mit einem Erwachsenen darüber.*
  - *Antworte nie auf E-Mails, die dir unangenehm oder peinlich sind. Sprich am besten mit einem Erwachsenen darüber.*
  - *Meide Online-Bereiche, die zusätzliche Gebühren verlangen.*

  (zu den Tipps s. auch Jo-Jo Lesebuch, S. 87)
- *Ausgehend von den geführten Gesprächen können die Kinder eigene Regeln für den Umgang mit dem Computer im Klassenzimmer oder auch zu Hause entwickeln und auf ein Plakat schreiben.*
- *Praktische Übungen am Computer mit der einzigen deutschsprachigen Kindersuchmaschine www.blinde-kuh.de können im Klassenzimmer durchgeführt werden.*
- *Umfrage: Was machst du hauptsächlich am Computer? (Spiele, Informationen suchen, E-Mails schreiben, Lernprogramme etc.), Ergebnisse ggf. als Balkendiagramm darstellen*

Seite 37

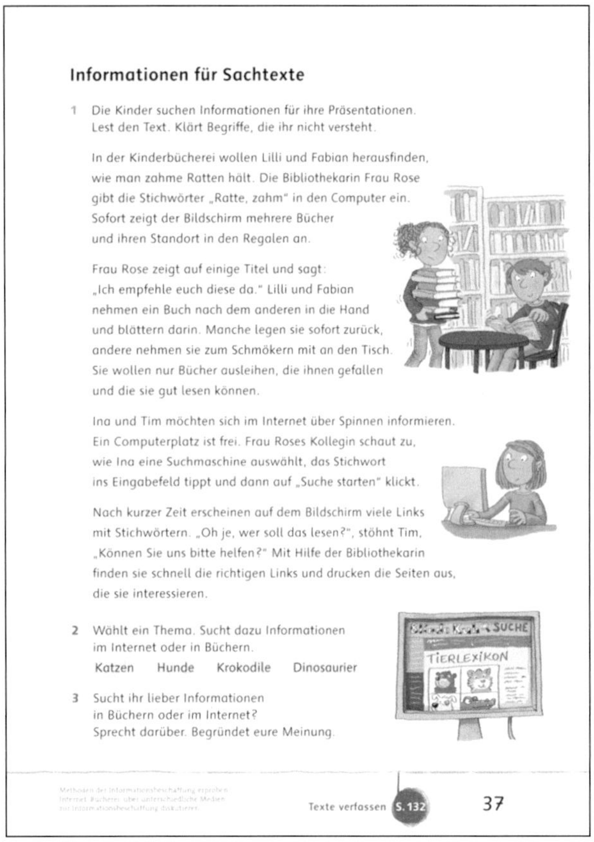

Informationen für Sachtexte

1 Die Kinder suchen Informationen für ihre Präsentationen. Lest den Text. Klärt Begriffe, die ihr nicht versteht.

In der Kinderbücherei wollen Lilli und Fabian herausfinden, wie man zahme Ratten hält. Die Bibliothekarin Frau Rose gibt die Stichwörter „Ratte, zahm" in den Computer ein. Sofort zeigt der Bildschirm mehrere Bücher und ihren Standort in den Regalen an.

Frau Rose zeigt auf einige Titel und sagt: „Ich empfehle euch diese da." Lilli und Fabian nehmen ein Buch nach dem anderen in die Hand und blättern darin. Manche legen sie sofort zurück, andere nehmen sie zum Schmökern mit an den Tisch. Sie wollen nur Bücher ausleihen, die ihnen gefallen und die sie gut lesen können.

Ina und Tim möchten sich im Internet über Spinnen informieren. Ein Computerplatz ist frei. Frau Roses Kollegin schaut zu, wie Ina eine Suchmaschine auswählt, das Stichwort ins Eingabefeld tippt und dann auf „Suche starten" klickt.

Nach kurzer Zeit erscheinen auf dem Bildschirm viele Links mit Stichwörtern. „Oh je, wer soll das lesen?", stöhnt Tim, „Können Sie uns bitte helfen?" Mit Hilfe der Bibliothekarin finden sie schnell die richtigen Links und drucken die Seiten aus, die sie interessieren.

2 Wählt ein Thema. Sucht dazu Informationen im Internet oder in Büchern.

Katzen Hunde Krokodile Dinosaurier

3 Sucht ihr lieber Informationen in Büchern oder im Internet? Sprecht darüber. Begründet eure Meinung.

Methoden der Informationsbeschaffung erproben
Internet, Bücherei: über unterschiedliche Medien zur Informationsbeschaffung diskutieren

Texte verfassen S. 132 37

Die Seite zeigt – bezogen auf das Internet und eine (Kinder)Bücherei – Methoden der Informationsbeschaffung. Kinder sollten nie ohne Aufsicht im Internet frei surfen dürfen, es sei denn, es sind entsprechende Kindersicherungen installiert worden. Spezielle Seiten wie www.blinde-kuh.de oder die sehr schön gestalteten und informationsreichen Seiten der einzelnen deutschen Rundfunkanstalten (WDR, SWR usw.) bieten hinreichenden Schutz und eine Informationsfülle, die es den Kindern ermöglicht, zu sämtlichen Begriffen etwas zu finden. Hilfreich und informativ sind auch folgende Internetadressen: www.loewenzahn.de, www.tivi.de, www.hamsterkiste.de.

Aufgabe 1

Die Schülerinnen und Schüler lesen zunächst still für sich den erzählenden Text über die Sprachbuchkinder, die Informationen zu bestimmten Themen suchen. Anschließend sollen zunächst unbekannte Begriffe gemeinsam geklärt werden (möglicherweise u. a. *Bibliothekarin*, *Suchmaschine*, *Links*). Gemeinsam kann dann ergänzend eine Begriffsliste mit Erklärungen rund um den Computer bzw. das Internet geschrieben werden, sodass jedes Kind eine Erläuterung wichtiger Begriffe im Heft oder auf gesonderten Seiten verfügbar hat.

Computer-Begriffe

WWW – World Wide Web: Das „weltweite Netz" ist ein sehr großer Teilbereich des Internets. Es besteht aus über einer Milliarde Web-Seiten mit Texten, Bildern und kurzen Filmen, teilweise sogar mit Ton.

Provider: Der Provider stellt über die Telefonleitung die Verbindung zum Internet her. Eine Telefongesellschaft kann ein Provider sein.

Browser: Ein Browser ist ein Programm. Gleichzeitig ist es eine Art Werkzeug, mit dem man sich im Netz bewegen kann.

Suchmaschine: Mit Suchmaschinen kann man nach bestimmten Stichworten im Internet suchen. Für Kinder gibt es z. B. die Suchmaschine www.blinde-kuh.de.

Homepage: Die erste Seite einer Web-Seiten-Sammlung ist die Homepage.

Link: Links (= Verbindungen) sind Textstellen oder Bilder auf Internetseiten. Wenn man sie anklickt, kommt man auf weitere Seiten.

E-Mail: E-Mails sind elektronische Post, also Nachrichten, die elektronisch über Rechnernetze verschickt werden und die einen papierlosen Austausch von Daten aller Art (Texte, Programme, beliebige Dateien, Grafiken, Bilder, Sounds, Videos) ermöglichen.

HTML: Die Hyper Text Markup Language ist die Programmiersprache, in der die WWW-Seiten verfasst werden.

Aufgabe 2

Die Kinder wählen eines der genannten Tier-Themen aus und suchen dazu Informationen in Büchern oder im Internet. Dazu sollte die Lehrkraft Kinderlexika, Sachbücher, Kinderzeitschriften etc. bereitstellen. Internetspezialisten in der Klasse können als Paten eingesetzt werden, die bei auftretenden Problemen weiterhelfen.

Aufgabe 3

An dieser Stelle können die Kinder darüber diskutieren, welche Arten der Informationsbeschaffung ihnen lieber sind. Das Surfen im Internet macht den meisten Kindern viel Spaß und ist für viele nach wie vor etwas Besonderes. Die gefundenen Informationen müssen jedoch ggf. gespeichert und selbst ausgedruckt werden, was nicht immer in Farbe möglich ist. Bücher sind jederzeit verfügbar und man kann sich mithilfe eines Inhaltsverzeichnisses schnell über Inhalte orientieren.

▸ ***Jo-Jo Sprachbuch, Kurs Texte verfassen, S. 132***

▸ ***Jo-Jo Arbeitsheft, S. 50***

▸ ***Jo-Jo Kopiervorlagen, Nr. 24***

Seite 38

Satzglieder kennen lernen

1 Lasse den Satz wachsen:
Leon und Malte
Leon und Malte sammeln
...

Leon und Malte
sammeln
seit der Weltmeisterschaft
eifrig
Bilder von Fußballern

2 Stelle den Satz um.
Beginne mit dem blauen Satzglied: Seit ...

Ein Satz besteht aus mehreren Satzgliedern.
Ein Satzglied kann ein Wort oder mehrere Wörter haben.
Satzglieder kann man vertauschen:
Leon und Malte sammeln eifrig Fußballbilder.
Eifrig sammeln Leon und Malte Fußballbilder.

3 Lies die Sätze mit einem Partnerkind.
Überlegt, wie ihr die Satzglieder am besten anordnen könnt.

Eva auf dem Flohmarkt verkauft alte Sachen

Bücher und Spielzeug sie auf eine Decke legt

besonders gut ihre Puppenwiege den ersten Kunden gefällt

4 Ordne die Satzglieder so, wie dir die Sätze am besten gefallen.
Schreibe die Sätze. Achte auf den Satzanfang und das Satzende.

Einen Satzfächer bauen

So wird es gemacht:

- Schreibt die Satzglieder auf Pappstreifen.
- Heftet die Pappstreifen mit einer Musterklammer zusammen.

38

Die Sprachbuchseite 46 leitet mit dem Thema „Satzglieder kennen lernen“ zum Bereich „Sprachbewusstsein und Satzbildungsgespür entwickeln“ über.
Die einzelnen Informationseinheiten eines Satzes, die erfragt werden können und die man gemeinsam umstellen kann, nennt man Satzglieder. Satzglieder können aus einem Wort oder aus einer Wortgruppe bestehen. Entscheidend ist, dass sie bei der Umstellprobe zusammenbleiben. Ein vollständiger Satz muss aus einem Subjekt und einem Prädikat bestehen. Alle anderen Satzglieder dienen dazu, die Handlung oder den Sachverhalt eines Satzes näher zu beschreiben.

Aufgabe 1

Die Kinder bauen durch Hinzufügen bestimmter Satzteile nach und nach einen längeren Satz auf, der am Seitenrand in seinen Teilen bereits vorgegeben ist. Sie gehen damit vorbegrifflich mit Satzteilen um.

D Leistungsstärkere Kinder können einen ähnlichen Satz bilden und ihn analog Stück für Stück aufbauen. Das Vorlesen der Sätze ist durch die Wiederholungen auch zugleich eine gute Leseübung für schwächere Kinder, die dann besonders gut funktioniert, wenn die Sätze am Computer geschrieben und somit vom Schriftbild her auch gut lesbar sind.

Aufgabe 2

Die Kinder lernen den Begriff „Satzglied“ kennen und machen die Umstellprobe anhand des Satzes aus Aufgabe 1. Es bietet sich an, die entsprechenden Satzglieder großformatig auf Papierstreifen oder Pappe zu schreiben und die Kinder vorn an der Tafel Satzbildungsvarianten erproben zu lassen. Dabei kann der Punkt am Ende auf einer gesonderten Karte notiert werden, um ihn als Satzschlusszeichen flexibel einsetzen zu können.

Aufgabe 3

Die Kinder lesen die Sätze mit einem Partnerkind und überlegen, wie sie die Satzglieder am besten anordnen können. Dies funktioniert leichter, wenn die Kinder die Satzglieder auf Papierstreifen schreiben und dann ihre Sätze probeweise legen.

Aufgabe 4

Die gefundenen Sätze sollen aufgeschrieben werden, wobei sich die Kinder für die Satzbildungsvariante entscheiden, die ihnen am besten gefällt. Wenn die Kinder Sätze bilden, in denen das Prädikat am Satzanfang steht, sollten sie darauf hingewiesen werden, dass es sich um einen Fragesatz handelt und das entsprechende Satzschlusszeichen hinzugefügt werden muss. Nachdem die Sätze aufgeschrieben wurden, kann zur Verdeutlichung die Großschreibung am Satzanfang sowie das Satzschlusszeichen farbig übermalt werden.

Weitere Anregungen

- *eigene Sätze mithilfe der Umstellprobe in verschiedenen Varianten aufschreiben, auch Fragen bilden; zur Selbstkontrolle und besseren Verdeutlichung Satzzeichen farbig kennzeichnen*
- *Satzfächer basteln und damit Sätze bilden:*
  Zum Basteln eines Satzfächers benötigt man Pappstreifen mit Satzgliedern und eine Musterbeutelklammer. Die Satzglieder eines Satzes (oder mehrerer Sätze) werden auf Pappstreifen geschrieben und mithilfe der Klammer zusammengefasst. Nun können die Kinder die Satzglieder anschaulich und handlungsorientiert verschieben. Wenn auf die Großschreibung eines Satzgliedes verzichtet wird, ermöglicht man den Kindern eine flexible Satzfindung, ohne bereits eine Variante zu favorisieren. Gefundene Sätze sollten dann auch in das Heft geschrieben werden (s. auch Sprachbuchseiten 38 unten: Einen Satzfächer bauen).

Seite 39

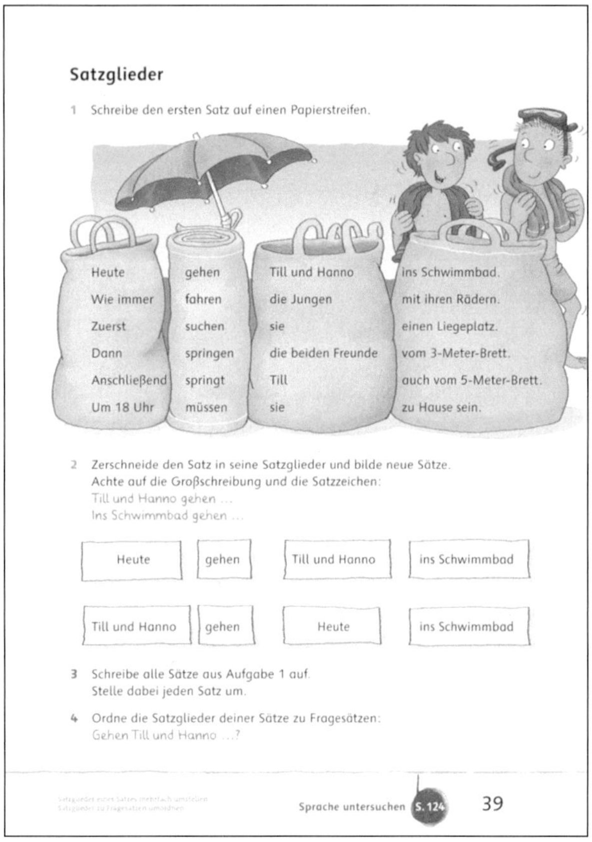

Satzglieder

1 Schreibe den ersten Satz auf einen Papierstreifen.

Heute	gehen	Till und Hanno	ins Schwimmbad.
Wie immer	fahren	die Jungen	mit ihren Rädern.
Zuerst	suchen	sie	einen Liegeplatz.
Dann	springen	die beiden Freunde	vom 3-Meter-Brett.
Anschließend	springt	Till	auch vom 5-Meter-Brett.
Um 18 Uhr	müssen	sie	zu Hause sein.

2 Zerschneide den Satz in seine Satzglieder und bilde neue Sätze.
Achte auf die Großschreibung und die Satzzeichen:
Till und Hanno gehen …
Ins Schwimmbad gehen …

Heute	gehen	Till und Hanno	ins Schwimmbad
Till und Hanno	gehen	Heute	ins Schwimmbad

3 Schreibe alle Sätze aus Aufgabe 1 auf.
Stelle dabei jeden Satz um.

4 Ordne die Satzglieder deiner Sätze zu Fragesätzen:
Gehen Till und Hanno …?

Satzglieder eines Satzes mehrfach umstellen
Satzglieder zu Fragesätzen umordnen

Sprache untersuchen S. 124 39

Die Sprachbuchseite 39 setzt die Arbeit am Thema „Satzglieder“ fort. Die Kinder gehen mit der Informationseinheit „Satz“ um, was durch Legen mit Satzgliedkarten bzw. selbst geschriebenen Papierstreifen gut handlungsorientiert möglich ist. Die Kinder bilden verschieden aufgebaute Aussagesätze und durch Positionierung des Prädikats am Satzanfang auch Fragen. Derartige Übungen schulen das Satzbildungsgespür, was auch für das Schreiben eigener Texte elementar wichtig ist.
Den Kindern sollte der Unterschied zwischen einem „Wort“ und einem „Satzglied“ klar werden.

Aufgabe 1

Zunächst wird der erste Satz auf einen Papierstreifen geschrieben. Der Punkt kann dabei jeweils gesondert auf einem Papierstreifen notiert werden, um ihn bei den verschiedenen Satzvarianten flexibel und bewusst einsetzen zu können.

Aufgabe 2

Die Kinder zerschneiden den abgeschriebenen Satz *Heute gehen Till und Hanno ins Schwimmbad.* in seine Satzglieder, was aufgrund der Vorgabe in der Illustration keine Schwierigkeit darstellt, und bilden damit andere Satzkonstruktionen. Diese Aufgabe kann mit der gesamten Lerngruppe mündlich gelöst werden, um die folgende Aufgabe vorzubereiten.

Aufgabe 3

Diese Aufgabe stellt nach den Vorarbeiten am Thema auch eine sinnvolle Hausaufgabe dar: Die Kinder schreiben alle Sätze aus Aufgabe 1 in einer möglichen Variante auf. Die Großschreibung am Satzanfang und der Punkt am Satzende können durch Übermalen nochmals bewusst gemacht werden.

D Leistungsstärkere Kinder können alle drei möglichen Satzvarianten aufschreiben.

Aufgabe 4

Zum Schluss können die Kinder Fragesätze bilden, bei denen das Prädikat am Satzanfang steht. Auf das Fragezeichen am Schluss sollte nochmals deutlich hingewiesen werden.

► ***Jo-Jo Sprachbuch, Kurs Sprache untersuchen, S. 124***

► ***Jo-Jo Arbeitsheft, S. 42***

► ***Jo-Jo Lesbuch, S. 84***

► ***Jo-Jo Kopiervorlagen, Nr. 20***

Weitere Anregungen

- *Schreibspiel für vier Kinder: „Heute sitzt Onkel Fritz in der Badewanne.“*
  Jedes Kind bekommt ein DIN-A4-Blatt und verwendet es im Querformat. Die Satzglieder (Heute – sitzt – Onkel Fritz – in der Badewanne.) werden oben so notiert, dass Spalten entstehen, die man später gut knicken kann. Nun beginnt das Spiel: Jedes Kind schreibt eine Zeitangabe in die erste Spalte, knickt die Spalte nach hinten und reicht sein Blatt an den rechten Nachbarn weiter, der nicht lesen darf, was geschrieben wurde. Nun wird eine Person eingefügt, der Name wird wieder, damit er nicht lesbar ist, nach hinten geknickt. Das Blatt wird weitergereicht und ein Verb wird eingefügt. Das schon bekannte Verfahren folgt, bis am Schluss ein Ort notiert wurde. Dann wird das Blatt noch einmal weitergereicht und der Satz vorgelesen. Dabei entstehen meist witzige Satzkompositionen, an denen die Kinder Spaß haben.
  Verschiedene Varianten sind denkbar, bekannt ist auch die Vorlage: „Onkel Fritz sitzt lachend in der Badewanne.“, wobei ein Partizip eingefügt werden soll, was aber meist nur mit sprachstärkeren Gruppen umzusetzen ist.

Seite 40

Wörter mit doppeltem Mitlaut

1 Bei diesen Computern stimmt die Datenübertragung nicht.
Setze die Wörter wieder richtig zusammen: Zimmer, ...

2 Lies die Wörter laut und schwinge sie.
Zeichne Silbenbögen: Zimmer, ...

3 Schreibe den Text auf. Fülle die Lücken mit Wörtern von den Bildschirmen:
Katja und Tom treffen sich ...

Katja und Tom sich mit Steffi und Felix in der Bücherei.
Tom staunt: „So viele Bücher in einem ."
„Aber in einen Computer noch viel mehr Bücher",
meint Steffi. „ gibt es einmal nur noch Computer
und keine Bücher mehr", sagt Felix. „ nicht!
Das würde mir nicht ", meint Katja.
„Ich mir das viel zu ungemütlich vor."

Computer ist ein Merkwort.

Verben-Spiel
Schreibt jede Verbform auf ein Kärtchen. Mischt die Kärtchen.
Legt sie verdeckt auf den Tisch. Deckt abwechselnd ein Kärtchen auf.
Wer die dritte Karte aufdeckt, bekommt das Trio.
Gewonnen hat das Kind mit den meisten Trios.

Grundform	du	er, sie, es
schwimmen	schwimmst	schwimmt
klettern	kletterst	...
rennen	...	...
brüllen	...	...
schaffen	...	...

40 S. 88 Richtig schreiben

Aufgabe 1
Wörter mit doppeltem Mitlaut sind mithilfe der Silbenstrategie von den Kindern meist gut zu erfassen, da der doppelte Mitlaut beim Gliedern der Wörter in Sprechsilben gut hörbar gemacht werden kann. Die Illustration zeigt Datensalat im Computer. Ausgehend von Silben werden hier Wörter mit doppeltem Mitlaut gebildet.

Aufgabe 2
Beim lauten Lesen der Wörter und anschließenden Einzeichnen der Silbenbögen erschließt sich die Schreibweise mit doppeltem Mitlaut in besonderer Weise.

D Die Kinder suchen in der Wörterliste oder im Wörterbuch nach weiteren Wörtern mit doppeltem Mitlaut, schreiben sie ab und zeichnen Silbenbögen ein.

Aufgabe 3
Das Wortmaterial aus den Aufgaben 1 und 2 soll nun aktiv in einem Text angewendet werden. Darin kommt die Bedeutung des Buches in Abgrenzung zum Computer noch einmal zur Sprache.

D Im „Verben-Spiel", das unten auf der Sprachbuchseite vorgestellt wird, können die Kinder das Geübte noch einmal spielerisch vertiefen, gleichzeitig wird die Konjugation der Verben trainiert.

▶ ***Jo-Jo Sprachbuch, Kurs Richtig schreiben, S. 88***

▶ ***Jo-Jo Arbeitsheft, S. 6***

▶ ***Jo-Jo Kopiervorlagen, Nr. 2***

KV 16 ***Zur Geschichte des Computers***
Die Kinder setzen u. a. Verben mit einem doppelten Mitlaut in einen Lückentext ein.

Seite 41

Aufgabe 1
Die Kinder trainieren die Übungswörter einzeln und im Textzusammenhang. Sie entscheiden selbst, welche Form des Diktats sie ergänzend zum Selbstdiktat üben möchten: Dosen-, Partner- oder Schleichdiktat. Natürlich dürfen auch mehrere Diktatformen geübt werden.

Aufgabe 2
Die Kinder schreiben alle Wörter mit einem doppelten Mitlaut aus dem Text heraus: *will, schnell, kommen, soll, Fußballverein, Klasse, aufgepasst, isst, Mittag, Zimmer, vielleicht, Fußballschuhe.* Zur besseren Visualisierung kann der doppelte Mitlaut jeweils eingekreist werden.

D Zu jedem Wort mit einer Mitlautverdoppelung kann ein verwandtes Wort gefunden werden. Oder: Die gefundenen Wörter werden von den Kindern in eigenen Sätzen verwendet.

Aufgabe 3
Mithilfe der abgebildeten „Tastatur" können die Kinder sechs Übungswörter finden. Die abgebildeten Buchstaben auf der Tastatur dürfen in den Wörtern mehrfach vorkommen. Gesucht sind: *Information, Stadt, isst, Internetseite, Paar, soll.*

Aufgabe 4
Jeweils drei Wörter gehören zusammen, da es sich hier um verwandte Wörter handelt. Hier können von den Kindern analog am Computer eigene Übungen entworfen werden, die evtl. auch der ganzen Klasse als Übungsmaterial dienen können.

KV 17 ***Schleichdiktat***

KV 18 ***Diktatvorbereitung***

Name: Datum: Klasse:

Zur Geschichte des Computers

1. Setze die Verben an der passenden Stelle in den Text ein.

entwickeln	konnten	beginnen	wollten	herzustellen	hatten	addieren

Schon immer ______ die Menschen den Wunsch, Maschinen zum Rechnen ______. Doch die Geschichte des Computers sollte erst im 17. Jahrhundert ______.

Bereits im Jahr 1642 konnte der französische Mathematiker Blaise Pascal eine Rechenmaschine ______. Diese mechanische Maschine konnte ______ und subtrahieren. Zweihundert Jahre später ______ die Menschen mehr erreichen. Charles Baggles schuf den ersten Computer. Mit diesem schon Daten und Anweisungen erfasst werden.

2. Schreibe die Verben auf.

stel-	wis-	-len	-len	-len	tref-	wol-	fal-
-nen	kön-	-sen	-sen	-sen	müs-	pas-	-fen
-fen	-tern	hof-	kip-	-pen	star-	klet-	-ren

Name: Datum: Klasse:

Schleichdiktat

Sven ist krank

Sven ist heute krank. Darum muss er in seinem Zimmer bleiben.
„Am besten ist es, du bastelst etwas oder malst ein lustiges Bild für meinen Geburtstag!“, meint seine Mutter.
Aber Sven möchte nicht basteln.
Er hat mehr Lust auf den Computer.
Er geht ins Internet und findet gleich eine Menge Informationen über Pferde und Flugzeuge.
Einige Zeit später schaut die Mutter auf die Uhr.
Sven ist noch immer im Internet.
Schon zwei Stunden!
Das findet die Mutter nicht so gut.

Name: Datum: Klasse:

Diktatvorbereitung

❶ Ordne die Wörter aus jedem Computer nach dem Abc.

Seite	Land	Informationen	Computer
finden	aufpassen	sammeln	senden
vielleicht	andere	Lexikon	Internet

❷ Hier stimmt etwas nicht. Schreibe die Sätze richtig auf.

Im Lexikon	hat am Computer viel Spaß.
Die Kinder	sendet eine E-Mail an Sven.
Sven	findet man viele Informationen.
Oma	haben gut aufgepasst.

Im Lexikon findet

2. Jo-Jo-Test

Lerninhalte

Lesen (mit Texten und Medien umgehen)	Arbeitsanweisungen lesen und verstehen
Schreiben (Texte schreiben)	einen Dialog ordnen und mit passenden Redebegleitsätzen aufschreiben
Schreiben (Richtig schreiben)	Wörter mit h nach Wortfamilien ordnen und in Sätzen verwenden; Fehlerwörter finden und berichtigen; Satz- und Redezeichen bei wörtlicher Rede richtig verwenden
Sprache und Sprachgebrauch untersuchen	Nomen durch Pronomen ersetzen; Sätze umstellen und Satzglieder finden

Seite 42

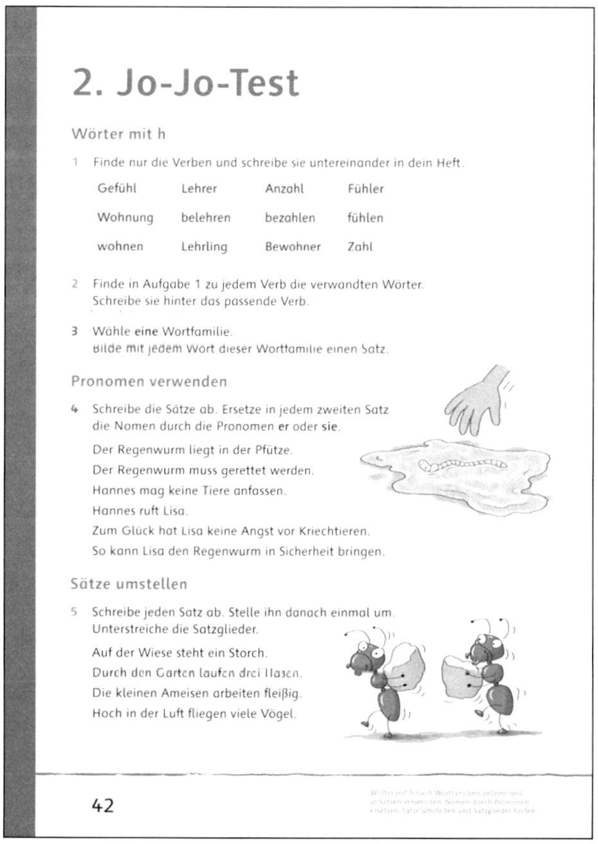

2. Jo-Jo-Test

Wörter mit h

1 Finde nur die Verben und schreibe sie untereinander in dein Heft.

Gefühl	Lehrer	Anzahl	Fühler
Wohnung	belehren	bezahlen	fühlen
wohnen	Lehrling	Bewohner	Zahl

2 Finde in Aufgabe 1 zu jedem Verb die verwandten Wörter. Schreibe sie hinter das passende Verb.

3 Wähle eine Wortfamilie. Bilde mit jedem Wort dieser Wortfamilie einen Satz.

Pronomen verwenden

4 Schreibe die Sätze ab. Ersetze in jedem zweiten Satz die Nomen durch die Pronomen **er** oder **sie**.

Der Regenwurm liegt in der Pfütze.
Der Regenwurm muss gerettet werden.
Hannes mag keine Tiere anfassen.
Hannes ruft Lisa.
Zum Glück hat Lisa keine Angst vor Kriechtieren.
So kann Lisa den Regenwurm in Sicherheit bringen.

Sätze umstellen

5 Schreibe jeden Satz ab. Stelle ihn danach einmal um. Unterstreiche die Satzglieder.

Auf der Wiese steht ein Storch.
Durch den Garten laufen drei Hasen.
Die kleinen Ameisen arbeiten fleißig.
Hoch in der Luft fliegen viele Vögel.

42

Aufgabe 1

Lösung:

belehren, bezahlen, fühlen, wohnen

Aufgabe 2

Lösung:

belehren, Lehrer, Lehrling
bezahlen, Zahl, Anzahl
fühlen, Fühler, Gefühl
wohnen, Wohnung, Bewohner

Aufgabe 3

individuelle Lösung

Aufgabe 4

Lösung:

Der Regenwurm liegt in der Pfütze.
Er muss gerettet werden.
Hannes mag keine Tiere anfassen.
Er ruft Lisa.
Zum Glück hat Lisa keine Angst vor Kriechtieren.
So kann sie den Regenwurm in Sicherheit bringen.

Aufgabe 5

Lösung:

Auf der Wiese steht ein Storch.
Ein Storch steht auf der Wiese.

Durch den Garten laufen drei Hasen.
Drei Hasen laufen durch den Garten.

Die kleinen Ameisen arbeiten fleißig.
Fleißig arbeiten die kleinen Ameisen.

Hoch in der Luft fliegen viele Vögel.
Viele Vögel fliegen hoch in der Luft.

Seite 43

Fehler finden

6 Findest du die vier Fehler?
Schreibe den Text richtig ab.

Im Garten steht ein Großer Schneemann.
Wir haben viele Schtunden daran gebaut?
Hofentlich bleibt es lange kalt.

Einen Text ordnen

7 Ordne die wörtliche Rede.
Schreibe das Gespräch mit passenden Redebegleitsätzen.
Achte auf Doppelpunkte und Redezeichen.

43

Aufgabe 6

Lösung:

Im Garten steht ein großer Schneemann.
Wir haben viele Stunden daran gebaut.
Hoffentlich bleibt es lange kalt.

Aufgabe 7

individuelle Lösung, z. B.:

Max meldet sich: „Hier ist Max Aue."
Lisa begrüßt Max: „Hallo, Max, hier ist Lisa."
Max sagt: „Hallo, Lisa."
Lisa fragt: „Hast du Lust, mit uns um 4 Uhr am Rodelberg Schlitten zu fahren?"
Max antwortet: „Ich sitze leider noch an den Hausaufgaben."
Lisa bittet: „Ach, komm doch mit. Es ist so toller Schnee."
Max verspricht: „Na gut, ich beeile mich. Bis dann!"
Lisa verabschiedet sich: „Super! Tschüss, Max."

Natur entdecken: Tiere

Verbundübersicht

Jo-Jo Sprachbuch, Themenkapitel Seite 44–49	**Jo-Jo Sprachbuch, Kursteil** Seite 92, 120, 138	**Jo-Jo Arbeitsheft** Seite 10, 38, 56
Jo-Jo Sprachförderheft Seite 44–49	**Jo-Jo Kopiervorlagen** Nr. 4, 18, 27	**Jo-Jo Lesebuch** Seite 90–101

Lerninhalte

Sprechen und Zuhören	über ein Kunstwerk sprechen; Kunstwerke erstellen und dazu schreiben; Lernergebnisse präsentieren und besprechen (44)
Lesen (mit Texten und Medien umgehen)	Arbeitsanweisungen lesen und verstehen (44–49); zentrale Textaussagen erfassen: Fragen zum Text beantworten; Informationen in unterschiedlichen Medien suchen (45); gezielt einzelne Informationen suchen (46); genau lesen: passende Adjektive einsetzen (48)
Schreiben (Texte schreiben)	wichtige Textinformationen zusammenfassen; Fragen formulieren und mithilfe unterschiedlicher Medien und Experten beantworten (45) **Texte verfassen** SB (138), AH (56)
Schreiben (Richtig schreiben)	Tierrätsel lösen; zu Verben mit nk und ng die Grundform finden; Wörter mit nk und ng in Lückentext einsetzen (48) **Richtig schreiben** SB (92), AH (10)
Sprache und Sprachgebrauch untersuchen	Texten über Schmetterlinge Informationen entnehmen; Funktion und Bildung von Vergleichsstufen kennen lernen (46); Rechtschreibhilfe 1. Vergleichsstufe kennen lernen; Adjektive mit dem korrekten Auslaut schreiben; Vergleiche zwischen Tieren vornehmen (47) **Sprache untersuchen** SB (120), AH (38)

Vorüberlegungen

Während sich das Kapitel „Tiere" im 2. Schuljahr mit den Haustieren beschäftigt hat, werden im 3. Schuljahr die Schmetterlinge als Schwerpunkt behandelt. Dabei setzt die Durchführung des Themas eine enge Anbindung an den Sachunterricht voraus.

Schmetterlinge wirken wegen ihrer vielfältig bunten Farben und ihres graziösen Fluges faszinierend auf alle Kinder. Sie bilden die Ordnung der Schuppenflügler (Lepidoptera) und sind mit ungefähr 170 000 Arten eine der artenreichsten Ordnungen der Insekten. Schmetterlinge ernähren sich von Blütennektar, den sie mit einem Saugrüssel aufnehmen. Schmetterlinge bieten sich für den Unterricht in besonderem Maße an, da an ihnen eine Metamorphose zu beobachten ist: die Entwicklungsstufen von Ei, Raupe, Puppe und Falter.

Wenn es möglich ist, sollte im Rahmen der Unterrichtseinheit ein Unterrichtsgang zu einer Wiese oder einem Garten erfolgen. Sinnvoll ist auch die Einrichtung eines Raupenaufzuchtkastens, der das Beobachten der Metamorphose ermöglicht. Ergänzend kann in der Klassenbücherei eine Bücherecke mit Büchern und Materialien zum Thema eingerichtet werden.

Ideen für fächerübergreifendes Arbeiten

Sachunterricht
- Schmetterlingsarten
- Entwicklungsstadien des Schmetterlings
- Tierschutz

Kunst
- Schmetterlingsbilder malen oder sticken
- Maria Sibylla Merian: Künstlerin und Forscherin

Fremdsprachenunterricht
- Buch „The very hungry caterpillar" von Eric Carle anschauen und lesen

Zum Einsatz der Kapitelseiten

Seite 44

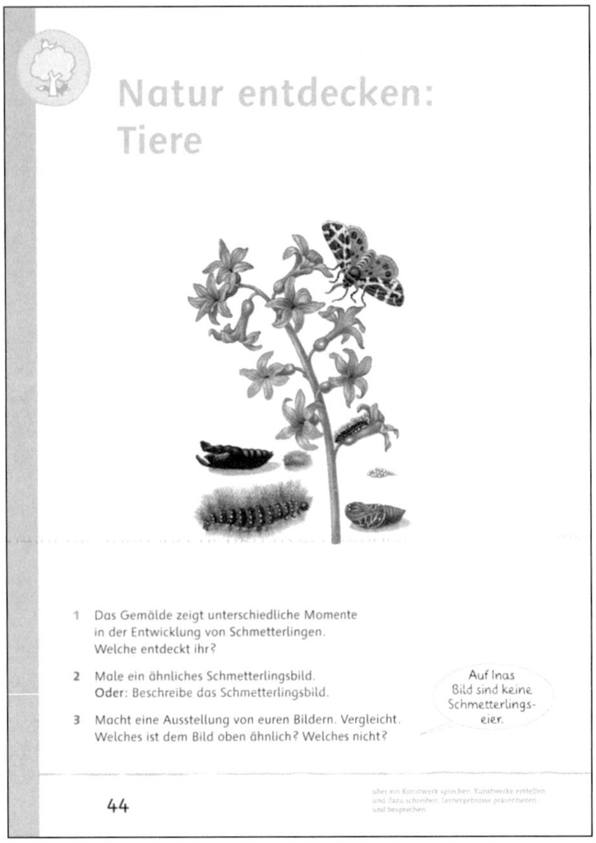

Natur entdecken: Tiere

1 Das Gemälde zeigt unterschiedliche Momente in der Entwicklung von Schmetterlingen. Welche entdeckt ihr?

2 Male ein ähnliches Schmetterlingsbild. Oder: Beschreibe das Schmetterlingsbild.

3 Macht eine Ausstellung von euren Bildern. Vergleicht. Welches ist dem Bild oben ähnlich? Welches nicht?

Auf Inas Bild sind keine Schmetterlingseier.

44

über ein Kunstwerk sprechen, Kunstwerke erstellen und dazu schreiben, Lernergebnisse präsentieren und besprechen

Der Kapiteleinstieg erfolgt mit einem Bild von Maria Sibylla Merian (1647–1717). Sie war die Tochter des berühmten Verlegers Matthäus Merian d. Ä. und wurde in Frankfurt geboren. Später lebte sie in Nürnberg, im holländischen Westfriesland und in Amsterdam. Im Jahr 1699 unternahm sie mit ihrer Tochter Dorothea eine gefährliche Schiffsreise in die holländische Kolonie Surinam, um die Welt der Schmetterlinge zu erforschen. Ihre Werke, das „Studienbuch", das „Blumenbuch", drei Bände des „Raupenbuchs", die „Metamorphosis" (ihr 1705 erschienenen Hauptwerk) sowie künstlerisch-naturkundliche Aquarelle, wurden bereits zu ihren Lebzeiten geschätzt. Sie war eine der führenden Insektenforscherinnen und als zeichnende Naturkundlerin sowie als naturkundlich forschende Künstlerin eine Ausnahmeerscheinung.

Aufgabe 1

Anhand des Bildes von Maria Sibylla Merian, das die Entwicklungsstufen eines Schmetterlings zeigt, können sich die Kinder im Gespräch über ihr Vorwissen zum Thema Schmetterlinge austauschen. Die unterschiedlichen Entwicklungsstufen können schriftlich an der Tafel festgehalten werden, wozu die Lehrkraft einige Erklärungen geben kann.

Das Ei
Die Eier der Schmetterlinge haben eine harte Schale, die an einer Stelle ein wenig dünner ist, damit die Larve besser ausschlüpfen kann.

Die Larve (Raupe)
Aus den Eiern der Schmetterlinge schlüpfen die Larven, Raupen genannt. Sie haben zwölf kleine Punktaugen und winzige Fühler am Kopf. Raupen sind fast unersättliche Fresser. Sie können ganze Felder und Wälder kahl fressen. Larven wachsen sehr schnell. Nachdem sie sich vier- bis fünfmal gehäutet haben, suchen sie einen ruhigen Ort. Die Larven der Nachtfalter graben sich vor dem Verpuppen in die Erde ein, die der Tagfalter hängen sich an kleine Zweige oder wickeln sich in Blätter. Sie hören nun auf zu fressen und bewegen sich nicht mehr. Ihre umgewandelten Speicheldrüsen scheiden ein Sekret in Form von langen Seidenfäden aus, die an der Luft aushärten. So entsteht die Puppe.

Die Puppe
Das Insekt ruht in der Puppe wie in einem Panzer. Im Innern der Puppe geht eine Umbildung des Körpers vor sich und nach einiger Zeit hat sich die Raupe in einen fertigen Schmetterling verwandelt. Das Puppenstadium der Schmetterlinge kann eine oder zwei Wochen oder auch den ganzen Winter über dauern.

Der Schmetterling
Wenn die Entwicklung abgeschlossen ist, sprengt der Schmetterling die Hülle der Puppe. Es dauert mehrere Stunden, bis er sich ans Tageslicht gekämpft hat. Er ist noch weich und feucht und es braucht eine Zeit, bis er flugfähig ist.

Aufgabe 2

Das Bild soll die Kinder dazu anregen, ein ähnliches Schmetterlingsbild zu malen, auf dem die Entwicklungsstadien des Insekts dargestellt sind. Wer zuvor mehr über Schmetterlinge erfahren will, kann u. a. nachsehen unter:
www.schmetterling-raupe.de
www.kindernetz.de
Als Alternative zum Malen können die Kinder das Bild der Sprachbuchseite in einem Text auch beschreiben.

Aufgabe 3

Die Aufgabe erfordert genaues Betrachten der produzierten Bilder sowie genaues Versprachlichen der Beobachtungen. Auf das Formulieren ganzer Sätze sollte geachtet werden.

▶ ***Jo-Jo Lesebuch, S. 90–95***

Seite 45

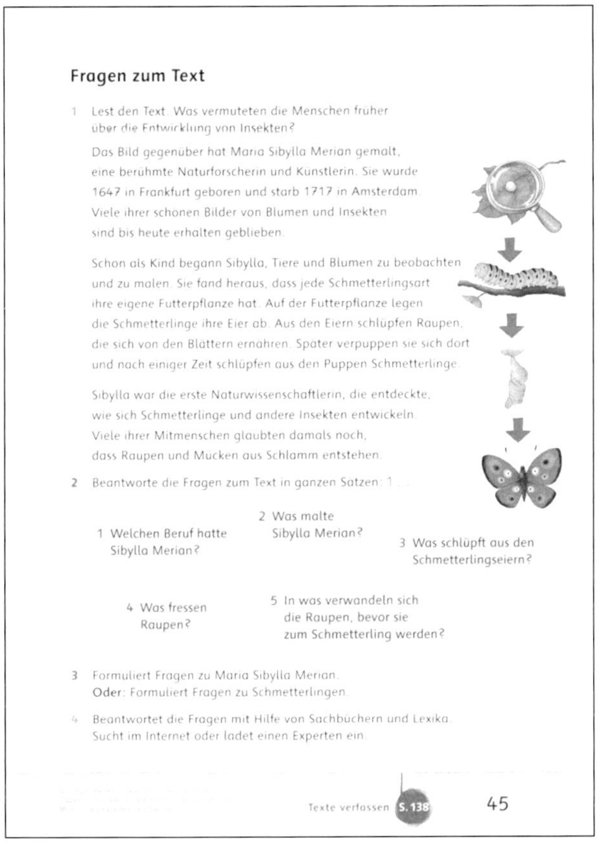
Fragen zum Text

1 Lest den Text. Was vermuteten die Menschen früher über die Entwicklung von Insekten?

Das Bild gegenüber hat Maria Sibylla Merian gemalt, eine berühmte Naturforscherin und Künstlerin. Sie wurde 1647 in Frankfurt geboren und starb 1717 in Amsterdam. Viele ihrer schönen Bilder von Blumen und Insekten sind bis heute erhalten geblieben.

Schon als Kind begann Sibylla, Tiere und Blumen zu beobachten und zu malen. Sie fand heraus, dass jede Schmetterlingsart ihre eigene Futterpflanze hat. Auf der Futterpflanze legen die Schmetterlinge ihre Eier ab. Aus den Eiern schlüpfen Raupen, die sich von den Blättern ernähren. Später verpuppen sie sich dort und nach einiger Zeit schlüpfen aus den Puppen Schmetterlinge.

Sibylla war die erste Naturwissenschaftlerin, die entdeckte, wie sich Schmetterlinge und andere Insekten entwickeln. Viele ihrer Mitmenschen glaubten damals noch, dass Raupen und Mücken aus Schlamm entstehen.

2 Beantworte die Fragen zum Text in ganzen Sätzen: 1 …

1 Welchen Beruf hatte Sibylla Merian?

2 Was malte Sibylla Merian?

3 Was schlüpft aus den Schmetterlingseiern?

4 Was fressen Raupen?

5 In was verwandeln sich die Raupen, bevor sie zum Schmetterling werden?

3 Formuliert Fragen zu Maria Sibylla Merian.
Oder: Formuliert Fragen zu Schmetterlingen.

4 Beantwortet die Fragen mit Hilfe von Sachbüchern und Lexika. Sucht im Internet oder ladet einen Experten ein.

Texte verfassen S. 138 45

Seit der Veröffentlichung der PISA-Studie wird dem Lesen zu Informationszwecken eine größere Bedeutung beigemessen. Vor dem Hintergrund der Wissenserweiterung und des lebenslangen Lernens gilt es als besonders wichtig. Die Kinder müssen daher befähigt werden, Texte auf ihren Informationsgehalt zu untersuchen und für sich nutzbar zu machen.
Anknüpfend an das Bild Maria Sibylla Merians auf der Einstiegsseite wird auf dieser Sprachbuchseite ein Sachtext über die berühmte Naturforscherin präsentiert. Anhand von Fragen werden die Textinhalte reflektiert.

Aufgabe 1
Jedes Kind liest den Text zunächst mehrfach still für sich. Anschließend wird gemeinsam die Frage beantwortet, was die Menschen früher über die Entwicklung von Insekten glaubten (Sie glaubten, dass Raupen und Mücken aus Schlamm entstehen.). Der Satz, der die Antwort auf die Frage beinhaltet, kann ergänzend nochmals vorgelesen und die Stelle im Text lokalisiert werden.

Aufgabe 2
Die Fragen zum Text bringen Struktur in die Textinformationen. Die Fragen können gemeinsam mündlich oder auch schriftlich als Hausaufgabe beantwortet werden.

D Schwächere Kinder, die auch Orientierungsprobleme im Text haben, könnten eine Kopie der Seite erhalten. Dort können sie mit verschiedenen Farben die Stellen im Text markieren, die ihnen jeweils eine Antwort auf die verschiedenen Fragen geben.

Aufgabe 3
Die Kinder entwickeln weitere Fragen zu Maria Sibylla Merian oder zum Thema Schmetterlinge und schreiben sie z. B. auf Karteikarten. Dies ist gut auch in Partnerarbeit möglich. Weiterführende Fragen kann nur stellen, wer gut informiert ist. Daher bietet es sich an, die Kinder schon an dieser Stelle auf Bücher und andere Informationsmedien zurückgreifen zu lassen.

Aufgabe 4
Die Fragekarten werden getauscht und dann von anderen Kindern beantwortet. Dazu darf in Büchern, im Internet oder in Kinderzeitschriften nachgelesen werden. Anschließend werden die Fragen und Antworten dem Plenum vorgestellt. Wie die Antworten ermittelt wurden, sollte ebenfalls Thema sein.

▶ ***Jo-Jo Sprachbuch, Kurs Texte verfassen, S. 138***

▶ ***Jo-Jo Arbeitsheft, S. 56***

▶ ***Jo-Jo Lesebuch, S. 90–95***

▶ ***Jo-Jo Kopiervorlagen, Nr. 27***

Weitere Anregungen
- *Wenn die Fragen zum Thema Schmetterlinge oder Maria Sibylla Merian mit den dazugehörigen Antworten auf Kärtchen geschrieben werden, können die Kinder diese auch für ein Quiz oder ein Memory benutzen. Für ein Memory bietet es sich an, die Antworten auf getrennte Kärtchen einer anderen Farbe zu schreiben.*
- *Experten vom Naturschutzbund (NABU) oder einen Förster in die Klasse einladen, um über das Thema Schmetterlinge ins Gespräch zu kommen. Vorher Interviewfragen notieren. Das Thema kann ggf. auch ausgeweitet werden (zur Arbeit des Försters bzw. eines Naturschutzbundes). Das Abfassen eines Briefes zwecks Kontaktaufnahme zum Naturschutzbeauftragten bietet sich hier an. Dabei sollten die Kinder berücksichtigen, dass die Anredepronomen beim Anschreiben fremder Erwachsener großgeschrieben werden.*

Seite 46

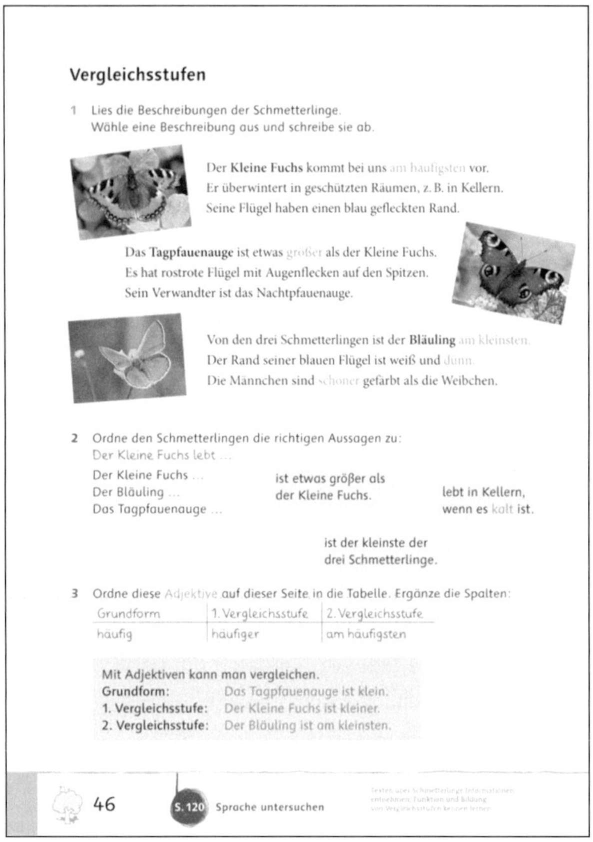

Vergleichsstufen

1 Lies die Beschreibungen der Schmetterlinge.
Wähle eine Beschreibung aus und schreibe sie ab.

Der **Kleine Fuchs** kommt bei uns am häufigsten vor.
Er überwintert in geschützten Räumen, z. B. in Kellern.
Seine Flügel haben einen blau gefleckten Rand.

Das **Tagpfauenauge** ist etwas größer als der Kleine Fuchs.
Es hat rostrote Flügel mit Augenflecken auf den Spitzen.
Sein Verwandter ist das Nachtpfauenauge.

Von den drei Schmetterlingen ist der **Bläuling** am kleinsten.
Der Rand seiner blauen Flügel ist weiß und dünn.
Die Männchen sind schöner gefärbt als die Weibchen.

2 Ordne den Schmetterlingen die richtigen Aussagen zu:
Der Kleine Fuchs lebt …

Der Kleine Fuchs …
Der Bläuling …
Das Tagpfauenauge …

ist etwas größer als der Kleine Fuchs.

lebt in Kellern, wenn es kalt ist.

ist der kleinste der drei Schmetterlinge.

3 Ordne diese Adjektive auf dieser Seite in die Tabelle. Ergänze die Spalten:

Grundform	1. Vergleichsstufe	2. Vergleichsstufe
häufig	häufiger	am häufigsten

Mit Adjektiven kann man vergleichen.
Grundform: Das Tagpfauenauge ist klein.
1. Vergleichsstufe: Der Kleine Fuchs ist kleiner.
2. Vergleichsstufe: Der Bläuling ist am kleinsten.

46 S. 120 Sprache untersuchen

Texten über Schmetterlinge Informationen entnehmen; Funktion und Bildung von Vergleichsstufen kennen lernen

Anhand der Eigenschaften von Schmetterlingen werden auf dieser Sprachbuchseite die Vergleichsstufen der Adjektive eingeführt.

Steigerung der Adjektive
Mit den Vergleichsstufen der Adjektive werden die verschiedenen Grade einer Eigenschaft oder eines Merkmals gekennzeichnet. Es werden drei Stufen unterschieden:
1. Grundstufe (Positiv), der gleiche Grad
Der Positiv drückt aus, dass zwei Dinge in Bezug auf ein Merkmal oder eine Eigenschaft gleich sind. Er entspricht der unveränderten Form des Adjektivs. Die Grundstufe des Adjektivs wird in der Regel zwischen *so* und *wie* gesetzt. Beispiele: *so schnell wie, so groß wie.*
2. Mehrstufe (Komparativ), der ungleiche Grad
Der Komparativ drückt aus, dass zwei oder mehr Dinge in Bezug auf ein Merkmal oder eine Eigenschaft ungleich sind. Er wird gebildet aus der Grundform und *-er*. Bei einigen Adjektiven wird der Selbstlaut zum Umlaut (*lang – länger*). Dem Komparativ folgt der Vergleichspartikel *als*. Beispiele: *kleiner als, schneller als.*
3. Meiststufe (Superlativ), der höchste Vergleichsgrad
Der Superlativ drückt aus, dass von drei Dingen einem der höchste Grad einer Eigenschaft zukommt. Er wird gebildet aus dem Positiv und *-est* oder *-st*. Dem Superlativ wird ein *am* vorangestellt.
Beispiele: *am schnellsten, am buntesten.*
Einige Adjektive haben unregelmäßige Vergleichsformen (Beispiel: *gut – besser – am besten*), von anderen kann keine Vergleichsform gebildet werden (Beispiele: *rund, lila, tot*).

Aufgabe 1

Die Beschreibungen der Schmetterlinge werden von jedem Kind individuell gelesen. Anschließend wird eine Beschreibung ausgewählt und abgeschrieben, wobei die Kinder mit verschiedenen Vergleichsstufen von Adjektiven umgehen. Diese können genannt und gesammelt werden. Möglicherweise schreibt die Lehrkraft die Adjektive in den verschiedenen Vergleichsstufen als Grundlage für die weitere Arbeit bereits nach dem Steigerungsgrad sortiert an die Tafel.

Aufgabe 2

Genaues Lesen und Textverständnis sind bei dieser Aufgabe gefragt. Die Sätze werden ins Heft geschrieben und sorgfältig kontrolliert, ggf. in Partnerarbeit. Die Adjektive in den Sätzen können zusätzlich unterstrichen werden.

Aufgabe 3

Die Kinder schreiben die Adjektive dieser Sprachbuchseite nach Vergleichsstufen in eine Tabelle. Hilfreich in diesem Zusammenhang ist es auch, wenn die Kinder die Vergleichsstufen möglichst oft laut – einzeln und im Chor – sprechen. Eventuell kann auch ein großes Plakat im Klassenzimmer mit den Merksätzen im gelben Kasten – mit attraktiven Schmetterlingen geschmückt – den Lernerfolg noch verstärken.

KV 19 ***Zitronenfalter***
Die Kinder setzen passende Adjektive in einen Lückentext ein und schreiben einen Steckbrief zum Zitronenfalter.

► ***Jo-Jo Sprachbuch, Kurs Sprache untersuchen, S. 120***

► ***Jo-Jo Arbeitsheft, S. 38***

► ***Jo-Jo Lesebuch, S. 93***

► ***Jo-Jo Kopiervorlagen, Nr. 18***

Seite 47

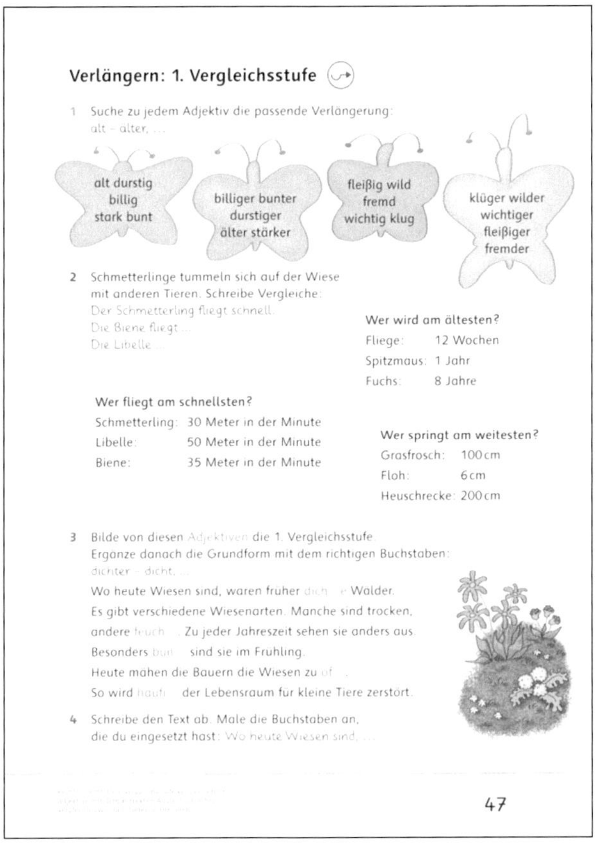

Verlängern: 1. Vergleichsstufe

1 Suche zu jedem Adjektiv die passende Verlängerung:
alt – älter, …

alt durstig billig stark bunt

billiger bunter durstiger älter stärker

fleißig wild fremd wichtig klug

klüger wilder wichtiger fleißiger fremder

2 Schmetterlinge tummeln sich auf der Wiese mit anderen Tieren. Schreibe Vergleiche:
Der Schmetterling fliegt schnell.
Die Biene fliegt …
Die Libelle …

Wer wird am ältesten?

Fliege:	12 Wochen
Spitzmaus:	1 Jahr
Fuchs:	8 Jahre

Wer fliegt am schnellsten?

Schmetterling:	30 Meter in der Minute
Libelle:	50 Meter in der Minute
Biene:	35 Meter in der Minute

Wer springt am weitesten?

Grasfrosch:	100 cm
Floh:	6 cm
Heuschrecke:	200 cm

3 Bilde von diesen Adjektiven die 1. Vergleichsstufe.
Ergänze danach die Grundform mit dem richtigen Buchstaben:
dichter – dicht, …

Wo heute Wiesen sind, waren früher dich e Wälder.
Es gibt verschiedene Wiesenarten. Manche sind trocken, andere feuch . Zu jeder Jahreszeit sehen sie anders aus.
Besonders bun sind sie im Frühling.
Heute mähen die Bauern die Wiesen zu of .
So wird häufi der Lebensraum für kleine Tiere zerstört.

4 Schreibe den Text ab. Male die Buchstaben an, die du eingesetzt hast: Wo heute Wiesen sind, …

47

Die Strategie des rhythmischen Verlängerns oder Weiterschwingens hilft, Wörter richtig zu schreiben, deren Schreibweise am Wort- bzw. Wortstammende nicht eindeutig abgehört werden kann. Auf dieser Sprachbuchseite lernen die Kinder die erste Vergleichsstufe der Adjektive als Rechtschreibhilfe zur korrekten Schreibweise des Auslautes kennen.
Inhaltlich wird das Thema Schmetterlinge ausgeweitet: Interessante und in der Regel nicht bekannte Eigenschaften von Wiesentieren regen die Kinder dazu an, Vergleiche zu bilden. Dabei ist durch das Zahlenmaterial auch eine Verbindung zum Mathematikunterricht gegeben.

Aufgabe 1

Zu jedem Adjektiv wird die passende „Verlängerung", also die erste Vergleichsstufe, gesucht und aufgeschrieben. Da die Formen nicht selbstständig gebildet werden müssen, dürften auch schwächere Kinder damit keine Probleme haben. Dass einige Wörter in der Steigerungsform einen Umlaut haben, kann nochmals thematisiert werden (Umlaute einkreisen lassen).

D Leistungsstärkere Kinder finden selbstständig weitere Adjektive und ihre Verlängerung. Ein Partner sollte kontrollieren.

Aufgabe 2

Die Sachinformationen über einzelne Wiesenbewohner werden die Kinder interessieren und teilweise in Erstaunen versetzen. Durch mathematisches Vergleichen sollen Aussagen im Hinblick auf die Vergleichsstufen getroffen werden. Dies kann zunächst mündlich, dann schriftlich geschehen.

D Dies kann auch Anlass sein, nach weiteren Eigenschaften von anderen Wiesenbewohnern zu forschen und eigene Beispiele zu finden.

Aufgabe 3

Die Kinder schreiben zunächst die Vergleichsstufe, um hinsichtlich der Schreibung des Auslautes sicher zu sein. Dann wird das jeweilige Adjektiv in der Grundform notiert.

D Das Setzen von Silbenbögen unter die Wörter ist eine zusätzliche Hilfe für die Kinder.

Aufgabe 4

Der Text wird abgeschrieben, wobei die fehlenden Auslaute der Adjektive ergänzt werden. Nachdem die entsprechenden Formen bereits in Aufgabe 3 geschrieben wurden, dürfte dies jetzt keine Schwierigkeiten mehr bereiten.

Weitere Anregungen

- *Memory-Spiel mit Adjektiven in der Grundform und in der ersten Vergleichsstufe herstellen und damit spielen*
- *sich in Lexika, Sachbüchern und im Internet über Wiesentiere informieren und einzelne Tiere in kleinen mündlichen Vorträgen präsentieren*
- *kleine Rätsel mündlich oder auch schriftlich formulieren, dabei Vergleiche einsetzen, z. B.:*
  Welches Tier ist das?
  Es kann schneller fliegen als eine Biene.
  Es hält sich gern am Wasser auf.
  Es hat bunt schillernde Flügel.
  Es ist größer als eine Mücke.
  (Libelle)
- *aus der Wörterliste weitere Adjektive heraussuchen und sie in der Grundform und den beiden Vergleichsstufen in eine Tabelle eintragen*

Seite 48

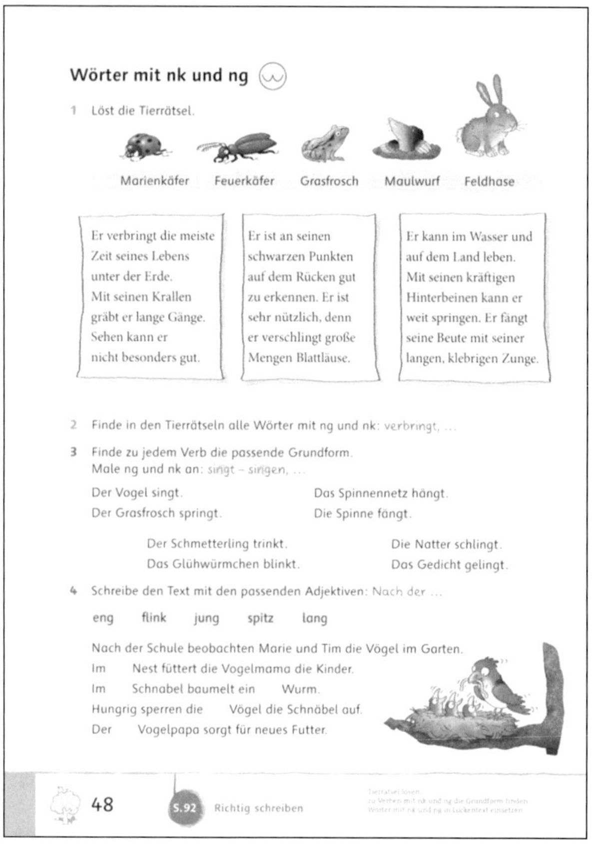

Wörter mit nk und ng

1 Löst die Tierrätsel.

Marienkäfer Feuerkäfer Grasfrosch Maulwurf Feldhase

Er verbringt die meiste Zeit seines Lebens unter der Erde. Mit seinen Krallen gräbt er lange Gänge. Sehen kann er nicht besonders gut.

Er ist an seinen schwarzen Punkten auf dem Rücken gut zu erkennen. Er ist sehr nützlich, denn er verschlingt große Mengen Blattläuse.

Er kann im Wasser und auf dem Land leben. Mit seinen kräftigen Hinterbeinen kann er weit springen. Er fängt seine Beute mit seiner langen, klebrigen Zunge.

2 Finde in den Tierrätseln alle Wörter mit ng und nk: verbringt, …

3 Finde zu jedem Verb die passende Grundform. Male ng und nk an: singt – singen, …

Der Vogel singt.
Der Grasfrosch springt.
Das Spinnennetz hängt.
Die Spinne fängt.
Der Schmetterling trinkt.
Das Glühwürmchen blinkt.
Die Natter schlingt.
Das Gedicht gelingt.

4 Schreibe den Text mit den passenden Adjektiven: Nach der …

eng flink jung spitz lang

Nach der Schule beobachten Marie und Tim die Vögel im Garten.
Im Nest füttert die Vogelmama die Kinder.
Im Schnabel baumelt ein Wurm.
Hungrig sperren die Vögel die Schnäbel auf.
Der Vogelpapa sorgt für neues Futter.

48 S.92 Richtig schreiben

Tierrätsel lösen
zu Verben mit nk und ng die Grundform finden
Wörter mit nk und ng in Lückentext einsetzen

Aufgabe 1

Wörter mit *ng* und *nk* sind für die Kinder aufgrund des Nasallautes meist nicht ganz einfach zu schreiben. Wenn noch eine Auslautverhärtung hinzukommt wie z. B. bei *trinkt, singt, fängt* etc., ist die Rechtschreibung zusätzlich erschwert. Eine Lautidentifikation kann durch die Bildung der Grundform erreicht werden: *trinkt – trinken = k-Schreibung.*

Aufgabe 1

Die Kinder lösen die Rätsel und können sich ergänzend darüber austauschen, was sie über die gezeigten Tiere (noch) wissen. Beim Beschreiben können auch nochmals die Adjektive bewusst gemacht werden.

Aufgabe 2

Die Wörter mit *ng* und *nk* werden aus den Rätseltexten herausgeschrieben: *verbringt, lange, Gänge; Punkten, verschlingt, Mengen; springen, fängt, langen, Zunge.*

Aufgabe 3

Die Kinder lesen die kurzen Sätze und schreiben zu jedem Verb die passende Grundform, die ihnen zugleich eine Rechtschreibhilfe ist. Leistungsstarke Kinder finden weitere Verben mit *ng/nk*.

Aufgabe 4

In den attributiv verwendeten Adjektiven kann der *ng/nk*-Laut gut abgehört werden. Folgende Adjektive sind einzusetzen: *engen, spitzen, langer, jungen, flinke.*

► ***Jo-Jo Sprachbuch, Kurs Richtig schreiben, S. 92***

► ***Jo-Jo Arbeitsheft, S. 10***

► ***Jo-Jo Kopiervorlagen, Nr. 4***

Seite 49

Aufgabe 1

Die Übungswörter können auch in die Luft, auf den Tisch oder auf den Rücken des Nachbarn mit dem Zeigefinger geschrieben werden. Eine nette und abwechslungsreiche Übungsmöglichkeit ist auch mithilfe von drei Glockenspielen zu erreichen: Klebepunkte, auf denen das Abc und die gängigen Buchstabenkombinationen wie etwa *sch*, *ei* etc. aufgeschrieben wurden, werden jeweils auf einen „Ton“ geklebt. Die Kinder schlagen z. B. beim Wort *treffen* die einzelnen Buchstaben auf dem Glockenspiel an und analysieren somit das Lernwort auch musikalisch.

Aufgabe 2

Die drei Fragen werden mit kurzen Sätzen beantwortet. Auf die Großschreibung am Satzanfang und auf den Punkt als Satzschlusszeichen muss sicherlich nochmals hingewiesen werden. Leistungsstärkere Kinder notieren eigene Fragen zum Text und schreiben die Antworten dazu.

Aufgabe 3

Die Arbeit mit Silben hilft den Kindern dabei, die Wortstrukturen zu erfassen. Zu den Verben können weitere verwandte Wörter gesucht und mit Silbenbögen aufgeschrieben werden.

Aufgabe 4

Hier fehlen mindestens zwei Mitlaute am Wortanfang. Die Wörter sind zusätzlich nach den Wortarten Nomen und Verben getrennt aufzuschreiben:
Nomen: *Blatt, Gras, Mensch;*
Verben: *pflücken, schlüpfen, fressen, wachsen treffen.*

KV 20 ***Schleichdiktat***

KV 21 ***Diktatvorbereitung***

Name: Datum: Klasse:

Zitronenfalter

1 Setze die Adjektive an den passenden Stellen in den Text ein.

jungen	zitronengelbe	niedrigen	heller	alt	gelblichweiß

Das Männchen des Zitronenfalters hat ________ Flügel.

Die Flügel des Weibchens sind etwas ________ , sie sind

________ . Zitronenfalter leben in ________

Waldbüschen. Das Weibchen legt seine Eier auf dem Faulbaum ab.

Von den Blättern des Faulbaumes können sich die ________

Raupen ernähren, wenn sie geschlüpft sind. Zitronenfalter

können bis zu 10 Jahre ________ werden.

2 Lies den Text über den Zitronenfalter und schreibe einen Steckbrief.

Steckbrief

Name: ________

Farbe Männchen: ________

Farbe Weibchen: ________

Lebensraum: ________

Nahrung der Raupe: ________

Alter: ________

Name: Datum: Klasse:

Schleichdiktat

Vom Ei zur Puppe

Aus der Raupe wird ein Schmetterling.
Schmetterlinge legen ihre Eier immer
auf Blättern ab, die ihre Raupen
als Futterpflanze brauchen.
Der kleine Fuchs und
das Tagpfauenauge
legen ihre Eier zum Beispiel
auf Brennnesseln ab.
Nach ungefähr zehn Tagen
schlüpfen die Raupen.
Sie fressen sich
vier Wochen lang satt
und häuten sich viermal.
Dann verpuppen sie sich.

Name: Datum: Klasse:

Diktatvorbereitung

1 Schreibe mit jedem Verb einen Satz. Benutze die vorgegebenen Personalformen.

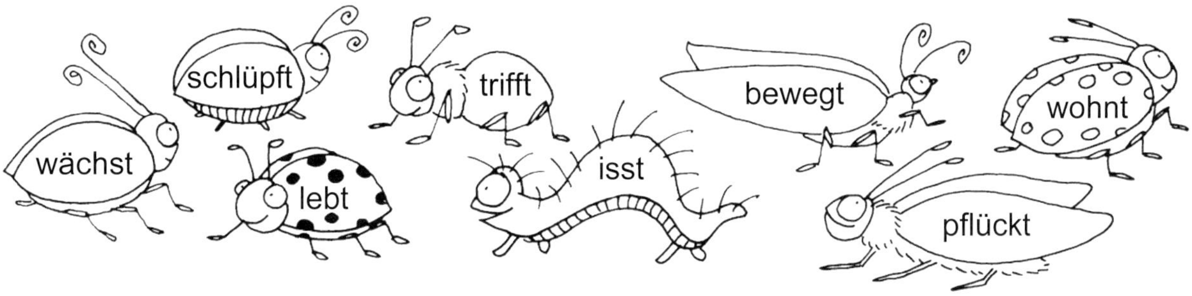

2 Setze die Verben aus Aufgabe 1 auch in die Grundform.

wächst – wachsen,

Frühling

Verbundübersicht

Jo-Jo Sprachbuch, Themenkapitel Seite 50–55	**Jo-Jo Sprachbuch, Kursteil** Seite 100, 126, 140	**Jo-Jo Arbeitsheft** Seite 18, 44, 58
Jo-Jo Sprachförderheft Seite 50–55	**Jo-Jo Kopiervorlagen** Nr. 8, 21, 28	**Jo-Jo Lesebuch** Seite 102–111

Lerninhalte

Sprechen und Zuhören	ein Bild genau betrachten; Beobachtungen wiedergeben; Sachverhalte beschreiben (50)
Lesen (mit Texten und Medien umgehen)	Arbeitsanweisungen lesen und verstehen (50–55); Texte erschließen: Text mit eigenen Worten wiedergeben (51); Verfahren zur Orientierung über einen Text nutzen: Bilder im Text (53); gezielt einzelne Informationen suchen (54)
Schreiben (Texte schreiben)	Informationen aus einem Text entnehmen; Stichwörter notieren; Steckbriefe verfassen; sich über Texte nach Schreibkriterien beraten (51) **Texte verfassen** SB (140), AH (58)
Schreiben (Richtig schreiben)	Ableitungswörter mit ä und äu im Text finden; Verben in die Personalform mit ä und äu setzen; passende Adjektive zu Wörtern mit ä finden (54) **Richtig schreiben** SB (100), AH (18)
Sprache und Sprachgebrauch untersuchen	Sätze aus Satzgliedern bilden; Subjekt und Prädikat kennen lernen (52); Wörter mit doppelten Selbstlauten üben; Lückentext ergänzen, Wörterschieber; zusammengesetzte Nomen bilden (53) **Sprache untersuchen** SB (126), AH (44)

Vorüberlegungen

Die Jahreszeitenkapitel unterliegen der Progression im Schülerbuch, sind also nicht als isolierter Teil zu verstehen. Dennoch bilden sie, wie schon in Band 2, einen eigenen Bestandteil im Schülerbuch.
Das Kapitel „Frühling“ macht den Kindern das Wachsen und Werden in dieser Jahreszeit bewusst. Darüber hinaus wird der Regenwurm ins Zentrum der Aufmerksamkeit gerückt. Der Regenwurm ist ein bis zu 30 cm langer Ringelwurm (Annelida). Seine auffälligsten Merkmale sind die bis zu 200 Körperringe (Segmente), die fehlenden Beine und das nicht deutlich abgesetzte Vorder- und Hinterteil. Außer an ihrem Kopflappen, an dem sich die Mundöffnung befindet, haben die Regenwürmer an jedem Segment vier Paar Chitinborsten, die ihre Fortbewegung unterstützen. Durch den Hautmuskelschlauch schimmert das Blutkapillarnetz durch und gibt dem Regenwurm seine rosa Körperfarbe. Regenwürmer haben keine Lunge; sie nehmen den Sauerstoff über die Haut auf. Daher kriechen sie bei Regen aus ihren Röhren, denn sie würden im Wasser ersticken. Regenwürmer ernähren sich von abgestorbenen Pflanzensubstanzen, die sie ansaugen und in ihre Gänge ziehen. Die Röhren, die sie bilden, ermöglichen eine gute Durchlüftung des Bodens und bewirken eine gute Sauerstoffversorgung für andere Bodentiere und für die Pflanzenwurzeln. Auch das Thema „Osterfest“ klingt im Frühlingskapitel an.

Ideen für fächerübergreifendes Arbeiten

Sachunterricht
- kleine Lebewesen, die im Boden leben
- Bodenproben mit dem Mikroskop untersuchen

Religion
- Ostern als christliches Fest, Bedeutung der Fastenzeit, Osterbräuche und ihre Herkunft

Kunst/Musik
- Basteln für das Osterfest (Osternester, Hasen etc.)
- Frühlingslieder

Zum Einsatz der Kapitelseiten

Seite 50

Frühling

1 Kennst du die Blumen auf dem Bild? Wie heißen sie?

2 Wie viele Exemplare von jeder Blüte entdeckst du auf dem Bild? Schreibe jeden Namen mit der genauen Anzahl:
6 Primeln, ...

Primel Osterglocke Tulpe Krokus
Blaustern Traubenhyazinthe
Gänseblümchen Schneeglöckchen

Meine Blume hat längliche Blütenblätter.

3 Wähle eine Blüte und beschreibe sie genau. Die anderen Kinder raten.

50

Eine komplexe Illustration mit vielen verschiedenen Frühlingsblumen, die zum Entdecken anregt, leitet das Thema „Frühling" ein. Es bietet sich an, die Illustration großformatig mittels Overheadprojektor oder Beamer zu zeigen und darüber ins Gespräch zu kommen. Mithilfe der Illustration können auch nochmals Frühlingserfahrungen in Erinnerung gerufen und von den Kindern verbalisiert werden.

Aufgabe 1

Meist sind den Kindern leider nur wenige Blumennamen bekannt, weil sie in ihrer häuslichen Umgebung kaum die Möglichkeit haben, verschiedenen Blumen zu begegnen. Hier bietet sich also die Möglichkeit, ihren Erfahrungshorizont zu erweitern.

Aufgabe 2

Mithilfe der vorgegebenen Blumennamen ist eine Zuordnung relativ leicht möglich. Die Kinder müssen die Illustration allerdings genau betrachten, um die Anzahl der jeweiligen Blüte zu ermitteln, die dann aufgeschrieben wird.

Aufgabe 3

Die Kinder wählen eine Blüte aus und beschreiben sie genau. Die Sprechblase auf der Seite gibt ein mögliches Satzmuster bzw. Sprachbeispiel vor: „Meine Blume hat längliche Blütenblätter." Das Spiel kann abgewandelt und erweitert werden, wenn weitere (echte) Blüten in der Klasse vorliegen, die ebenfalls beschrieben werden können.

D Leistungsstarke Kinder können mit Unterstützung von Sachbüchern, Lexika und ggf. dem Internet Pflanzensteckbriefe schreiben.

▶ ***Jo-Jo Lesebuch, S. 104***

Weitere Anregungen

- *Herkunft und Bedeutung der auf der Sprachbuchseite genannten Blumennamen in einem Herkunftswörterbuch nachschlagen und die gefundenen Informationen stichwortartig notieren, anschließend vor anderen Kindern mithilfe der Stichwörter einen kleinen Vortrag halten*
- *ein Memory mit Frühlingsblumen erstellen: auf eine Karte die jeweilige Blume malen, auf der zweiten Karte den Namen aufschreiben*
- *Informationen zu verschiedenen Frühlingsblumen sammeln und Pflanzensteckbriefe schreiben (Schneeglöckchen, Traubenhyazinthe, Krokus, Tulpe, Gänseblümchen etc.); Steckbriefe anschließend alphabetisch ordnen und in einem Hefter zusammenfassen (s. auch Sprachbuchseiten 140/141)*
- *Blumen durch Aussaat gewinnen: Saatgut wird in Saatschalen oder -kisten ausgesät. Sind die kleinen Pflanzen ausreichend gewachsen, werden sie pikiert, d. h. in Töpfe oder ins Freiland vereinzelt. Gut geeignet sind beispielsweise Tagetes („Studentenblumen").*
- *fantasievolle Frühlingsblumen malen, ggf. den Blütenaufbau gesondert darstellen und den Blumen fantasievolle Namen geben*
- *Frühlingsbilder verschiedener Maler betrachten, Eindrücke verbalisieren und als Anregung für das eigene Malen nutzen*
- *auf einem großen Stück Tapete als Gemeinschaftsarbeit in Anlehnung an die Illustration der Sprachbuchseite ein buntes „Frühlingsblumenbeet" mit verschiedenen Frühlingsblumen malen; ggf. einige Informationen zu den Blumen in Stichworten dazu notieren*
- *das Wort „Frühling" auf DIN A4-Blättern besonders schön und passend zur Stimmung dieser Jahreszeit gestalten*
- *Frühlingsgedichte lesen, auswendig lernen und ggf. vortragen (s. Jo-Jo Lesebuch, S. 104)*
- *Tulpenblüten aus Tonpapier basteln und Frühlingswörter oder Frühlingsgedichte hineinschreiben*

Seite 51

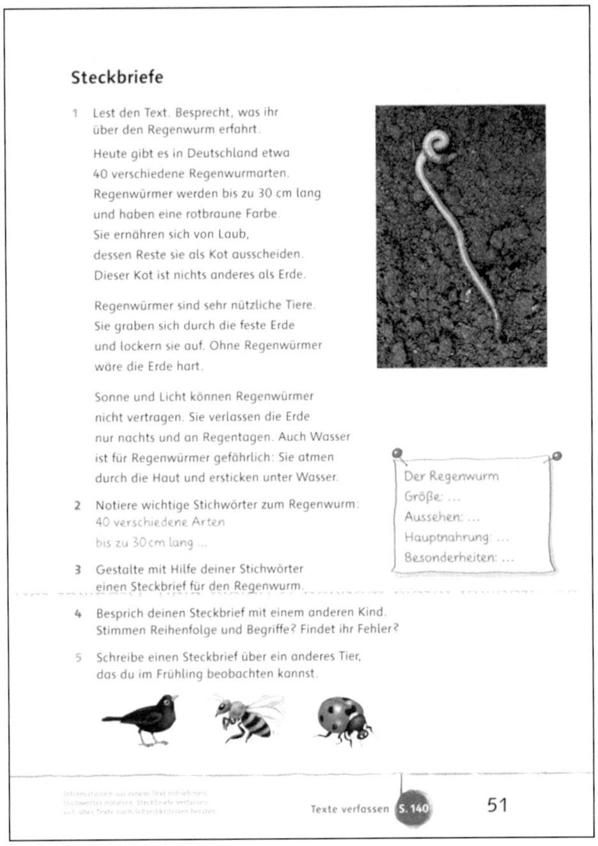

Steckbriefe

1 Lest den Text. Besprecht, was ihr über den Regenwurm erfahrt.

Heute gibt es in Deutschland etwa 40 verschiedene Regenwurmarten. Regenwürmer werden bis zu 30 cm lang und haben eine rotbraune Farbe. Sie ernähren sich von Laub, dessen Reste sie als Kot ausscheiden. Dieser Kot ist nichts anderes als Erde.

Regenwürmer sind sehr nützliche Tiere. Sie graben sich durch die feste Erde und lockern sie auf. Ohne Regenwürmer wäre die Erde hart.

Sonne und Licht können Regenwürmer nicht vertragen. Sie verlassen die Erde nur nachts und an Regentagen. Auch Wasser ist für Regenwürmer gefährlich: Sie atmen durch die Haut und ersticken unter Wasser.

2 Notiere wichtige Stichwörter zum Regenwurm:
40 verschiedene Arten
bis zu 30 cm lang …

3 Gestalte mit Hilfe deiner Stichwörter einen Steckbrief für den Regenwurm.

Der Regenwurm
Größe: …
Aussehen: …
Hauptnahrung: …
Besonderheiten: …

4 Besprich deinen Steckbrief mit einem anderen Kind. Stimmen Reihenfolge und Begriffe? Findet ihr Fehler?

5 Schreibe einen Steckbrief über ein anderes Tier, das du im Frühling beobachten kannst.

Informationen aus einem Text entnehmen
Stichwörter notieren, Steckbriefe verfassen
sich über Texte nach Schreibkriterien beraten

Texte verfassen S. 140 51

Die Sprachbuchseite stellt den Regenwurm in den Mittelpunkt des Interesses. Bevor die Sprachbuchseite behandelt wird, können die Kinder erzählen, was sie bereits über Regenwürmer wissen. Der vorherige Austausch über das Thema erleichtert das Verständnis des folgenden informierenden Textes.

Aufgabe 1

Um das Verständnis zu sichern, sollen die Kinder den Sachtext über den Regenwurm zunächst lesen und sich dann in Partner- oder Gruppenarbeit über den Text unterhalten. Im Gespräch sollen sie möglichst viele Informationen wiedergeben, die sie im Sachtext erhalten haben.

Aufgabe 2

Das Notieren von Stichwörtern zu Texten ist für viele Kinder im dritten Schuljahr nicht ganz einfach. Wenn jedem Kind eine Kopie des Textes zur Verfügung gestellt wird, ist es möglich, auf diesem Blatt durch Unterstreichen wichtige Textinformationen zu markieren, bevor dazu Stichwörter notiert werden. Gemeinsam sollte anschließend besprochen werden, was man im Text markieren kann. Erfahrungsgemäß neigen die Kinder dazu, Textstellen sehr großzügig zu markieren. Es sollte daher besprochen werden, wie man sich auf das Notwendige beschränken kann, was dann im Übrigen auch der Übersichtlichkeit dient.

Die Kinder schreiben die Stichwörter dann in einem zweiten Arbeitsschritt aus dem Text heraus. Thematisiert werden kann nochmals, dass Stichwörter keine ganzen Sätze sind.

Diese Aufgabe bereitet das Schreiben eines Steckbriefes vor, was in der folgenden Aufgabe gefordert ist.

Aufgabe 3

Die Stichwörter werden nun dazu genutzt, einen Steckbrief über den Regenwurm zu schreiben. Dabei sind die Gliederungspunkte (*Größe, Aussehen, Hauptnahrung, Besonderheiten*), die in der Illustration am Rand der Sprachbuchseite gegeben werden, hilfreich.

Aufgabe 4

In Partnerarbeit werden die Steckbriefe über den Regenwurm besprochen. Die Kinder prüfen, ob die Reihenfolge der Punkte eingehalten wurde und ob alles verständlich formuliert wurde. Auch sollte geprüft werden, ob die Informationen vollständig sind. Zum Schluss werden die Steckbriefe hinsichtlich der Rechtschreibung in Partnerarbeit unter die Lupe genommen.

Aufgabe 5

Die Kinder schreiben einen Steckbrief über ein anderes Tier, das man im Frühling beobachten kann. Dazu macht die Illustration einige Vorgaben. Die Kinder können sich jedoch davon auch lösen und sich selbst ein Tier überlegen, über das sie schreiben wollen. Sachbücher und Lexika sollten zur Verfügung stehen, damit fehlende Informationen nachgeschlagen werden können.

D

Schneller arbeitende Kinder können auch über weitere Tiere wie Schnecke, Maulwurf oder Maus kleine Tierrätsel schreiben.

KV 22

Der Feldmaikäfer

Aus einem Steckbrief machen die Kinder einen zusammenhängenden Text.

► ***Jo-Jo Sprachbuch, Kurs Texte verfassen, S. 140***

► ***Jo-Jo Arbeitsheft, S. 58***

► ***Jo-Jo Kopiervorlagen, Nr. 28***

Weitere Anregungen

- *aus dem Garten, einem Beet oder aus dem Wald Bodenproben mit in die Schule bringen; Proben betrachten, anfühlen, riechen; Eindrücke anschließend beschreiben*
- *Bodenproben mit einer Becherlupe oder unter einem Mikroskop betrachten und Beobachtungen aufschreiben*

Seite 52

Subjekt und Prädikat

1 Finde in den Gängen Sätze und schreibe sie auf:
Tatjana holt …

Tatjana holt Erde / ein Schraubglas / eine Kanne mit Wasser. / aus dem Garten. / für ihren Versuch.
Die Kinder suchen Kellerasseln / kleine Tierchen / nach Regenwürmern im Komposthaufen. / in der Gartenerde.
Der Regenwurm verlässt sein Versteck nur nachts. / an Regentagen.

2 Unterstreiche in deinen Sätzen zwei Satzglieder:
das **Subjekt** blau (Wer oder was …?),
das **Prädikat** rot (Was tut …?): Tatjana holt Erde.

„Wer oder was … ?“ findet das **Subjekt**.
„Was tut … ?“ findet das **Prädikat**:
Tatjana holt Erde.

3 Schreibe die Sätze ab. Unterstreiche das Subjekt blau.
Unterstreiche das Prädikat rot: Till sticht den …

Till sticht den Spaten in den feuchten Boden.
Ein paar Regenwürmer kriechen ans Tageslicht.
Bald verschwinden sie wieder in der dunklen Erde.
Till arbeitet eine Stunde im Garten.
Müde stellt er den Spaten wieder in den Schuppen.

52 S.126 Sprache untersuchen

Satzglieder sind die einzelnen Informationseinheiten eines Satzes, die erfragt werden können und die man gemeinsam umstellen kann. Sie können aus einem Wort oder aus einer Wortgruppe bestehen. Satzglieder haben die Kinder bereits auf den Sprachbuchseiten 38/39 kennen gelernt und sie sind vorbegrifflich mit ihnen umgegangen, wobei die Handlungsorientierung beim Umstellen von Sätzen eine große Rolle gespielt hat. Auf dieser Sprachbuchseite lernen die Kinder nun die Termini „Subjekt“ und „Prädikat“ als wichtige Begriffe zur Satzgliedbestimmung kennen und bilden Sätze.

Subjekt und Prädikat
Ein vollständiger Satz muss aus einem Subjekt und einem Prädikat bestehen. Alle anderen Satzglieder dienen dazu, die Handlung oder den Sachverhalt eines Satzes näher zu beschreiben.
Das Prädikat (Satzaussage) ist die zentrale Einheit eines Satzes. Es macht eine Aussage über das Subjekt. Das Prädikat gibt die Antwort auf die Frage: ,,Was tut jemand oder was geschieht?" Es besteht immer mindestens aus einer finiten Verbform. Das Verb in der Prädikatsrolle kann auch aus mehreren Teilen bestehen, d.h. oft sind Prädikate zweigeteilt und „umklammern“ ein Satzglied. Das Prädikat bildet dann eine Verbklammer.
Beispiel: Thomas *will* dem Lehrer *helfen*.

Das Subjekt (Satzgegenstand) ist das Satzglied im 1. Fall (Nominativ). Es stimmt in Person und Numerus mit der finiten Verbform des Prädikats überein. Es wird von den Kindern mit der Frage „Wer oder was tut etwas?“ ermittelt.

Aufgabe 1
In der Illustration befinden sich Satzglieder, die bereits in der richtigen Reihenfolge stehen, aus denen sich aber unterschiedliche Sätze bilden lassen. Durch die Ordnung der Satzglieder wird schon beim Schreiben der Sätze die Aufmerksamkeit der Kinder auf Subjekt, Prädikat und Ergänzungen gelegt, ohne dass diese thematisiert werden.

Aufgabe 2
Nach dem Formulieren der Sätze werden nun Subjekt und Prädikat farbig markiert (Subjekt blau, Prädikat rot). Diese Farben sollten bei allen weiteren ähnlichen Übungen konsequent beibehalten werden. Hilfe beim Finden der Satzglieder bieten die Fragen „Wer oder was tut etwas?“ und „Was tut …?“. Die Lösung der Aufgabe sollte unbedingt gemeinsam besprochen werden, sofern sie nicht ohnehin gemeinsam gelöst wird, um in das Thema hineinzufinden.

Aufgabe 3
Auch in dieser Aufgabe geht es um das Erkennen und Markieren von Subjekt und Prädikat. Dabei wurden als Subjekte nicht nur Nomen gewählt, sondern auch Pronomen. Erschwerend kommt hinzu, dass die Subjekte nicht immer am Satzanfang stehen.

▶ ***Jo-Jo Sprachbuch, Kurs Sprache untersuchen, S. 126***

▶ ***Jo-Jo Arbeitsheft, S. 44***

▶ ***Jo-Jo Lesebuch, S. 102/103***

▶ ***Jo-Jo Kopiervorlagen, Nr. 21***

Weitere Anregung
- *Die Kinder schreiben mehrere Sätze auf und zerschneiden sie in ihre Satzglieder. Dann sortieren sie diese nach Subjekten, Prädikaten und Satzergänzungen und legen sie in alte Dosen. Nun ziehen sie aus jeder Dose ein Satzglied. Wer einen grammatisch richtigen Satz hat, darf ihn behalten, auch wenn er semantisch unsinnig ist. Wer einen grammatisch falschen Satz hat, legt seine Satzglieder zurück.*

Seite 53

Merkwörter mit doppeltem Selbstlaut (M)

1 Lest den Text. Ersetzt dabei die Bilder durch passende Selbstlaute.

Maurers haben einen kleinen Garten am S .
Im Frühjahr, wenn der Schn getaut ist
und die ersten Blumen blühen,
fahren sie am Wochenende oft hierher.
Herr Maurer richtet das kleine Ruderb t
für den Sommer her.
Frau Maurer bereitet das B t
für die Erdb ren vor.
Die Kinder holen M s aus dem Wald
und basteln hübsche Osternester.
Die ersten Osterglocken
stellt Frau Maurer in die Blumenvase.

2 Schreibe den Text ab. Setze **ee** oder **oo** ein:
Maurers haben einen kleinen Garten am See. …

3 Bilde zusammengesetzte Nomen und schreibe sie auf:
das Rosenbeet, …

4 Bilde Nomen mit doppelten Selbstlauten: *die Fee, …*

53

Eine kleine Gruppe von Wörtern kennzeichnet die Vokallänge durch Verdopplung des Vokals. Da doppelte Vokale in den Wörtern zwar als lange Vokale zu hören, nicht aber von Wörtern mit Dehnungs-h zu unterscheiden sind (Beispiele: *See – Reh, Haar – Jahr*), müssen die Kinder diese Wörter besonders sorgfältig lernen und sich durch mehrfaches Schreiben ihr Wortbild einprägen.

Aufgabe 1

Der Text, der sich ebenfalls mit dem Thema Frühling befasst, bietet etliche Wörter mit doppeltem Vokal, allerdings wurden die Doppelvokale durch kleine Bilder ersetzt. Den Text trotz der eingefügten kleinen Bilder flüssig zu lesen, ist für einige Kinder sicher eine nicht ganz einfache Übung.

Aufgabe 2

Die Kinder schreiben den Text ab und setzen jeweils statt der Bilder *ee* oder *oo* ein. Die Doppelvokale sollten anschließend unterstrichen oder eingekreist werden.

D Wörter „blitzen“: Die Lehrkraft schreibt ein Wort mit Doppelvokal auf eine Folie und zeigt es den Kindern kurz. Die Kinder „blitzen“ das Wort, das heißt, sie lesen es und merken es sich. Dann schreiben sie es auf. Erschwerend können auch mehrere Wörter kurz gezeigt werden. Das Spiel unterstützt das Speichern des Wortbildes.

Aufgabe 3

Hier werden Nomen mit Doppelvokal als Komposita geübt und mit dem bestimmten Artikel aufgeschrieben.

D Zur Differenzierung können weitere Komposita gesucht werden, die einen Wortbestandteil mit Doppelvokal enthalten. Auf den richtigen Artikel ist bei der Kontrolle zu achten.

Aufgabe 4

Hier werden die Nomen mit Doppelvokal aus einzelnen Buchstaben gebildet. Gefunden werden können folgende Wörter: *Fee, Haar, See, Moos, Moor, Schnee, Paar, Tee, Zoo, Boot, Saal, Waage, Beet, Beere.* Falls das Wort *Pool* gebildet wird, sollte darüber gesprochen werden, dass es sich hierbei um ein englisches Wort handelt.

Weitere Anregungen

- *Merkwörter mit Doppelvokal in verschiedenen Schriftarten schreiben (Schreibschrift, Druckschrift)*
- *Wörter in ungewöhnlicher Größe schreiben, z. B. Wörter doppelt so groß schreiben*
- *Wörter fünfmal schreiben, dabei immer etwas größer werden*
- *Merkwörter in einen Umriss hineinschreiben (z. B. das Wort „Boot“ in ein gezeichnetes Segelboot, das Wort „Klee“ in ein Kleeblatt schreiben etc.), schwierige Stelle im Wort markieren: einfärben, Klebepunkt darüber, schwierige Buchstaben doppelt so groß schreiben*
- *Merkwörter mit Silbenbögen aufschreiben*
- *die Buchstaben oder Silben eines Wortes abwechselnd mit verschiedenen Farben schreiben*
- *Merkwörter in Geheimschrift aufschreiben, z. B. mithilfe von Umrisskästchen oder Linienbildern*
- *bei Nomen den Plural bilden*
- *ein verwandtes Wort suchen*
- *ein oder mehrere Reimwörter finden*
- *Wörter im Wörterbuch nachschlagen, die entsprechende Seitenzahl notieren*
- *Merkwörter mit ihren Wortfamilien auf einem Lernplakat zusammenstellen und es aufhängen*
- *aus verwürfelten Wörtern passende Wörter bilden: Die Kinder erhalten Wörter mit doppeltem Vokal, die außer dem ersten und dem letzten Buchstaben verwürfelt sind, benennen diese und schreiben sie richtig auf. Beispiele: Sgeelobot, Hararüstbe, Wagae*

Seite 54

Ableiten: Wörter mit ä und äu

1 Lest den Text. Wer ist Lissy?

Jetzt im Frühling wird es von Tag zu Tag wärmer.
Lisa und Niklas holen ihre Räder aus dem Schuppen.
Mama räumt die Schränke auf und trägt alte Mantel
in den Keller. Papa säubert mit Mia die Gartengeräte.
Morgen soll der Gärtner kommen und dürre Äste,
verwelkte Blätter und alte Sträucher entfernen.
Der Nachbar schneidet pfeifend seine Obstbäume.
Lissy streift neugierig durch die Gräser am Zaun.
Ob sie die Mäuse wittert, die dort ihr Versteck haben?

2 Finde zu jedem Wort mit a und au das passende Wort im Text mit ä und äu: Rad – Räder, ...

Rad Schrank tragen Mantel Garten Blatt warm
Ast Gras Raum sauber Strauch Baum Maus

3 Schreibe die Sätze mit der passenden Personalform:
Opa schläft ...

lassen • schlafen • laufen • fallen • tragen

Opa zufrieden auf der Bank.
Lissy über den Rasen.
Mama Wasser in das Becken.
Papa den Kuchen nach draußen
und über den Gartenschlauch.

4 Finde die Adjektive, von denen du diese Wörter ableiten kannst. Schreibe die Wortpaare:
schwärzlich – schwarz, ...

schwärzlich kränklich kälter die Härte
die Nähe die Schärfe die Stärke länglich

54 S. 100 Richtig schreiben

Die Sprachbuchseite 54 stellt das Thema „Wörter mit *ä* und *äu* ableiten“ in den Mittelpunkt.

Aufgabe 1

Durch die Rätselfrage „Wer ist Lissy?“ sind die Kinder sicher gut zu motivieren, den Text zu lesen. Lissy ist eine Katze, wie in den letzten Sätzen deutlich wird. Die Sätze können auch gut dafür verwendet werden, die Kinder Subjekte und Prädikate bestimmen zu lassen.

Aufgabe 2

Zu jedem vorgegebenen *a*- bzw. *au*-Wort findet sich eine passende Ableitung im Text oben auf der Seite. Die Aufgabe sollte von jedem Kind individuell gelöst werden.

Aufgabe 3

Die Kinder schreiben den Text ab und ergänzen die passenden Personalformen, die alle einen Umlaut haben. Durch die vorgegebenen Grundformen ergibt sich der Hinweis auf die Rechtschreibung.

D Mit den gefundenen Personalformen können auch eigene Sätze gebildet werden, in denen ergänzend Subjekte und Prädikate farbig unterstrichen werden.

Aufgabe 4

Zu jedem der vorgegebenen Wörter mit *ä* finden die Kinder ein passendes Adjektiv ohne Umlaut. Wenn die Umlautwörter zusätzlich in eigenen Sätzen verwendet werden, zeigt sich, dass die Kinder auch die Bedeutung verstanden haben.

▶ ***Jo-Jo Sprachbuch, Kurs Richtig schreiben, S. 100***

▶ ***Jo-Jo Arbeitsheft, S. 18***

▶ ***Jo-Jo Kopiervorlagen, Nr. 8***

Seite 55

Aufgabe 1

Die Kinder trainieren die Übungswörter einzeln und im Textzusammenhang als Selbst-, Dosen-, Partner- und Schleichdiktat.

Aufgabe 2

Hier werden vorgegebene Wörter alphabetisch geordnet, wobei auch der zweite Buchstabe als Ordnungskriterium relevant ist.

D Jedes Kind arbeitet mit einem Partner und schreibt drei oder vier Wörter auf, die es vom Partner in alphabetischer Folge abschreiben lässt. Es kann einige Male gewechselt werden.

Aufgabe 3

Aus den vorgegebenen Satzteilen werden sinnvolle Sätze gebildet. Subjekte und Prädikate können anschließend blau bzw. rot markiert werden. Sätze mit analoger Struktur können von leistungsstärkeren Kindern ergänzt werden.

Aufgabe 4

Denkbar ist es auch, den Text zunächst mit Bleistift abschreiben zu lassen. Im Heft werden dann die Satzgrenzen markiert. Anschließend korrigieren die Kinder, wo es nötig ist, die Anfangsbuchstaben und setzen die Satzzeichen. Zum Schluss können die Anfangsbuchstaben der Sätze mit grüner Farbe nachgezogen werden.

KV 23 ***Schleichdiktat***

KV 24 ***Diktatvorbereitung***

Der Feldmaikäfer

1. Schreibe mit Hilfe der Stichwörter einen Text über den Maikäfer.

Größe: bis 3 cm lang

Aussehen: braun, Kopf und Brust schwarz, weiße Zeichnung an beiden Seiten des Hinterleibs

Hauptnahrung: Laub von Bäumen

Besonderheiten: Entwicklung in der Erde; Weibchen legt etwa 70 Eier in 20 cm Tiefe; Schlüpfen der Larven nach 4 Wochen

Der Maikäfer

Name: Datum: Klasse:

Schleichdiktat

Wenn es Frühling wird

Wenn die Sonne die Erde wärmt
und Tiere und Pflanzen aus der
Winterruhe weckt, ist es Frühling!
Dann macht es Till wieder Spaß,
mit dem Fahrrad zu fahren und
draußen zu spielen.
Aber nicht nur das!
Er beobachtet auch,
was in der Natur vor sich geht:
Er entdeckt Blumen,
die ihre Blüten öffnen.
Ein paar Regenwürmer kriechen
über die feuchte Erde.
Eine Maus huscht über den Weg.
Der Nachbar gräbt die Beete um und
entfernt das Moos aus dem Rasen.

Name: Datum: Klasse:

Diktatvorbereitung

❶ Schreibe die drei Wörter jeweils nach dem Abc geordnet auf.

❷ Schreibe vier Sätze, in denen Wörter von oben vorkommen.

❸ Erkennst du die Wörter? Schreibe sie auf.

Ruh✻ Bl♡t✻ v◎rs✿chtig L❁ch F♡hrr✻d be◎b✿chten

sp◎zier✿n w❁ck♡n B✻d◎n ✿rd❁ S♡nn✻

Wie wir leben

Verbundübersicht

Jo-Jo Sprachbuch, Themenkapitel Seite 56–61	**Jo-Jo Sprachbuch, Kursteil** Seite 106, 116, 148	**Jo-Jo Arbeitsheft** Seite 24, 34, 66
Jo-Jo Sprachförderheft Seite 56–61	**Jo-Jo Kopiervorlagen** Nr. 11, 10, 32	**Jo-Jo Lesebuch** Seite 126–139

Lerninhalte

Sprechen und Zuhören	Sprachen entdecken: Fremdsprachen; funktionsangemessen sprechen: argumentieren, was zu Deutschland gehört (56)
Lesen (mit Texten und Medien umgehen)	Arbeitsanweisungen lesen und verstehen (56–61); Texte genau lesen: Absätze sinnvoll ordnen (57); bei der Beschäftigung mit Texten Verständnis für Gefühle und zwischenmenschliche Beziehungen zeigen (58)
Schreiben (Texte schreiben)	Einleitung, Hauptteil und Schluss einer Geschichte kennen lernen und umsetzen; über Verständigungsprobleme und Missverständnisse sprechen (57) **Texte verfassen** SB (148), AH (66)
Schreiben (Richtig schreiben)	Herkunft und Bedeutung von Fremdwörtern kennen; ein Plakat mit fremdsprachlichen Wörtern anlegen (60) **Richtig schreiben** SB (106), AH (24)
Sprache und Sprachgebrauch untersuchen	zusammengesetzte Nomen aus zwei Wörtern trennen; zusammengesetzte Nomen aus drei Wörtern finden, trennen und selber bilden (58); Verben mit Wortbausteinen in einem Text finden; Veränderungen der Wortbedeutung durch Wortbausteine erfahren; Wortbausteine in Lückensätze einsetzen (59) **Sprache untersuchen** SB (116), AH (34)

Vorüberlegungen

Ein Europa, das immer mehr zusammenwächst, erfordert einen Unterricht, der auf diese Situation eingeht und sie aufgreift. Es geht darum, sich der eigenen Kultur und Sprache bewusst zu werden, sie zu kennen und zu schätzen und gleichzeitig offen für andere Sprachen und Kulturen zu sein.

Das Kapitel „Wie wir leben" fordert die Kinder zum Entdecken fremder Sprachen auf und macht bewusst, dass viele Wörter, die wir mittlerweile ganz selbstverständlich im Deutschen verwenden, ursprünglich aus einer anderen Sprache kommen. Ausschnittartig können die Schülerinnen und Schüler sich mit fremden Ländern und Kulturen beschäftigen. Dabei können auch Auslandserfahrungen, die sie während der Ferien gesammelt haben, an verschiedenen Stellen in den Unterricht einbezogen werden. Gleichzeitig sollte die Chance, in anderen Ländern und von ausländischen Mitbürgern Neues zu erfahren und zu lernen, bewusst gemacht und positiv bewertet werden. Für Kinder aus anderen Herkunftsländern ist es sicher motivierend, Erfahrungen und Wissen aus ihrem Kulturkreis in den Unterricht einbringen zu können.

Ideen für fächerübergreifendes Arbeiten

Sachunterricht
- europäische Währungsunion
- Länder in Europa
- Entstehungsgeschichte des Euro

Mathematik
- der Euro und die Währungen anderer Länder

Kunst/Musik
- aus Buchstaben ein fremdsprachiges Wort gestalten
- Wörter mit Tusche zeichnen (kalligrafieren)
- Lied: Lieder, die wie Brücken sind (siehe Handreichungen S. 90)

Religion
- andere Religionen kennen lernen

Zum Einsatz der Kapitelseiten

Seite 56

Wie wir leben

1 Welches Kind kommt aus welchem Land?
Frankreich Türkei Italien England Griechenland

2 Was gehört zu welchem Land?
Eiffelturm Pizza Börek Queen antiker Tempel

3 Was gehört zu Deutschland? Überlegt und diskutiert.

Zu Deutschland gehört …, weil …

Da bin ich anderer Meinung: …

56

Sprachen entdecken: Fremdsprachen; funktionsangemessen sprechen; argumentieren, was zu Deutschland gehört

Aufgabe 1

Die Illustration der Sprachbuchseite zeigt fünf Kinder aus verschiedenen Ländern, die alle in ihrer Landessprache „Hallo“ bzw. „Guten Tag“ sagen. Die Schülerinnen und Schüler sollen gemeinsam mündlich klären, welches Kind aus welchem Land kommt. Kinder, die selbst aus entsprechenden Ländern kommen, sind an dieser Stelle natürlich Experten und helfen bei der Zuordnung. Ansonsten sind auch die Landesfahnen, die auf den T-Shirts der Kinder zu sehen sind, eine Hilfe bei der Entscheidung, wer aus welchem europäischen Land kommt. Die Sprechblasentexte sollten auch vorgelesen werden, um den Klang erfahrbar zu machen. Wer noch etwas in den vorgestellten Sprachen sagen kann, sollte es an dieser Stelle in den Unterricht einbringen.

Aufgabe 2

Die Aufgabe kann gemeinsam mit der gesamten Lerngruppe bearbeitet werden.

D Tabelle mit den verschiedenen Ländern anlegen und weitere Dinge ergänzen (z.B. Gebäude, Prominente, Speisen, Feste etc.), die für das jeweilige Land typisch sind.

Aufgabe 3

Die Frage, was zu Deutschland gehört, wird jeder anders beantworten. Es bietet sich an, jedes Kind vor der Diskussion auf einem Zettel Stichpunkte zusammentragen zu lassen. Danach sollte hinreichend Zeit für den mündlichen Austausch zur Verfügung stehen.

► ***Jo-Jo Lesebuch, S. 129***

Weitere Anregungen

- *eine Europa-Ausstellung vorbereiten: Die Kinder bringen Dinge aus Europa mit und gestalten eine Ausstellung. Hierzu gehören beispielsweise Münzen (eventuell auch Münzen europäischer Länder, bevor es den Euro gab), Postkarten, Briefmarken und Fotos berühmter Bauwerke (aus Reiseprospekten). Zu den Gegenständen können das Herkunftsland, die Flagge oder einige Wörter der Sprache geschrieben werden. Ergänzt werden kann das Projekt auch durch das Zubereiten kleiner Gerichte aus verschiedenen europäischen Ländern.*
- *Lied: Lieder, die wie Brücken sind (leicht und dennoch hymnisch)*

(aus: Zuckowski, Rolf: Freunde wie wir. Musik für dich, Polydor, Hamburg 1995.)

Seite 57

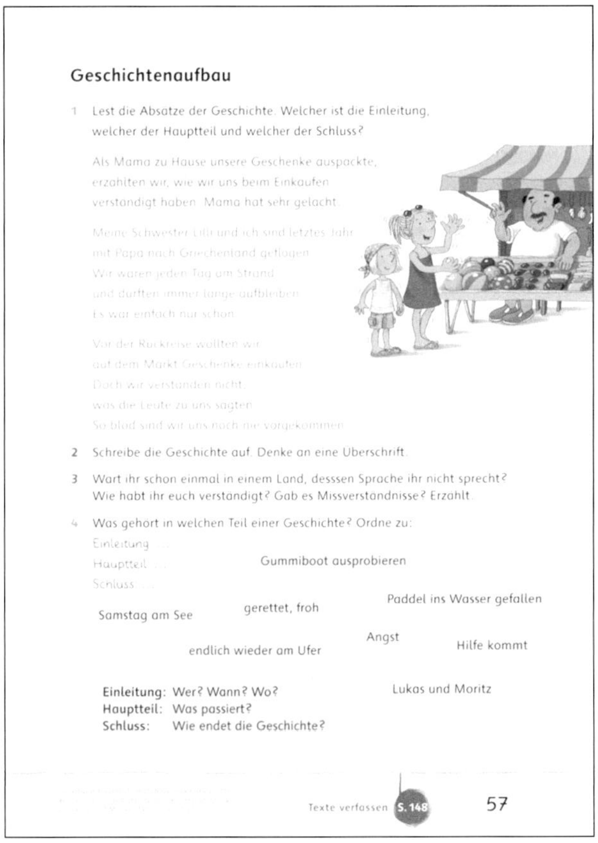

Geschichtenaufbau

1 Lest die Absätze der Geschichte. Welcher ist die Einleitung, welcher der Hauptteil und welcher der Schluss?

Als Mama zu Hause unsere Geschenke auspackte, erzählten wir, wie wir uns beim Einkaufen verständigt haben. Mama hat sehr gelacht.

Meine Schwester Lilli und ich sind letztes Jahr mit Papa nach Griechenland geflogen. Wir waren jeden Tag am Strand und durften immer lange aufbleiben. Es war einfach nur schön.

Vor der Rückreise wollten wir auf dem Markt Geschenke einkaufen. Doch wir verstanden nicht, was die Leute zu uns sagten. So blöd sind wir uns noch nie vorgekommen.

2 Schreibe die Geschichte auf. Denke an eine Überschrift.

3 Wart ihr schon einmal in einem Land, desssen Sprache ihr nicht sprecht? Wie habt ihr euch verständigt? Gab es Missverständnisse? Erzählt.

4 Was gehört in welchen Teil einer Geschichte? Ordne zu:
Einleitung: ...
Hauptteil: ...
Schluss: ...

Gummiboot ausprobieren
Paddel ins Wasser gefallen
Samstag am See
gerettet, froh
Angst
endlich wieder am Ufer
Hilfe kommt
Lukas und Moritz

Einleitung: Wer? Wann? Wo?
Hauptteil: Was passiert?
Schluss: Wie endet die Geschichte?

Texte verfassen S. 148 57

Die Sprachbuchseite unter der Überschrift „Geschichtenaufbau“ macht den Kindern mit den Elementen *Einleitung*, *Hauptteil* und *Schluss* strukturelle Merkmale von Geschichten bewusst und stellt Planungs- bzw. Strukturierungshilfen zur Verfügung, die für das Entwickeln eigener stimmiger Geschichten eine wichtige Rolle spielen. Darüber hinaus wird die Gelegenheit geboten, über das Thema „Verständigungsprobleme in einem fremden Land“ ins Gespräch zu kommen.

Aufgabe 1

Die Kinder lesen still für sich die drei Textabschnitte. Anschließend verständigen sie sich darauf, welcher Teil die Einleitung, welcher der Hauptteil und welcher der Schluss ist. Danach kann der Text in der richtigen Folge laut vorgelesen werden, um gemeinsam zu prüfen, ob er stimmig ist.

Aufgabe 2

Die Kinder schreiben die gesamte Geschichte auf und ergänzen eine passende Überschrift. Dabei sollten sie darauf achten, die Teile der Geschichte zu trennen, farbig zu markieren und mit den Bezeichnungen *Einleitung*, *Hauptteil* und *Schluss* zu versehen. Eventuell kann der Text auch – wie im Sprachbuch – mit drei verschiedenen Farben aufgeschrieben werden. Dies ist auch eine sinnvolle Hausaufgabe.

D Leistungsstärkere Kinder können eine Variante des Textes aufschreiben, in die sie wörtliche Rede einfügen, um den Text noch lebendiger klingen zu lassen.

Aufgabe 3

Die Sprache ist oft die Quelle vieler Missverständnisse – diese Erfahrung haben die Kinder sicherlich bereits selbst in einem fremden Land machen können. Die Aufgabe regt dazu an, sich über Verständigungsprobleme auszutauschen. Wie kann man sich verständigen, wenn man eine Sprache gar nicht versteht? Welche Gesten werden auch ohne Worte verstanden? So manches Erlebnis regt sicher zum Schmunzeln an und kann genutzt werden, um im Anschluss an das Erzählen eine kleine Geschichte dazu zu schreiben. Auf die Struktur (Einleitung, Hauptteil, Schluss) sollte dabei geachtet werden.

Aufgabe 4

Die Kinder finden verschiedene Stichwörter zu einer Geschichte vor, die nach den Aspekten Einleitung, Hauptteil und Schluss geordnet werden sollen. Dabei ist der gelb unterlegte Kasten hilfreich, der erläutert, welche Aspekte in die einzelnen Teile gehören. Die Aufgabe kann gemeinsam an der Tafel oder von stärkeren Kindern selbstständig gelöst werden.

Einleitung:	Wer? Lukas und Moritz
	Wann? Wo? Samstag am See
Hauptteil:	Was passiert?
	Gummiboot ausprobieren
	Paddel ins Wasser gefallen
	Angst
	Hilfe kommt
Schluss:	endlich wieder am Ufer
	gerettet, froh

Beim Hauptteil ist es zudem wichtig, die Stichwörter in eine logische Reihenfolge zu bringen.

D zu den Stichwörtern eine Geschichte verfassen

▶ ***Jo-Jo Sprachbuch, Kurs Texte verfassen, S. 148***

▶ ***Jo-Jo Arbeitsheft, S. 66***

▶ ***Jo-Jo Kopiervorlagen, Nr. 32***

Weitere Anregungen

- *europäische Länder auf einer Karte suchen und die jeweilige Hauptstadt sowie ggf. weitere Fakten ermitteln; Land und gefundene Informationen in eine Tabelle schreiben (Spalten z. B.: Land, Hauptstadt, Sprache, Flüsse, Berge)*

Seite 58

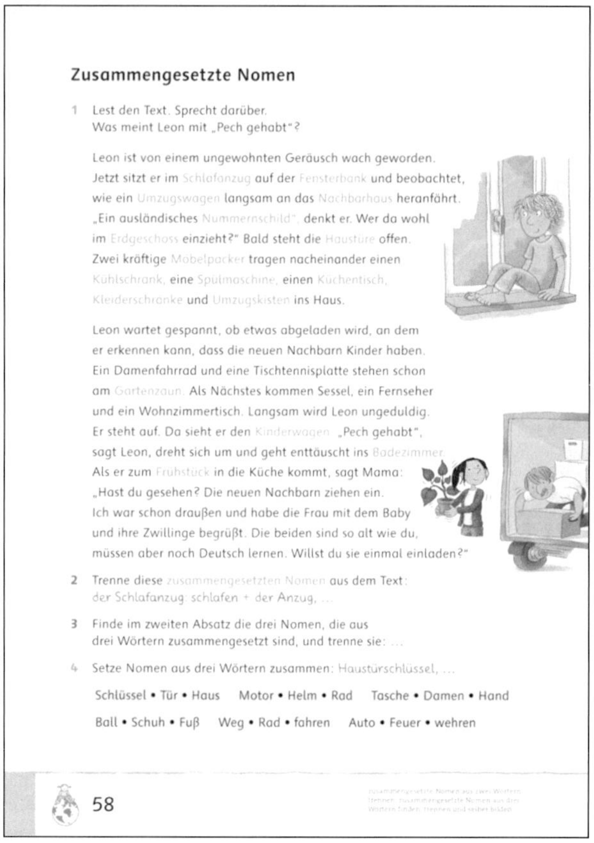

Zusammengesetzte Nomen

1 Lest den Text. Sprecht darüber.
Was meint Leon mit „Pech gehabt"?

Leon ist von einem ungewohnten Geräusch wach geworden. Jetzt sitzt er im Schlafanzug auf der Fensterbank und beobachtet, wie ein Umzugswagen langsam an das Nachbarhaus heranfährt. „Ein ausländisches Nummernschild", denkt er. Wer da wohl im Erdgeschoss einzieht?" Bald steht die Haustüre offen. Zwei kräftige Möbelpacker tragen nacheinander einen Kühlschrank, eine Spülmaschine, einen Küchentisch, Kleiderschränke und Umzugskisten ins Haus.

Leon wartet gespannt, ob etwas abgeladen wird, an dem er erkennen kann, dass die neuen Nachbarn Kinder haben. Ein Damenfahrrad und eine Tischtennisplatte stehen schon am Gartenzaun. Als Nächstes kommen Sessel, ein Fernseher und ein Wohnzimmertisch. Langsam wird Leon ungeduldig. Er steht auf. Da sieht er den Kinderwagen. „Pech gehabt", sagt Leon, dreht sich um und geht enttäuscht ins Badezimmer. Als er zum Frühstück in die Küche kommt, sagt Mama: „Hast du gesehen? Die neuen Nachbarn ziehen ein. Ich war schon draußen und habe die Frau mit dem Baby und ihre Zwillinge begrüßt. Die beiden sind so alt wie du, müssen aber noch Deutsch lernen. Willst du sie einmal einladen?"

2 Trenne diese zusammengesetzten Nomen aus dem Text:
der Schlafanzug: schlafen + der Anzug, ...

3 Finde im zweiten Absatz die drei Nomen, die aus drei Wörtern zusammengesetzt sind, und trenne sie: ...

4 Setze Nomen aus drei Wörtern zusammen: Haustürschlüssel, ...

Schlüssel • Tür • Haus   Motor • Helm • Rad   Tasche • Damen • Hand

Ball • Schuh • Fuß   Weg • Rad • fahren   Auto • Feuer • wehren

58

Gegenstand dieser Sprachbuchseite sind Komposita, zusammengesetzte Nomen, deren Wortbildung den Kindern verdeutlicht wird. Betrachtet man ein Kompositum aus morphologischer Sicht, so versteht man darunter ein Gefüge, dessen Komponenten auch als freie Morpheme (sinntragende Einheiten) vorkommen können. Durch die Zusammenfügung werden zwei oder mehr selbstständige Wörter oder Wortstämme zu einer neuen Einheit verbunden. Wir müssten diese Zusammensetzungen durch längere syntaktische Fügungen wiedergeben, wenn wir sie inhaltlich fassen wollten, z. B.: *Schreibgerät – ein Gerät, mit dem man schreiben kann; Schlafanzug – ein Anzug, in dem man schlafen kann.* Im Deutschen kann man wie kaum in einer anderen Sprache Nomen, Verben und Adjektive zusammensetzen, mit Präpositionen, Vor- und Nachsilben zu Komposita verbinden und immer wieder Neues dadurch ausdrücken, wodurch langwierige Umschreibungen vermieden werden. Für Kinder bietet die Arbeit mit Komposita die Möglichkeit, das Wissen um die Wortbildung und den individuellen Wortschatz zu erweitern.

Vor der Arbeit mit der Sprachbuchseite kann das Malen und Lösen von Bilderrätseln Spaß machen. Gemalt werden jeweils zwei Bilder, die zusammen einen neuen Begriff ergeben. Geeignet und relativ leicht zu zeichnen sind z. B.: *Haustür, Fußball, Fensterbank, Pfannekuchen, Zaunkönig, Baumhaus, Apfelbaum, Zitroneneis, Eisbein, Tischbein* etc. Die entsprechenden Wörter werden dann neben die Bilder geschrieben. Dieser Einstieg über kleine Bilderrätsel ist besonders motivierend und macht Zusammensetzungen aus Nomen plus Nomen zum Einstieg bewusst.

Aufgabe 1

Die erste Aufgabe zielt auf das Textverständnis. Die Kinder lesen den Text ggf. mehrfach still für sich und geben mit eigenen Worten wieder, was im Text erzählt wird. Dann wird die Frage beantwortet, was Leon mit „Pech gehabt" wohl meint. (Er ist enttäuscht, dass die neuen Nachbarn ein ziemlich kleines Kind haben, wie er am Kinderwagen erkennt.)

Aufgabe 2

Die farbig gedruckten Komposita des Textes werden nun in ihre Bestandteile zerlegt. Dabei sollte den Kindern bewusst werden, dass es hier Zusammensetzungen aus Nomen und Nomen, Verb und Nomen sowie Adjektiv und Nomen gibt. Schwächeren Kindern kann die Wortstruktur deutlicher werden, wenn sie Silbenbögen unter die Wörter setzen. Beim Herausschreiben der Komposita ist auch jeweils der korrekte bestimmte Artikel zu ergänzen. Die Lösung der Aufgabe sollte gemeinsam überprüft werden.

Aufgabe 3

Die Kinder ermitteln im zweiten Textblock zwei Nomen, die aus drei Wörtern zusammengesetzt sind: *Tischtennisplatte* und *Wohnzimmertisch.*

Aufgabe 4

Anknüpfend an die Aufgabe 3 geht es auch hier um Nomen, die aus drei Wörtern gebildet werden. Die drei Wörter sind jeweils vorgegeben und müssen von den Kindern richtig zusammengefügt werden.

D Leistungsstärkere Kinder finden eigene Komposita, die aus drei Wörtern gebildet werden.

Weitere Anregungen

- *in Partner- oder Gruppenarbeit Zusammensetzungen aus Verb + Nomen erfinden und als Leporello aufschreiben (z. B. Rolltreppe, Drehtür, Stehtisch etc.)*
- *gefundene Komposita in eigenen Sätzen verwenden*
- *in Texten zusammengesetzte Wörter unterstreichen, Wörter herausschreiben und notieren, aus welchen Wortarten die Wörter jeweils zusammengefügt sind*

Seite 59

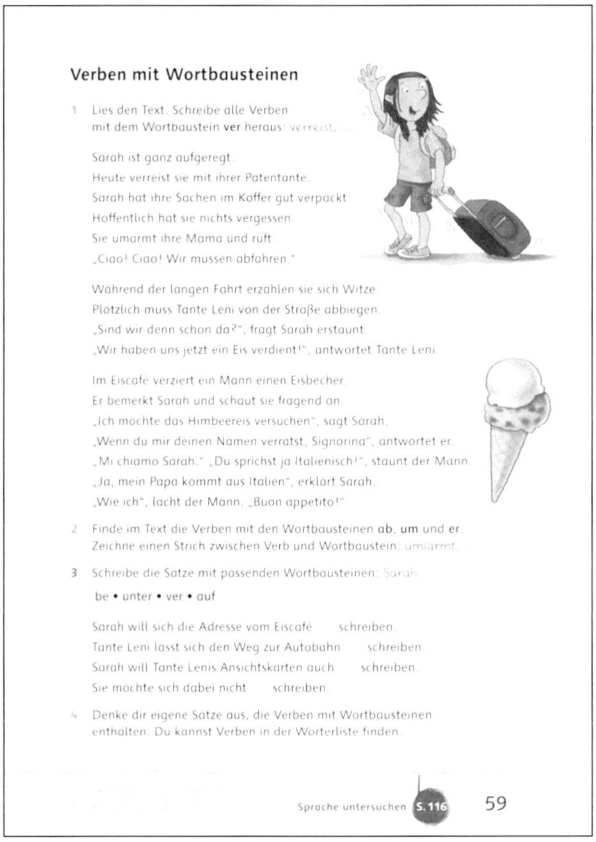

Verben mit Wortbausteinen

1 Lies den Text. Schreibe alle Verben mit dem Wortbaustein **ver** heraus: verreist, …

Sarah ist ganz aufgeregt.
Heute verreist sie mit ihrer Patentante.
Sarah hat ihre Sachen im Koffer gut verpackt.
Hoffentlich hat sie nichts vergessen.
Sie umarmt ihre Mama und ruft:
„Ciao! Ciao! Wir müssen abfahren."

Während der langen Fahrt erzählen sie sich Witze.
Plötzlich muss Tante Leni von der Straße abbiegen.
„Sind wir denn schon da?", fragt Sarah erstaunt.
„Wir haben uns jetzt ein Eis verdient!", antwortet Tante Leni.

Im Eiscafé verziert ein Mann einen Eisbecher.
Er bemerkt Sarah und schaut sie fragend an.
„Ich möchte das Himbeereis versuchen", sagt Sarah.
„Wenn du mir deinen Namen verrätst, Signorina", antwortet er.
„Mi chiamo Sarah." „Du sprichst ja Italienisch!", staunt der Mann.
„Ja, mein Papa kommt aus Italien", erklärt Sarah.
„Wie ich", lacht der Mann. „Buon appetito!"

2 Finde im Text die Verben mit den Wortbausteinen **ab**, **um** und **er**. Zeichne einen Strich zwischen Verb und Wortbaustein: um|armt, …

3 Schreibe die Sätze mit passenden Wortbausteinen: Sarah …

be • unter • ver • auf

Sarah will sich die Adresse vom Eiscafé ___ schreiben.
Tante Leni lässt sich den Weg zur Autobahn ___ schreiben.
Sarah will Tante Lenis Ansichtskarten auch ___ schreiben.
Sie möchte sich dabei nicht ___ schreiben.

4 Denke dir eigene Sätze aus, die Verben mit Wortbausteinen enthalten. Du kannst Verben in der Wörterliste finden.

Sprache untersuchen S. 116 59

In der deutschen Sprache gibt es die Möglichkeit, Verben durch Präfixe zu verändern. Diese geben dem Verb oft eine völlig neue Bedeutung und gehen als neue Vokabel in den Wortschatz ein. Beispiele: *suchen – besuchen, laufen – verlaufen, brechen – einbrechen* etc. Es gibt Zusammensetzungen, bei denen sich das Präfix im Satz vom Verb trennt, und andere, bei denen es sich nicht vom Wort trennt. Die Regel lautet: Nur wenn das Präfix betont wird, ist es trennbar. Untrennbar sind beispielsweise folgende Verben: *verlieren, behalten, empfehlen, hintergehen* etc. Trennbar sind beispielsweise die Verben *mitkommen, nachmachen, aufstehen, abfahren, zugucken, zurückgehen. (Ich behalte den alten Mantel. Ich fahre bald ab.)*

Aufgabe 1

Wörter mit *ver* werden oft mit *f* geschrieben, wenn noch nicht genügend Rechtschreibwissen vorhanden ist. Da man die richtige Schreibweise weder hören noch ableiten kann, zählen diese Wörter zu den Merkwörtern.
Die Kinder lesen den erzählenden Text und schreiben alle Verben mit dem Wortbaustein *ver* heraus. Anschließend kann das Ergebnis der Aufgabe mit einem Partner verglichen werden.

D Leistungsstärkere Kinder finden weitere Wörter mit dem Wortbaustein *ver*, ggf. auch mithilfe eines Wörterbuchs.

Aufgabe 2

Im Text werden weitere Zusammensetzungen mit den Wortbausteinen *ab, um* und *er* gesucht und aufgeschrieben. Die Schreibweise mit dem Trennstrich nach dem Präfix macht den Aufbau der Wörter nochmals bewusst.

D Schwächere Kinder profitieren davon, mit Wortteilen handlungsorientiert umgehen zu können. Daher ist es sinnvoll, verschiedene Vorsilben und Verben als Wortkärtchen vorzugeben und die Kinder probieren zu lassen, welche Zusammensetzungen sinnvoll sind. Mögliche Verben: *fahren, geben, schreiben, sprechen, gehen, suchen;* Präfixe: *aus, ein, be, an, ver, vor, ent, er.*

Aufgabe 3

Hier wird mit Verben und ihren passenden Wortbausteinen auf der Satzebene umgegangen. Die Kinder lesen den Lückentext und schreiben ihn ab, wobei sie die fehlenden Präfixe passend ergänzen.

Aufgabe 4

Das Verwenden der Verben mit Präfixen in eigenen Sätzen stellt sicher, dass die Bedeutung der Wörter geklärt ist. In der Wörterliste oder im Wörterbuch finden die Kinder weitere passende Wörter, mit denen sie arbeiten können.

▶ ***Jo-Jo Sprachbuch, Kurs Sprache untersuchen, S. 116***

▶ ***Jo-Jo Arbeitsheft, S. 34***

Weitere Anregungen

- *Wörter-Bingo spielen: Jedes Kind hat ein Blatt mit vier Linien nebeneinander und vier Linien untereinander. Auf die Linien schreibt jedes Kind in beliebiger Folge verschiedene Verben mit ver und vor (oder auch mit anderen Präfixen), die allen Kindern in einer Wörtersammlung zur Verfügung stehen (z. B. an der Tafel oder am Projektor). Ein Kind liest die Wörter aus der Wörtersammlung durcheinander vor. Wer zuerst vier Wörter in einer Reihe (waagerecht, senkrecht oder diagonal) hat, ruft „Bingo" und hat gewonnen. Folgende Wörter können verwendet werden: verlaufen, vorgeben, verstehen, vorlassen, vergehen, vortragen, verraten, vorsetzen, vergessen, vormachen, verneigen, vorstehen, verlieren, vorkommen, vortreten, vorsingen, vergeben, vorfahren, vertragen, vorlesen, verhauen, vorstellen.*

Seite 60

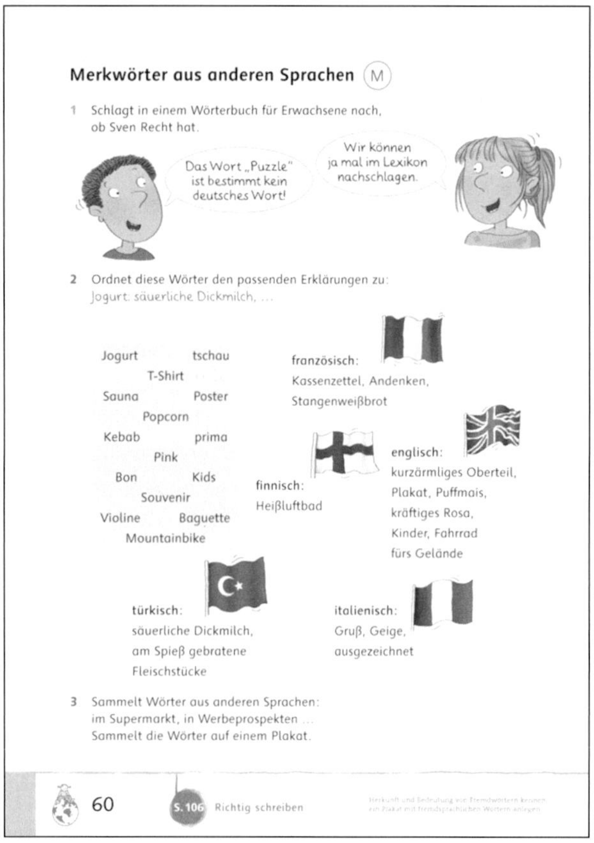
Merkwörter aus anderen Sprachen (M)

1 Schlagt in einem Wörterbuch für Erwachsene nach, ob Sven Recht hat.

2 Ordnet diese Wörter den passenden Erklärungen zu:
Jogurt: säuerliche Dickmilch, …

Jogurt, tschau, T-Shirt, Sauna, Poster, Popcorn, Kebab, prima, Pink, Bon, Kids, Souvenir, Violine, Baguette, Mountainbike

französisch: Kassenzettel, Andenken, Stangenweißbrot

finnisch: Heißluftbad

englisch: kurzärmliges Oberteil, Plakat, Puffmais, kräftiges Rosa, Kinder, Fahrrad fürs Gelände

türkisch: säuerliche Dickmilch, am Spieß gebratene Fleischstücke

italienisch: Gruß, Geige, ausgezeichnet

3 Sammelt Wörter aus anderen Sprachen: im Supermarkt, in Werbeprospekten … Sammelt die Wörter auf einem Plakat.

60 S. 106 Richtig schreiben

Wörter, die aus anderen Sprachen den Weg in die deutsche Sprache gefunden haben, lassen sich nicht mithilfe unserer Rechtschreibstrategien erfassen. Sie müssen daher als Merkwörter geübt werden.

Aufgabe 1
Die Kinder können das Wort *Puzzle* in einem Lexikon nachschlagen oder auch in einem Herkunftswörterbuch. Das Wort *Puzzle* stammt aus der englischen Sprache und bedeutet „Verwirrung, Rätsel, Geduldspiel“. Es kommt seit dem 20. Jahrhundert auch im Deutschen vor.

Aufgabe 2
Die Kinder ordnen die ursprünglich fremdsprachigen Wörter den passenden Erklärungen zu, was gut in Partner- oder Gruppenarbeit möglich ist. Schwächere Gruppen können die Wörter und ihre Übersetzungen auch auf Wortkärtchen schreiben und dann zuordnen. Die Wortpaare können für ein Memory-Spiel genutzt werden.

Aufgabe 3
Es ist interessant und ergiebig, die Kinder fremdsprachige Wörter aus ihrer Umwelt sammeln zu lassen. Besonders englische Wörter sind sehr häufig. Die Untersuchung von Zeitungsbeilagen, Wurfsendungen oder Werbeplakaten von Supermärkten bringt überraschende Ergebnisse. Oft wissen die Kinder gar nicht, dass bestimmte Wörter englischen Ursprungs sind, z. B. *super, box, Set, Cornflakes, Jeans, okay, Shopping, T-Shirt, joggen, cool.*

KV 25 ***Andere Sprachen***
Die Kinder ordnen Bildern jeweils ein englisches und ein französisches Wort zu.

► ***Jo-Jo Sprachbuch, Kurs Richtig schreiben, S. 106***

► ***Jo-Jo Arbeitsheft, S. 24***

► ***Jo-Jo Kopiervorlagen, Nr. 11***

Seite 61

Aufgabe 1
Die vertrauten Übungsformen befähigen die Kinder, selbstständig Wörter und Texte zu üben. Die Lehrkraft erhält dadurch Freiraum für individuelle Zuwendung und Entlastungen im Hinblick auf Erklärungsbedarf. Schwächere Kinder können nach wie vor dazu ermuntert werden, beim Schreiben leise in Silben mitzusprechen

Aufgabe 2
In den ABC-Reihen sind folgende Übungswörter zu finden:
Lexikon, Spiel, lassen
zeigt, erklären, fahren
Fremdwort, schwierig
Die Kinder schreiben diese Übungswörter auf und müssen dabei auf die Groß- und Kleinschreibung achten. Die Kontrolle ist über die Wörterleiste möglich.

D Die Kinder können für einen Partner weitere ABC-Reihen entwickeln und Übungswörter darin verstecken.

Aufgabe 3
Es entstehen folgende Verben: *verschließen, anschließen, beschließen, ausschließen, entschließen, aufschließen* („Kuckucksei“: *zerschließen*).

Aufgabe 4
Das Verwenden der Verben aus Aufgabe 3 in Sätzen zeigt, ob die Kinder die Bedeutung der Wörter verstanden haben. Außerdem wird die Satzbildung trainiert.

KV 26 ***Schleichdiktat***

KV 27 ***Diktatvorbereitung***

Name: Datum: Klasse:

Andere Sprachen

1 Schreibe die Nomen passend in die Tabelle.

soleil school chien

maison ballon

sun

école house ami

friend ball

dog cat

chat

Deutsch	Englisch	Französisch
Sonne		
Ball		
Haus		
Schule		
Hund		
Katze		
Freund		

2 Schreibe einen Einkaufszettel.

butter tea pepper

ketchup ice-cream

crisps salt

cake bread apple

Name: Datum: Klasse:

Schleichdiktat

Fremdwörter im Lexikon

Malte hat in der Schule ein Lexikon
mit Fremdwörtern angelegt.
Sein Vater staunt über die vielen Wörter,
die er schon gesammelt hat. Toni sagt:
„Komm, wir machen ein Spiel!
Schließe die Augen und tippe auf ein Wort.
Ich lese das Wort vor
und du musst es dann erklären.
Du hast dafür eine Minute Zeit."
Nach dem Spiel meint Maltes Vater:
„Es gibt Wörter, die kenne ich zwar,
aber sie sind schwierig zu erklären.
Bei manchen Wörtern glaubt man kaum,
dass sie Fremdwörter sind.
So ein Lexikon ist schon eine tolle Sache!"

Name: Datum: Klasse:

Diktatvorbereitung

1 Schreibe die Verben in der Personalform mit **er** oder **sie** auf.

schließen	er schließt	nennen	
erklären		verraten	
vergessen		sammeln	

2 Sortiere die Wörter in die Tabelle ein.
Achte auf Groß- und Kleinschreibung. Benutze Artikel bei den Nomen.

FREMD ~~SPRACHE~~ NENNEN VERRATEN
DEUTSCH ERKLÄREN REISE SCHWIERIG VERGESSEN
MINUTE SAMMELN LEXIKON ZEIT

Nomen	Verb	Adjektiv
die Sprache		

3 Finde die Reimwortpaare und schreibe sie auf.

nennen Glück schließen Hemd fremd Stück kennen gießen

nennen –

3. Jo-Jo-Test

Lerninhalte

Lesen (mit Texten und Medien umgehen)	Arbeitsanweisungen lesen und verstehen, Texte genau lesen
Schreiben (Texte schreiben)	Textteile in der richtigen Reihenfolge zu einer Geschichte zusammenfügen und eine passende Überschrift finden
Schreiben (Richtig schreiben)	zusammengesetzte Nomen und Verben mit Wortbausteinen bilden, Wortfamilien erkennen und Wortstämme kennzeichnen, Fehlerwörter in einem Text ermitteln und berichtigen
Sprache und Sprachgebrauch untersuchen	zu Adjektiven Vergleichsstufen bilden

Seite 62

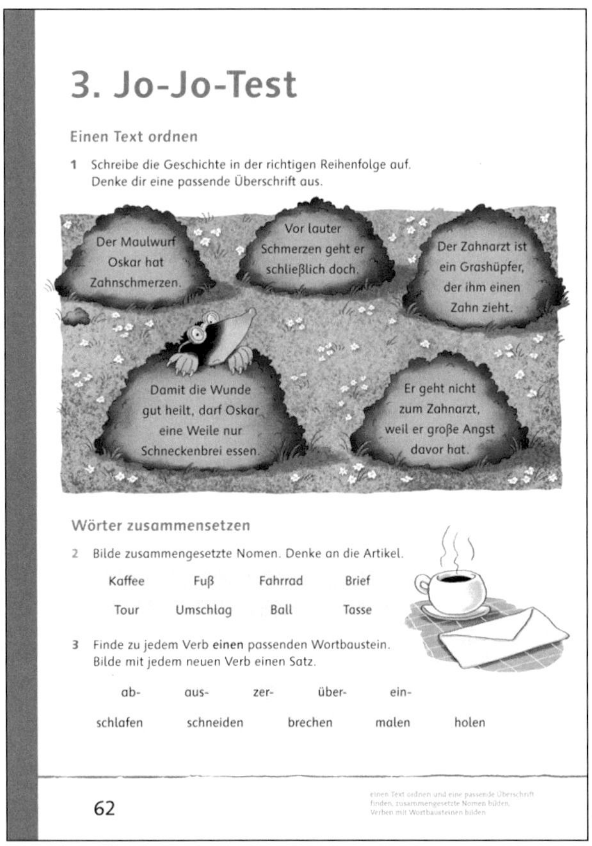
3. Jo-Jo-Test

Einen Text ordnen

1 Schreibe die Geschichte in der richtigen Reihenfolge auf.
Denke dir eine passende Überschrift aus.

Wörter zusammensetzen

2 Bilde zusammengesetzte Nomen. Denke an die Artikel.

Kaffee Fuß Fahrrad Brief

Tour Umschlag Ball Tasse

3 Finde zu jedem Verb **einen** passenden Wortbaustein.
Bilde mit jedem neuen Verb einen Satz.

ab- aus- zer- über- ein-

schlafen schneiden brechen malen holen

62

Aufgabe 1

Lösung:

Der Maulwurf Oskar hat Zahnschmerzen.
Er geht nicht zum Zahnarzt, weil er große Angst davor hat.
Vor lauter Schmerzen geht er schließlich doch.
Der Zahnarzt ist ein Grashüpfer, der ihm einen Zahn zieht.
Damit die Wunde gut heilt, darf Oskar eine Weile nur Schneckenbrei essen.

Zum Text finden die Kinder eine passende Überschrift.
Beispiele:
Der Maulwurf hat Zahnschmerzen
Oskar will nicht zum Zahnarzt
Der schmerzende Zahn

Aufgabe 2

Lösung:
die Kaffeetasse, der Briefumschlag, der Fußball, die Fahrradtour

Aufgabe 3

individuelle Lösung, z. B.:
ausschlafen, einschlafen
abschneiden, ausschneiden, zerschneiden, überschneiden, einschneiden
abbrechen, ausbrechen, zerbrechen, einbrechen
abmalen, ausmalen, übermalen
abholen, ausholen, überholen, einholen

Mit den Verben werden anschließend individuelle Sätze gebildet.

Seite 63

Wortfamilien

4 In jeder Reihe gehört ein Wort nicht zur Wortfamilie.
Schreibe die Reihen ohne das Kuckucksei ab.
Unterstreiche in jedem Wort den Wortstamm.

fahren Farben Hinfahrt verfahren

Schlafwagen Schlagzeug schlafen schläfrig

Turnstange Turner Turmuhr vorturnen

Gelächter auslachen mitmachen lächeln

Vergleichsstufen bilden

5 Schreibe die Adjektive mit ihren Vergleichsstufen auf.

warm schwer bunt lustig

lang groß schön

6 Schreibe mit einem Adjektiv aus Aufgabe 5 drei Sätze.
Benutze das Adjektiv in der Grundstufe,
in der 1. und in der 2. Vergleichsstufe.

Fehler finden

7 Hier haben sich sieben Fehler eingeschlichen.
Schreibe den Text richtig ab.

Der Früling ist für Petra
die schönste Jahreszeid.
Es wird wieder langsam wermer
und die Natur erwacht.
Besonders gern mak sie es,
wenn die ersten vögel
in den Gorten kommen.
Petra beobachtet sie dan ganz genau.

Wortfamilien erkennen,
Vergleichsstufen bilden,
Fehlerwörter finden und berichtigen

63

Aufgabe 4

Lösung:

fahren, Hinfahrt, verfahren
Schlafwagen, schlafen, schläfrig
Turnstange, Turner, vorturnen
Gelächter, auslachen, lächeln

Aufgabe 5

Lösung:

warm – wärmer – am wärmsten
schwer – schwerer – am schwersten
bunt – bunter – am buntesten
lustig – lustiger – am lustigsten
lang – länger – am längsten
groß – größer – am größten
schön – schöner – am schönsten

Aufgabe 6

individuelle Lösung

Aufgabe 7

Lösung:

Der Frühling ist für Petra
die schönste Jahreszeit.
Es wird langsam wärmer
und die Natur erwacht.
Besonders gern mag sie es,
wenn die ersten Vögel
in den Garten kommen.
Petra beobachtet sie dann ganz genau.

Zeiten und Räume

Verbundübersicht

Jo-Jo Sprachbuch, Themenkapitel
Seite 64–69

Jo-Jo Sprachbuch, Kursteil
Seite 102, 114, 152

Jo-Jo Arbeitsheft
Seite 20, 32, 70

Jo-Jo Sprachförderheft
Seite 64–69

Jo-Jo Kopiervorlagen
Nr. 9, 15, 34

Jo-Jo Lesebuch
Seite 141–149

Lerninhalte

Sprechen und Zuhören	aus dem eigenen Leben erzählen; zu Fotos oder Bildern von Lebensstationen erzählen; Erzählungen aus dem eigenen Leben vorbereiten (64)
Lesen (mit Texten und Medien umgehen)	Arbeitsanweisungen lesen und verstehen (64–69); Sach- und Gebrauchstexte kennen: Spielanleitung (66)
Schreiben (Texte schreiben)	einen Text überarbeiten: Satzanfänge, Satzgliedstellung; Text über das eigene Leben schreiben; unterschiedliche Textentwürfe besprechen (65) **Texte verfassen** SB (152), AH (70)
Schreiben (Richtig schreiben)	Wörter mit ih als Merkwörter einprägen; Nomen durch Pronomen mit ih ersetzen (68) **Richtig schreiben** SB (102), AH (20)
Sprache und Sprachgebrauch untersuchen	mithilfe von Text und Bild ein Spiel von früher erklären; Zeitformen des Verbs kennen lernen; Spielregeln aufschreiben (66); Silbentrennung als Mittel der Zeilenausnutzung kennen lernen; Wörter nach Silben getrennt und Text mit Silbentrennung am Zeilenende aufschreiben (67) **Sprache untersuchen** SB (114), AH (32)

Vorüberlegungen

Ausgangspunkt des Kapitels „Zeiten und Räume“ im 3. Schuljahr ist die eigene Lebensgeschichte. Die Kinder erzählen und sprechen darüber, was sie in ihrem bisherigen Leben schon erlebt haben und welche Ereignisse für sie bedeutsam waren. Damit beschäftigen sie sich zunächst mit einem zurückliegenden Zeitraum von ungefähr acht Jahren. Dass Zeit vergeht, wird an Fotos oder am Umgang mit einer „Lebenskette“ deutlich. Gespräche mit den Eltern ergänzen die Erinnerungen. Für den Unterricht sollten die Kinder aufgefordert werden, Fotos oder andere besondere Gegenstände aus ihrer frühen Kinderzeit mitzubringen. Dem Betrachten dieser Dinge muss ausreichend Zeit eingeräumt werden. Möglich ist es auch, eine kleine Ausstellung im Klassenzimmer einzurichten.

Die Auseinandersetzung mit früheren Zeiten schließt sich an. Hierzu gehören Erinnerungen und Erfahrungen alter Menschen wie die der Großeltern, die noch im Erfahrungsbereich der Kinder leben. Dabei ist es wertvoll, die Kinder aufzufordern, sich direkt von ihren Großeltern über ihre Lebenszeit an sich oder speziell über bestimmte Zeiten und Themen (z. B. Spiele, Schule) erzählen zu lassen. Möglich ist es auch, Großeltern in die Klasse einzuladen und sie gemeinsam zu früheren Zeiten zu befragen. Vielleicht können sie ergänzend Dinge mitbringen, die den Kindern eine Vorstellung von der damaligen Zeit erleichtern, beispielsweise Klassenfotos, ein altes Schulheft oder einen alten Gebrauchsgegenstand. Für einen Blick auf noch länger zurückliegende Zeiten ist der Besuch eines Museums (z. B. eines Schulmuseums) sehr zu empfehlen.

Ideen für fächerübergreifendes Arbeiten

Sachunterricht
- Schule in früheren Zeiten, alte Kinderspiele

Mathematik
- Zeitleisten

Kunst/Musik
- Klangräume in alter und neuer Musik
- ein Fotoalbum anlegen und gestalten
- „Lebensketten“ auffädeln und beschriften (s. Sprachbuchseite 65)

Zum Einsatz der Kapitelseiten

Seite 64

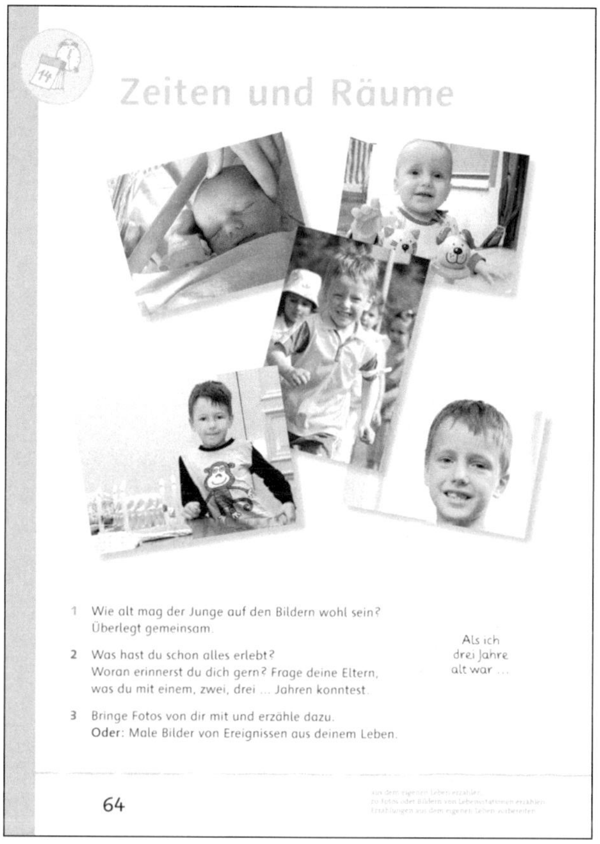
Zeiten und Räume

1 Wie alt mag der Junge auf den Bildern wohl sein? Überlegt gemeinsam.

2 Was hast du schon alles erlebt? Woran erinnerst du dich gern? Frage deine Eltern, was du mit einem, zwei, drei ... Jahren konntest.

3 Bringe Fotos von dir mit und erzähle dazu. **Oder**: Male Bilder von Ereignissen aus deinem Leben.

Als ich drei Jahre alt war ...

64

aus dem eigenen Leben erzählen
zu Fotos oder Bildern von Lebensstationen erzählen
Erzählungen aus dem eigenen Leben vorbereiten

Die Sprachbuchseite, die Stationen eines Kinderlebens anhand von Fotos beschreibt, wird die Schülerinnen und Schüler leicht motivieren, von ihrer Vergangenheit zu erzählen und selbst Fotos aus der frühen Kindheit mit in die Schule zu bringen.

Aufgabe 1

Die Kinder sprechen gemeinsam über die Fotos und überlegen, wie alt der Junge auf den Bildern sein könnte. Sie sollten auch jeweils begründen, wie sie zu ihrer Einschätzung kommen. Signale, die auf das Alter deuten, sind z. B. die Kerzen auf dem Geburtstagskuchen oder die Zahnlücke bei den Schneidezähnen.

Aufgabe 2

Die Kinder haben hier die Gelegenheit, ausgiebig von Ereignissen in ihrer Vergangenheit zu erzählen. Sie sollten aber auch dazu ermuntert werden, ihre Eltern zu Ereignissen in ihrem bisherigen Leben zu interviewen. Dazu kann im Vorfeld ein Fragenkatalog erstellt werden:

- Um wie viel Uhr bin ich geboren?
- Wo wurde ich geboren?
- Wie groß und wie schwer war ich bei der Geburt?
- Ist an dem Tag, als ich geboren wurde, in der Welt etwas Wichtiges passiert?
- Wie war damals das Wetter?
- Wann begann ich zu laufen?
- Wann bin ich in den Kindergarten gekommen?
- Wann und wo habe ich Schwimmen gelernt?
- Wo habe ich meine ersten Ferien verbracht?
- Wie habe ich mich meiner Schwester/meinem Bruder gegenüber verhalten, als das Baby neu auf der Welt war?

Aufgabe 3

Die Kinder bringen Fotos von sich mit in die Klasse und erzählen dazu. Falls dies nicht gewünscht ist, können sie auch Bilder aus ihrem Leben malen und zur Verdeutlichung einige Stichwörter dazu aufschreiben. Die eigenen Fotos oder gemalten Bilder können dann auf eine Wandzeitung geklebt oder im Sitzkreis präsentiert werden.

Weitere Anregungen

- *Lied: Wir werden immer größer*

2. Wir werden immer größer,
das merkt jedes Schaf.
Wir werden immer größer,
sogar im Schlaf.
Ganz egal, ob's regnet,
donnert oder schneit:
Wir werden immer größer
und auch gescheit.

3. Wir werden immer größer,
darin sind wir stur.
Wir werden immer größer
in einer Tour.
Auch wenn man uns einsperrt
oder uns verdrischt,
wir werden immer größer –
da hilft alles nicht!

Text: Volker Ludwig, Musik: Birger Heymann (aus: Horn, Reinhard, u. a. [Hrsg.]: Klassenhits. 143 Lieder rund um die Schule. Kontakte Musikverlag, Lippstadt 2002.)

Seite 65

Texte überarbeiten

1 Lies den Text. Was fällt dir auf?

Ich hatte bei meiner Geburt viele Haare.
Dann gingen sie mir fast alle aus.
Ich hatte ein halbes Jahr eine Glatze.
Dann wuchsen die Haare heller nach.
Ich war zwei, als ich einen Bruder bekam.
Ich kam mit drei Jahren in den Kindergarten.
Ich ging schon im Kindergarten in den Fußballverein.
Dann bekam ich eine große Schultüte
zum ersten Schultag.
Und dann hieß meine Lehrerin Frau Weber.
Dann lernten wir in der dritten Klasse,
mit dem Computer umzugehen.

2 Schreibe den Text ab.
Ersetze dann durch andere Satzanfänge.
Stelle alle Sätze um, die mit ich anfangen.

Unterschiedliche Satzanfänge machen Texte interessanter:
Zuerst, da, plötzlich, als ...

Sätze kann man umstellen:
Ich hatte als Kind blonde Haare.
Als Kind hatte ich blonde Haare.

3 Suche dir ein Partnerkind.
Vergleicht Annikas Text
mit deinem veränderten Text.
Welcher klingt interessanter?

4 Schreibe einen Text über dich.
Oder: Schreibe Kärtchen mit Ereignissen
aus deinem Leben und bastle selbst eine Lebenskette.

einen Text überarbeiten, Satzanfänge, Satzgliedstellung, Text über das eigene Leben schreiben, unterschiedliche Textentwürfe besprechen

Texte verfassen S. 152 65

Das Überarbeiten von (eigenen und fremden) Texten bietet die Möglichkeit, schriftsprachliche Fähigkeiten der Kinder nachhaltig zu fördern. Zentral ist dabei jedoch die Isolierung der Schwierigkeiten bzw. die Präsentation von Texten mit einem spezifischen Überarbeitungsaspekt. Auf der Sprachbuchseite 65 geht es um den Aspekt, einen Text durch unterschiedliche Satzanfänge interessanter zu gestalten bzw. durch das Umstellen von Satzgliedern variabler zu formulieren. Den Kindern sollte bewusst werden, dass es wichtig ist, Texte ansprechend zu formulieren, wenn sie für andere schreiben, denn dies bedeutet letztendlich auch eine Wertschätzung des Lesers bzw. Zuhörers.

Aufgabe 1

Die Kinder lesen den Text – ggf. mehrfach – und überlegen, was ihnen auffällt. Die sich oft wiederholenden Satzanfänge werden ihnen sicherlich schnell ins Auge fallen. Wenn der Text am Overheadprojektor präsentiert wird, können die jeweils gleichen Satzanfänge mit zwei Farben markiert und somit visualisiert werden (*Ich …/ Dann … Und dann …*).

Aufgabe 2

Ein Text ist nicht allein dadurch bereits gelungen, dass verschiedene Satzanfänge verwendet wurden. Oftmals vermittelt erst die unterschiedliche Stellung der Satzglieder einen guten Texteindruck. Die Aufgabe, das Wort *dann* durch andere Satzanfänge zu ersetzen und alle Sätze umzustellen, die mit *Ich* beginnen, kann gemeinsam gelöst werden, bevor jedes Kind eine überarbeitete Version in sein Heft schreibt.

D Leistungsschwächere Kinder können die Satzglieder der „Ich-Sätze“ als Wortkärtchen erhalten, mit denen sie verschiedene Stellungen der Satzglieder versuchsweise legen können, bevor sie sich für eine Variante entscheiden.

Aufgabe 3

Die Aufgabe 3 regt die Kinder zur Sprachbetrachtung an. Sie sollen mit einem Partnerkind gemeinsam überlegen, welcher Text nun interessanter klingt – der Ausgangstext oder die Überarbeitung. Wenn die beiden Texte dazu auch vorgelesen werden, fällt die Entscheidung leicht.

Aufgabe 4

Leistungsstärkere Kinder können die gewonnenen Erkenntnisse in einem eigenen Text über sich anwenden oder sich alternativ mit einer „Lebenskette“ beschäftigen. Die Arbeit mit der „Lebenskette“ kommt aus der Montessori-Pädagogik. Eine „Lebenskette“ kann leicht aus Holzkugeln selbst aufgefädelt werden. Für Kinder der Grundschule ist die Darstellung von zehn Lebensjahren sinnvoll. Jeweils elf kleinere Kugeln (2 cm Durchmesser) und eine größere Kugel (3 cm Durchmesser) stellen ein Jahr dar. Die größere Kugel steht für den Geburtsmonat des Kindes. Statt die Kärtchen mit Ereignissen zu beschriften, können auch kleine Bilder gemalt und angelegt werden. „Lebensketten“ sind auch im Handel erhältlich. www.montessori-material.de

► ***Jo-Jo Sprachbuch, Kurs Texte verfassen, S. 152***

► ***Jo-Jo Arbeitsheft, S. 70***

► ***Jo-Jo Lesebuch, S. 142/143, 147***

► ***Jo-Jo Kopiervorlagen, Nr. 34***

Weitere Anregungen

- *„Satzanfangfächer“ basteln: verschiedene Satzanfänge auf etwas stabilere Wortkärtchen schreiben, links auf den Wortkärtchen Platz lassen für das Durchziehen einer Schnur oder das Befestigen einer Musterklammer. Mögliche Satzanfänge: Dann … , Darauf … , Danach … , Plötzlich … , Endlich … , Auf einmal … , Nach einer Weile … , Zum Glück …, Dort …, Daher … , Zum Schluss … etc.*

Seite 66

Gegenwart und Vergangenheit

1 Lest den Text. Malt die Hüpfkästchen an die Tafel.
Zeigt und erklärt, wie die Kinder früher Hüpfkästchen spielten.

Mit meinen Freundinnen spielte ich früher fast jeden Tag Hüpfkästchen. Zuerst malte ein Kind mit Kreide das Hüpffeld auf. Dann suchte jeder Spieler einen kleinen Stein. Der erste warf den Stein ins erste Feld und sprang darüber. Danach hüpfte er durch alle Felder. Dabei versuchte er, nicht auf die Striche zu treten. Als Nächstes warf der Spieler den Stein ins zweite Feld, sprang ins erste und dann über den Stein ins dritte Feld. Und so weiter. Wenn ein Kind die Linie berührte, kam das nächste an die Reihe. Das Kind, das zuerst alle Felder schaffte, gewann.

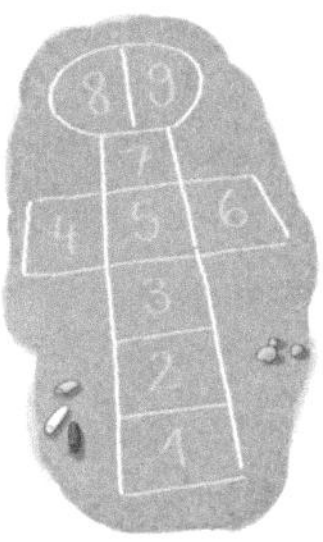

2 Finde im Text alle Verben, die sagen, was **früher** geschah.
Schreibe sie mit er, sie oder es in eine Tabelle:

früher	
ich spielte es ...	

3 Ergänze die Verbformen, die sagen, was **heute** geschieht:

früher	heute
ich spielte	ich spiele

Verben zeigen an, von welcher Zeit erzählt wird:
von der Gegenwart (heute) oder der Vergangenheit (früher).
Gegenwart: Wir spielen.
Vergangenheit: Wir spielten.

4 Schreibe auf, wie man Hüpfkästchen heute spielt.
Benutze die Verben in der Gegenwart:
Hüpfkästchen geht so: Zuerst malt ein Kind mit Kreide das Hüpffeld auf. Dann sucht sich jeder einen ...

66 S. 114 Sprache untersuchen

Die Sprachbuchseite 66 fokussiert die Präsens- und Präteritumform von Verben. Da die Kinder im mündlichen Sprachgebrauch meist das Perfekt verwenden, um Vergangenes mitzuteilen, sind viele im richtigen Gebrauch des Präteritums unsicher, daher sollte ausreichend Gelegenheit gegeben werden, Vergangenheitsformen zu üben. Die Kinder sollten auch erfahren, dass die Vergangenheitsform vor allem dann verwendet wird, wenn schriftlich in der Vergangenheit erzählt und berichtet wird, wie es hier auf der Seite der Fall ist

Präsens und Präteritum
Die in diesem Kapitel behandelten Zeitformen Präsens und Präteritum sind einfache Tempusformen.
Die Konjugation der Verben im Präteritum hängt von der Art der Verben (regelmäßig oder unregelmäßig) sowie der Art der Konjugation (stark oder schwach) ab. Bei der häufiger vorkommenden schwachen Konjugation bleibt der Wortstamm gleich, die Endung *-te* wird ergänzt.
Beispiele: *spielen – ich spielte, malen – ich malte, suchen – ich suchte.*
Bei starken Verben ändert sich im Präteritum der Stammvokal und einige Verben erhalten die Endung *-te* zusätzlich.
Beispiele: *gewinnen – ich gewann, rennen – ich rannte, springen – ich sprang.*

Aufgabe 1
Der Text kann zunächst in Einzelarbeit gelesen werden. Anhand des Bildes wird dann im Unterrichtsgespräch die Spielanleitung in eigenen Worten wiederholt, wobei die Zeichnung mit den Hüpfkästchen an die Tafel gemalt wird. Auf dem Schulhof können Paare oder Gruppen mit Kreide Spielpläne aufzeichnen und das Hüpfspiel spielen. Man kann den Spielplan auch mit Kreppklebestreifen im Klassenzimmer oder im Flur aufkleben.

Aufgabe 2
Wenn der Text projiziert wird, können die Verben im Präteritum unterstrichen bzw. markiert werden. Anschließend legt jedes Kind im Heft eine Tabelle an und notiert die Verbformen im Präteritum in der dritten Person Singular in der linken Spalte.

Aufgabe 3
Die Kinder ergänzen in ihrer Tabelle die Verbformen im Präsens in der rechten Spalte. Eventuell kann zu den Verben in einer gesonderten Spalte auch noch die Grundform notiert werden. Anschließend können die Merksätze im gelb unterlegten Kasten ins Heft geschrieben werden.

Aufgabe 4
Die Spielanleitung wird nun im Präsens aufgeschrieben. Die entsprechenden Verbformen sollten unterstrichen werden. Der Text kann vorgelesen werden.

KV 28 ***Zeitformen-Triomino***
Die Kinder ergänzen Verbformen und legen mit Dreiecken ein Triomino.

▶ ***Jo-Jo Sprachbuch, Kurs Sprache untersuchen, S. 114***

▶ ***Jo-Jo Arbeitsheft, S. 32***

▶ ***Jo-Jo Lesebuch, S. 140/141, 146***

▶ ***Jo-Jo Kopiervorlagen, Nr. 15***

Weitere Anregung
Verbformen würfeln: Zunächst werden dafür Kärtchen mit verschiedenen Verben in der Grundform hergestellt. Durch Würfeln wird eine Personalform festgelegt (eins = ich, zwei = du, drei = er/sie/es etc.), dann wird eines der verdeckt ausliegenden Kärtchen gezogen und die entsprechende Verbform gebildet. Das Spiel kann mündlich zu zweit gespielt werden. Es kann aber auch jedes Kind für sich Verbformen würfeln und dann aufschreiben.

Seite 67

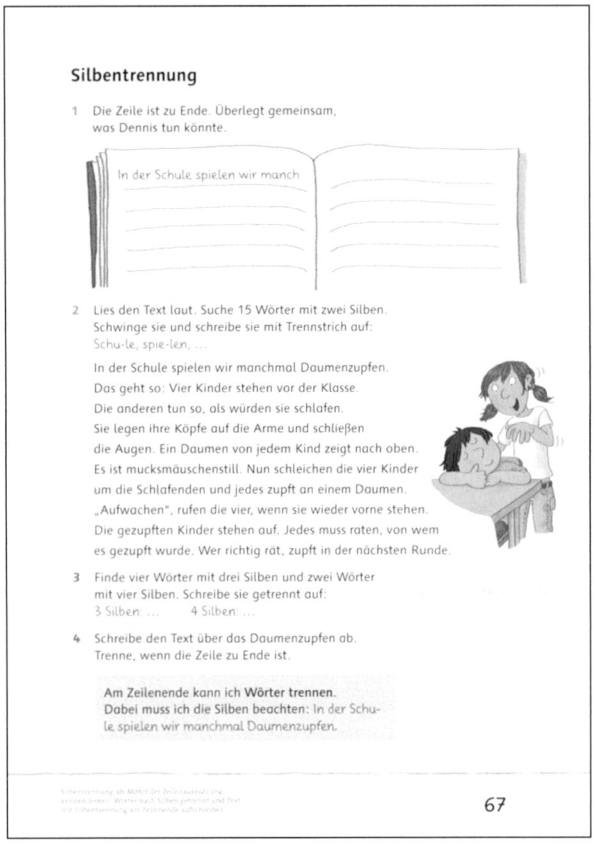

Silbentrennung

1 Die Zeile ist zu Ende. Überlegt gemeinsam, was Dennis tun könnte.

In der Schule spielen wir manch

2 Lies den Text laut. Suche 15 Wörter mit zwei Silben. Schwinge sie und schreibe sie mit Trennstrich auf:
Schu-le, spie-len, …

In der Schule spielen wir manchmal Daumenzupfen.
Das geht so: Vier Kinder stehen vor der Klasse.
Die anderen tun so, als würden sie schlafen.
Sie legen ihre Köpfe auf die Arme und schließen
die Augen. Ein Daumen von jedem Kind zeigt nach oben.
Es ist mucksmäuschenstill. Nun schleichen die vier Kinder
um die Schlafenden und jedes zupft an einem Daumen.
„Aufwachen", rufen die vier, wenn sie wieder vorne stehen.
Die gezupften Kinder stehen auf. Jedes muss raten, von wem
es gezupft wurde. Wer richtig rät, zupft in der nächsten Runde.

3 Finde vier Wörter mit drei Silben und zwei Wörter mit vier Silben. Schreibe sie getrennt auf:
3 Silben: … 4 Silben: …

4 Schreibe den Text über das Daumenzupfen ab. Trenne, wenn die Zeile zu Ende ist.

Am Zeilenende kann ich Wörter trennen. Dabei muss ich die Silben beachten: In der Schu-
le spielen wir manchmal Daumenzupfen.

Silbentrennung als Mittel der Zeilenausnutzung kennen lernen; Wörter nach Silben getrennt und Text mit Silbentrennung am Zeilenende aufschreiben

67

Das Silbenschwingen kennen die Kinder aus vielen Übungen und es ist ihnen als Hilfe zum Erkennen von Wortstrukturen vertraut. Im dritten Schuljahr wird die Arbeit mit Silben um weitere Aspekte und Arbeitstechniken ergänzt. Hier lernen die Kinder nun die Arbeit mit Silben auch unter formalen Gesichtspunkten kennen: Es geht um Silbentrennung als Mittel der Zeilenausnutzung. Den Kindern sollte klar werden, dass Sprechsilben und Schreibsilben nicht immer identisch sind.

Aufgabe 1

Gemeinsam wird überlegt, was Dennis tun könnte, wenn nicht mehr genügend Platz in der Schreibzeile ist. Dazu muss zunächst geklärt werden, welches Wort Dennis wohl schreiben will (*manchmal*). Die Kinder sollten mehrere Möglichkeiten finden, wie verfahren werden könnte, z. B.:

- Wort durchstreichen und in der folgenden Zeile nochmals schreiben,
- auf der rechten Seite weiterschreiben,
- den Rest des Wortes noch in die Zeile zwängen,
- Wort nach Silben trennen.

Vor- und Nachteile sollten besprochen werden.

Aufgabe 2

Jedes Kind sucht individuell fünfzehn Wörter aus dem Text heraus und schreibt sie mit Silbentrennstrich auf.

D gefundene Wörter alphabetisch ordnen und z. B. als Leporello aufschreiben

Aufgabe 3

Die vier Wörter aus dem Text mit drei Silben sind:
an-de-ren, Schla-fen-den, Auf-wa-chen, ge-zupf-ten;
Die beiden Wörter mit vier Silben sind:
Dau-men-zup-fen, mucks-mäus-chen-still.

Aufgabe 4

Die Kinder schreiben den Text über das „Daumenzupfen" ab und trennen jeweils dort, wo ein Wort nicht mehr in die Zeile passt. Nach der Selbstkontrolle kann ein Partnerkind nachschauen, ob alles richtig ist.

Weitere Anregungen

- *Es gibt eine Vielzahl von spielerischen Übungen zum Thema Silben, z. B.: Bälle silbenweise hin und her rollen, einen Ball beim Silbensprechen zuwerfen, mit Tüchern die Silben schwingen, im Kreis gemeinsam mit den Armen schwingen, Silben in verschiedenen Farben an die Tafel schreiben etc.*
- *Silben-Bingo: Wörter mit mindestens drei Silben werden in neun Felder (3 mal 3) eingetragen. Der Spielleiter nennt einzelne Silben aus diesen Wörtern. Wer zuerst in drei Feldern, die eine Reihe bilden, alle Silben der Wörter durchstreichen konnte, ruft „Bingo" und hat gewonnen.*
- *Angelspiel mit Silben: In einer Kiste befinden sich Silbenkärtchen mit kleinen Magneten, diese werden mit einer magnetischen Angel gefischt. Passende Kärtchen dürfen zusammengelegt werden. Im Spiel darf jeder direkt zwei Kärtchen angeln. Auch Übungswörter einsetzen!*
- *Silbenhüpfen: Ein Kind ist der „Reiseleiter" und zieht jeweils ein verdecktes Wortkärtchen aus einem Stapel. Dann fragt ein Kind nach dem anderen, wie viele Silben es reisen darf. Der Reiseleiter antwortet: „Bis zum Wort XX!" Das betreffende Kind hüpft nun bei gleichzeitigem Silbieren gemäß der Silbenanzahl vorwärts. Die Kinder kontrollieren sich bei diesem Spiel gegenseitig.*
- *Abzählreime bieten auch eine gute spielerische Möglichkeit, die Silben nochmals in den Vordergrund zu rücken. Mit der gesamten Lerngruppe können die Abzählreime durchgespielt werden, in Gruppen werden ggf. weitere erfunden.*
- *Wörter finden, bei denen Sprech- und Schreibsilben nicht identisch sind*

Seite 68

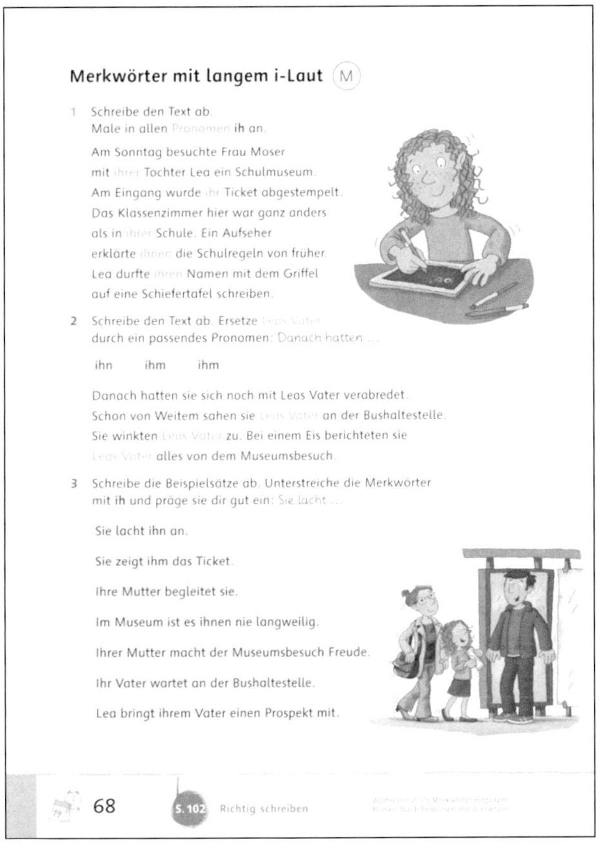

Merkwörter mit langem i-Laut (M)

1 Schreibe den Text ab.
Male in allen Pronomen ih an.

Am Sonntag besuchte Frau Moser
mit ihrer Tochter Lea ein Schulmuseum.
Am Eingang wurde ihr Ticket abgestempelt.
Das Klassenzimmer hier war ganz anders
als in ihrer Schule. Ein Aufseher
erklärte ihnen die Schulregeln von früher.
Lea durfte ihren Namen mit dem Griffel
auf eine Schiefertafel schreiben.

2 Schreibe den Text ab. Ersetze Leas Vater
durch ein passendes Pronomen: Danach hatten …

ihn ihm ihm

Danach hatten sie sich noch mit Leas Vater verabredet.
Schon von Weitem sahen sie Leas Vater an der Bushaltestelle.
Sie winkten Leas Vater zu. Bei einem Eis berichteten sie
Leas Vater alles von dem Museumsbesuch.

3 Schreibe die Beispielsätze ab. Unterstreiche die Merkwörter
mit ih und präge sie dir gut ein: Sie lacht …

Sie lacht ihn an.

Sie zeigt ihm das Ticket.

Ihre Mutter begleitet sie.

Im Museum ist es ihnen nie langweilig.

Ihrer Mutter macht der Museumsbesuch Freude.

Ihr Vater wartet an der Bushaltestelle.

Lea bringt ihrem Vater einen Prospekt mit.

68 S. 102 Richtig schreiben

Wörter mit langem i-Laut, die nicht mit *ie* geschrieben werden, gelten als Merkwörter und müssen von den Kindern als solche geübt werden. Auf dieser Seite werden im Zusammenhang mit dem Ersetzen von Nomen durch Pronomen die Wörter mit *ih* geübt (*ihm, ihn, ihrem* etc.). Es gibt zwar nur wenige Wörter mit *ih*, diese werden aber häufig von den Kindern verwendet und sind in der Unterscheidung zu *im* und *in* oft eine Schwierigkeit.

Aufgabe 1

Die Kinder schreiben den Text ab und malen die Pronomen mit *ih* an. Das Thema „Schulmuseum" kann vertieft werden. Vielleicht ist ja der Besuch eines Schulmuseums in der Nähe möglich.

Aufgabe 2

Hier müssen die Kinder selbst einige Nomen durch passende vorgegebene Pronomen ersetzen. Die Unterscheidung vom *ihm* und *ihn* ist für viele Kinder schwierig und sollte mit weiteren Sätzen mündlich und schriftlich geübt werden.

Aufgabe 3

In weiteren Beispielsätzen werden Merkwörter mit *ih* geübt. Leistungsstärkere Kinder schreiben eigene Sätze auf, die Wörter mit *ih* enthalten.

▶ ***Jo-Jo Sprachbuch, Kurs Richtig schreiben, S. 102***

▶ ***Jo-Jo Arbeitsheft, S. 20***

▶ ***Jo-Jo Kopiervorlagen, Nr. 9***

Seite 69

Aufgabe 1

So kann auch geübt werden:

- Übungswörter aus der Wortleiste nach dem Abc ordnen,
- sich die Übungswörter in Partnerarbeit gegenseitig mit dem Finger auf den Rücken schreiben; wer das Wort „erfühlt" hat, schreibt es ins Heft,
- mit den Übungswörtern Sätze bilden,
- die Übungswörter in Silben getrennt aufschreiben,
- zu möglichst vielen Übungswörtern verwandte Wörter finden und aufschreiben, Wortstamm danach farbig kennzeichnen.

Aufgabe 2

Zahlwörter werden von den Kindern oft falsch geschrieben, daher können sie an dieser Stelle nochmals in Form einer Abschreibübung trainiert werden.

D Leistungsstarken Kindern kann man verschiedene Zahlen vorgeben, die dann als Wörter geschrieben werden sollen (z. B. 22, 48, 113, 66, 992 etc.).

Aufgabe 3

Mindestens sieben zusammengesetzte Nomen sollen gefunden werden. Dabei müssen teilweise Buchstaben am Wortende entfallen bzw. muss ein Fugen-s ergänzt werden. Möglich sind folgende Wörter: *Geburtstag, Geburtsjahr, Schultag, Schulfest, Schuljahr, Schulfreund, Sporttag, Sportfest, Sportarzt, Sportsfreund, Zahnarzt, Kindergartentag, Kindergartenfest, Kindergartenjahr, Kindergartenfreund, Weihnachtstag, Weihnachtsfest, Weihnachtsurlaub, Sommertag, Sommerfest, Sommerurlaub.*

Aufgabe 4

Die vorgegebenen Wörter sind nur zum Teil lesbar und sollen von den Kindern richtig aufgeschrieben werden. Da es sich um Übungswörter handelt, ist ein Abgleich mit der Wortleiste oben auf der Seite hilfreich.

KV 29 ***Schleichdiktat***

KV 30 ***Diktatvorbereitung***

Name: Datum: Klasse:

Zeitformen-Triomino

❶ Ergänze für jedes Verb die passende Vergangenheitsform.

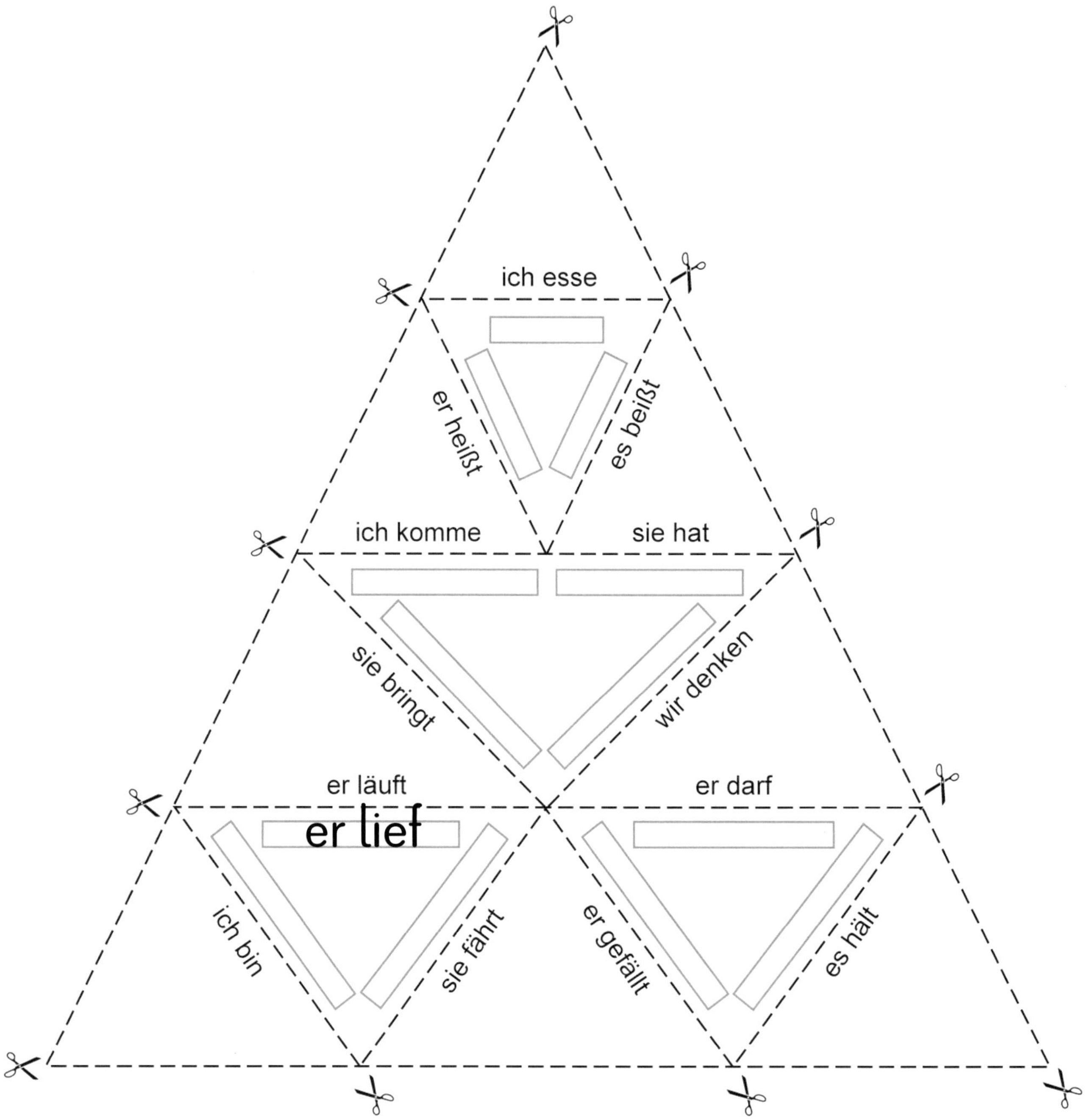

❷ Klebe das Arbeitsblatt auf dickeres Papier. Zerschneide das Triomino.
Lege die passenden Formen aneinander.

Name: Datum: Klasse:

Schleichdiktat

Wie die Zeit vergeht

Die Kinder haben Fotos mitgebracht
und einige Bilder gemalt.
Nun zeigen sie ihre Fotos und Bilder
und erzählen dazu kleine Geschichten.
Lea ist als Baby im Urlaub zu sehen.
Tim ist auf einem Foto vier Jahre alt
und spielt mit einem Freund in Dänemark.
Leo zeigt ein Foto von seinem ersten Schultag.
Da war er sechs Jahre alt.
Dann schreiben die Kinder
unterschiedliche Texte über ihr Leben.
Anna schreibt darüber, wie sie ihren
ersten Zahn verloren hat.

Name: Datum: Klasse:

Diktatvorbereitung

1 Welche Silben passen zusammen? Schreibe die Wörter auf.

Ket-	wich-	schaf-	~~Rei-~~	än-	Stel-	sieb-	Kar-
-le	-tig	-te	-dern	-te	~~-he~~	-fen	-te

Reihe,

2 Ordne die Wörter in den Spalten jeweils nach dem Abc.

Erlebnis	1 ändern		schaffen	1
ändern	2		leicht	2
letzte	3		Stelle	3
Kette	4		dick	4

3 Immer zwei Wörter gehören zu einer Wortfamilie. Kreise sie in der gleichen Farbe ein.

Erlebnis	berichten	sieben	ändern	siebter	Änderungen
erleben	Stelle	Bericht	Reihe	Stellung	Reihenfolge

4 Finde die versteckten Wörter und schreibe sie auf.

Sommer

Verbundübersicht

Jo-Jo Sprachbuch, Themenkapitel Seite 70–75	**Jo-Jo Sprachbuch, Kursteil** Seite 90, 122, 146	**Jo-Jo Arbeitsheft** Seite 8, 40, 64
Jo-Jo Sprachförderheft Seite 70–75	**Jo-Jo Kopiervorlagen** Nr. 3, 19, 31	**Jo-Jo Lesebuch** Seite 150–161

Lerninhalte

Sprechen und Zuhören	funktionsangemessen sprechen: Geschichten zu Bildern erzählen; erkunden und dokumentieren, wo Wasser vorkommt und gebraucht wird (70)
Lesen (mit Texten und Medien umgehen)	Arbeitsanweisungen lesen und verstehen (70–75)
Schreiben (Texte schreiben)	Gedankensammlung als Anregung für eine Geschichte nutzen; Text zu einer Gedankensammlung schreiben, eine Gedankensammlung anlegen **Texte verfassen** SB (146), AH (64)
Schreiben (Richtig schreiben)	Wörter mit tz und ck mündlich in Text einsetzen; Wörter mit ck und tz ordnen und als Reimwörter schreiben; Silbensprechen als Schreibhilfe anwenden (74) **Richtig schreiben** SB (90), AH (8)
Sprache und Sprachgebrauch untersuchen	Stichwörter nach eigenen Vorlieben zuordnen; eigene Vorlieben ergänzen; eigene Vorlieben begründen (72); Wörter einer Wortfamilie unterstreichen; Wörter einer Wortfamilie bilden; Wörter nach Wortfamilien ordnen (73) **Sprache untersuchen** SB (122), AH (40)

Vorüberlegungen

Das Kapitel „Sommer" gehört in den Kanon der Jahreszeitenkapitel. Die Jahreszeitenkapitel unterliegen der Progression im Schülerbuch, sind also nicht als isolierter Teil zu verstehen. Dennoch bilden sie, wie schon in Band 2, einen eigenen Bestandteil im Schülerbuch.

In der Vorstellung der Kinder und der meisten Erwachsenen ist der Sommer mit Vorstellungen von Freibädern, Strand, Meer und Sonne verbunden. Das Element, das dieser Jahreszeit zugeordnet wird, ist deshalb das Wasser, das Vergnügen und Entspannung bereitet und bei Jung und Alt für Sport und Erholung steht. Gerade in der Sommerzeit hat das Wasser für die Kinder eine zentrale Bedeutung. Das Wetter schlägt oft Kapriolen. Hitzeperioden wechseln sich mit Gewittern ab. Und in den Hitzeperioden bringt häufig nur der Gang ins Freibad oder an einen See Erleichterung.

Die Kapiteleinstiegsseite bietet den Kindern zunächst vier Illustrationen, die das Thema Wasser unter verschiedenen Aspekten aufgreifen. Dabei geben die gewählten Bilder nicht nur Impulse für den Bereich Spaß und Freizeit, sondern sie ermöglichen auch das Thematisieren des Wassers als Lebensgrundlage für Menschen, Tiere und Pflanzen sowie die damit verbundene Not bei Wassermangel. Denn in anderen Gegenden der Erde ist Wasser keineswegs ein stets überall verfügbares Gut, dessen man sich jederzeit bedienen kann. Auch dieser Aspekt gehört zum Einstieg dazu.

Ideen für fächerübergreifendes Arbeiten

Religion/Ethik
- Bedeutung des Wassers für das Leben auf der Erde
- Wasserverteilung/-versorgung in anderen Ländern
- mit Wasser bewusst und sorgsam umgehen

Mathematik
- Wasserverbrauch in unserem Land

Kunst/Musik
- Unterwasserlandschaften malen oder collagieren
- Lied: Lachend kommt der Sommer (s. Handreichungen S. 110)

Sachunterricht
- Kreislauf des Wassers
- Informationen zu Naturphänomenen (Donner, Blitz)

Zum Einsatz der Kapitelseiten

Seite 70

Sommer

1 Wähle ein Bild aus und erzähle dazu eine Geschichte.

2 Malt oder schneidet aus Zeitschriften Bilder aus, die zeigen, wo euch Wasser überall begegnet.

Haus Natur Nahrung

Dusche Regen Mineralwasser

Wasserhahn Bach

3 Gestaltet eine Wasser-Collage.

70

funktionsangemessen sprechen: Geschichten zu Bildern erzählen, erkunden und dokumentieren, wo Wasser vorkommt und gebraucht wird

Die Kapitelauftaktseite zeigt vier Illustrationen, in denen das Element Wasser und gleichzeitig das Thema Sommer/Hitze eine große Rolle spielen. Sie sind so gewählt, dass jedes Kind zumindest ein Bild mit persönlichen Erlebnissen verknüpfen kann. Gleichzeitig wird aber auch über die Erfahrungswelt der Kinder hinaus die Bedeutung des Wassers angerissen und es werden Gegensätze dargestellt: Wasser als Gut im Überfluss und als Mangelgut. Sowohl der persönliche Bezug als auch ein problemorientierter Zugang sind für das Erzählen der Geschichten denkbar.

Aufgabe 1

Die Kinder wählen ein Bild aus und erzählen dazu eine kleine Geschichte. Die Sprechblase neben der Aufgabe gibt einen möglichen Anfang vor, den die Kinder fortsetzen können.

D In sprachschwächeren Lerngruppen kann zunächst mündlich beschrieben werden, was auf den Bildern zu sehen ist. Dabei sollte auf das Formulieren vollständiger Sätze geachtet werden. Für das mündliche Erzählen kann es auch hilfreich sein, wenn die Kinder sich zuvor Stichwörter notieren.

Aufgabe 2

Wasser ist für uns ein alltägliches Gut, das wir als Selbstverständlichkeit meist unreflektiert hinnehmen. Die Aufgabe soll den Kindern bewusst machen, wo Wasser in unserer Umwelt überall eine wichtige Rolle spielt, und ihnen so einen bewussteren Zugang zum Element Wasser ermöglichen. Aus Zeitschriften, Prospekten und Katalogen werden Bilder ausgeschnitten, die zeigen, wo uns Wasser überall begegnet, dazu werden Wortkarten geschrieben. Gemeinsam wird überlegt, wie man das Material ordnen könnte. Ein Ordnungssystem wäre z. B. über die Kategorien „Im Haus“, „In der Natur“ und „In der Nahrung“ möglich.

D Leistungsstärkere Kinder können „Wasserwörter“ sammeln und dazu auf hellblauem Karton ein Wortfeld anlegen. Dazu können kleine Bilder gemalt werden.

Aufgabe 3

Die Jo-Jo-Aufgabe regt dazu an, eine Wasser-Collage zu gestalten, was gut auch in Gruppen- oder Partnerarbeit möglich ist. Die Bilder und Wortkarten der Aufgabe 2 können dafür genutzt werden. Ergänzend können auch weitere „Wasserwörter“ oder kleine Texte und Gedichte (z. B. „Elfchen“) zum Thema Wasser hinzugefügt werden. Auch Urlaubsfotos und Zeichnungen können gut in eine Collage integriert werden.

► ***Jo-Jo Lesebuch, S. 150–152, 153, 160/161***

Weitere Anregung

- *Lied: Lachend kommt der Sommer*

(aus: Lollipop Liederbuch. Cornelsen Verlag, Berlin 2001. © Voggenreiter Verlag, Bonn)

Seite 71

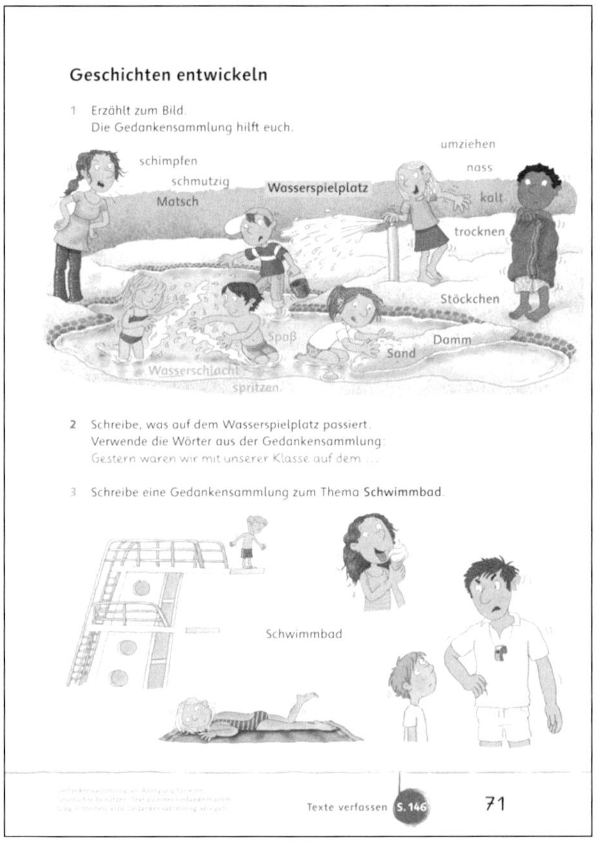
Geschichten entwickeln

1 Erzählt zum Bild.
Die Gedankensammlung hilft euch.

2 Schreibe, was auf dem Wasserspielplatz passiert.
Verwende die Wörter aus der Gedankensammlung:
Gestern waren wir mit unserer Klasse auf dem …

3 Schreibe eine Gedankensammlung zum Thema **Schwimmbad**.

Texte verfassen S. 146 71

Aufgabe 1

Eine sommerliche Szene auf einem Wasserspielplatz regt die Kinder zunächst zum Erzählen und dann zum Schreiben an. Mit der gesamten Lerngruppe kann das Bild betrachtet und beschrieben werden. Dabei sind die Wörter und Begriffe hilfreich, die den unterschiedlichen Spielkonstellationen mit verschiedenen Farben zugeordnet sind. Das Bild regt auch dazu an, die einzelnen Kinder mit ihrer Bekleidung genauer zu beschreiben, was ggf. auch in spielerischer Form möglich ist („Ich sehe was, was du nicht siehst …"). Auch die möglichen Gefühle der dargestellten Personen können in Worte gefasst werden. Passende Begriffe werden dazu an der Tafel notiert.

Aufgabe 2

Die Kinder schreiben nun in Sätzen auf, was auf dem Wasserspielplatz beobachtet werden kann. Die Aufgabe gibt im Schreibantritt die Vergangenheit vor, da diese Zeitstufe in Geschichten meist Verwendung findet. Schwächere Kinder vollziehen aber erfahrungsgemäß leichter den Schritt vom Erzählen zum Schreiben, wenn sie weiterhin in der Gegenwart schreiben können. Ein entsprechender Schreibantritt kann dazu an die Tafel geschrieben werden.

D eigene kleine „Wassererlebnisse" erzählen bzw. kleine Geschichten dazu schreiben

Aufgabe 3

Hier sind die Kinder aufgefordert, eine Gedankensammlung zum Thema Schwimmbad zu verfassen. Dabei können sie sich an den Illustrationen unten auf der Seite orientieren oder sich auch auf ein eigenes Erlebnis zurückbesinnen, das sie einmal in einem Schwimmbad hatten. Die Gedankensammlung kann in Form eines Stichwortzettels verfasst werden, bei dem es nicht auf eine bestimmte Ordnung der Gedanken ankommt. Erst in einem zweiten Schritt können Gedanken, die inhaltlich zusammengehören, durch farbige Unterstreichungen kenntlich gemacht werden.

D Wortfeld zum Thema Schwimmbad anlegen

► ***Jo-Jo Sprachbuch, Kurs Texte verfassen, S. 146***

► ***Jo-Jo Arbeitsheft, S. 64***

► ***Jo-Jo Kopiervorlagen, Nr. 31***

Weitere Anregungen

- *Schreibideen mit der Clustertechnik finden: Das Thema wird als Stichwort in die Mitte eines Blattes geschrieben, um das sämtliche Assoziationen notiert werden. Während des Schreibens werden die Assoziationen bereits strukturiert. Diese Technik aktiviert auch den Wortschatz der Kinder zum Thema und kann zur Klärung des Schreibzieles beitragen. Zunächst ist es sinnvoll, gemeinsam mit den Kindern einen solchen Cluster zu erstellen. Jedoch sind sie schnell in der Lage, dieses Hilfsmittel selbstständig zu nutzen.*
- *kleine Reizwortgeschichten mit „Wasserwörtern" schreiben, z. B. zu: Gewitter, Wassergeist, Segelboot etc.*
- *Wassergeräusche raten: Hierzu nehmen die Kinder verschiedene Wassergeräusche auf Kassette oder mit einem Handy auf. Dies kann in Gruppenarbeit im Unterricht erfolgen, aber auch als Hausaufgabe. Die Kinder spielen dann ihre Geräusche vor und die anderen erraten diese. Mögliche Geräusche sind: ein laufender Wasserhahn am Waschbecken, an der Badewanne oder in der Dusche, ein tropfender Wasserhahn, eine Toilettenspülung, ein Glas mit Wasser füllen, Wasser aus einem gefüllten Waschbecken ablaufen lassen …*

Seite 72

Vorlieben aufschreiben und begründen

1 Was magst du am Sommer? Was nicht?
Ordne die Stichwörter zu:
Das mag ich: ...
Das mag ich nicht: ...

lange Sommerferien
schönes Wetter
Mückenstiche
ins Schwimmbad gehen
Angst vor Gewitter
Urlaub
Freunde sind verreist
im Garten grillen
Regentage
heiß
Sonnenbrand
Eis essen
keine Hausaufgaben

2 Findest du noch mehr Dinge, die du am Sommer schön oder nicht so schön findest? Schreibe sie dazu.

3 Wähle eine Sportart. Schreibe, was du daran magst oder was dir daran nicht gefällt.

72

Die Sprachbuchseite gibt Anregungen zum Ordnen von Stichwörtern nach bestimmten Kriterien und zum Ich-orientierten Schreiben.

Aufgabe 1

Die Kinder lesen die Stichwörter und überlegen, was sie mögen und was sie nicht mögen. Dann sollen die Stichwörter schriftlich geordnet werden.

D Schwächere Kinder können eine Kopie der Seite erhalten. Auf der Kopie können sie zunächst grün unterstreichen, was sie mögen, und rot, was sie nicht mögen. Beim Aufschreiben im Heft können die Stichwörter dann nach und nach abgehakt werden.

Aufgabe 2

Jedes Kind ergänzt für sich stichwortartig weitere Dinge, die es am Sommer schön oder nicht schön findet. Dies ist auch gut als Hausaufgabe möglich. Über die gefundenen Punkte sollte anschließend diskutiert werden, sodass die Kinder ihre Einschätzung auch mündlich begründen müssen.

Aufgabe 3

In der Illustration werden beispielhaft vier Sportarten gezeigt, die häufig von Kindern ausgeübt werden: Judo, Schwimmen, mit Inlineskates fahren und Handball spielen. Es bietet sich an, diese Sportarten von einigen Kindern zunächst vorstellen zu lassen. Dabei können einige Fragen hilfreich sein:

- Betreibst du den Sport allein oder mit anderen Kindern zusammen?
- Wo übst du deinen Sport aus?
- Was trainierst du genau?
- Wer trainiert dich/euch?
- Was ist bei diesem Sport besonders wichtig?

Nach der mündlichen Besprechung dieser Punkte ist es leichter für die Kinder, zu einer oder auch zu mehreren der gezeigten Sportarten Stellung zu nehmen.

D Steckbriefe zu verschiedenen Sportarten schreiben oder über Erlebnisse beim Sport kleine Geschichten schreiben

Weitere Anregungen

- *Wortfelder zum Thema Sommer in Gruppen erarbeiten und eine passende Plakatgestaltung dazu überlegen (z. B. Wortfeld „Sommer“ als gelbe Sonne, zwischen den Strahlen und in der Mitte stehen die Wörter); Arbeitsergebnisse der Kinder in der Klasse aufhängen*
- *aufschreiben, was man an anderen Jahreszeiten mag oder nicht mag, dabei auch Begründungen anführen*
- *aufschreiben, was man an der Schule mag oder nicht mag, dabei ebenfalls auch Begründungen anführen*
- *weitere Sportarten in der Klassen vorstellen: Ballett, Fußball, Reiten etc.; evtl. informierende Collagen mit erläuternden Texten und Bildern bzw. Fotos dazu herstellen und die Ergebnisse ausstellen*
- *Verben der Bewegung, die im Sport eine Rolle spielen, auf einem Plakat sammeln (Gruppenarbeiten), evtl. gemeinsam inhaltliche Ordnungskriterien für die Verben finden*
- *„Sommerwörter“ mit möglichst vielen Silben finden, aufschreiben und ggf. nach Anzahl der Silben ordnen; einige Beispiele sind bereits auf der Sprachbuchseite zu finden (Sommerferien, Schwimmbad, Regentage, Sonnenbrand etc.)*
- *„Sommerwörter“ aus anderen Sprachen sammeln*
- *Fairnessregeln für den Sportunterricht gemeinsam überlegen, auf ein Plakat schreiben und in der Klasse oder in der Sporthalle aufhängen*

Seite 73

Wortfamilien

1 Schreibe den Text ab:
Wie in jedem …

Wie in jedem Jahr findet auch
in diesem Sommer in Melissas Dorf
der Jahrmarkt statt.

Melissa freut sich schon seit Jahresbeginn
darauf und hat sich das Datum
im Jahreskalender dick angestrichen.

Überhaupt findet sie, dass der Sommer
die schönste Jahreszeit ist, denn am 18. Juli
wird sie neun Jahre alt.

2 Unterstreiche in deinem Text alle Wörter,
die zur Wortfamilie **Jahr** gehören:
Wie in jedem Jahr …

3 Bilde Wörter mit dem Wortstamm **jahr**.
Unterstreiche den Wortstamm:
Geburtsjahr, …

4 Ordne die Wörter zu Wortfamilien. Unterstreiche den Wortstamm:
Großeltern, …
Badesee, …
Anzahl, …

Großeltern Badesee Anzahl bezahlen Größe Seeigel größer
großschreiben Seeufer Nachbarzahl Seehund Mehrzahl
Nordsee Seebär Seerose vergrößern Zahlwort zahlreich großzügig

Sprache untersuchen S. 122 73

Rechtschreibwissen ist immer auch Strukturwissen. Da unsere Schriftsprache keine reine Lautschrift ist, sondern durch Morpheme als kleinste sinntragende Einheiten geprägt ist, sind Einsichten in die morphematische Struktur der Wörter hinsichtlich des Rechtschreiblernens besonders wichtig und effektiv. Die Arbeit mit Wortfamilien und Wortstämmen hilft den Kindern dabei, Strukturwissen aufzubauen und zu vertiefen. Zudem erfahren sie, dass bestimmte Wortformen nicht mehr einzeln gelernt werden müssen, wenn sie sich Wortfamilien bzw. Wortstämme bewusst machen.

Aufgabe 1 und 2

Hier ist zunächst das genaue Abschreiben des kleinen erzählenden Textes gefordert. Anschließend unterstreichen die Kinder alle Wörter, die zur Wortfamilie *Jahr* gehören. Die gefundenen Wörter können auch nochmals gemeinsam an der Tafel zusammengetragen werden, dabei kann das Wort *Jahr* in der Mitte stehen, die gefundenen Nomen werden im Kreis angeordnet.

Aufgabe 3

Anders als in Aufgabe 1 werden hier nicht nur Nomen mit dem Wortstamm *jahr* gebildet.

Folgende Zusammensetzungen sind möglich:
Geburtsjahr, Jahresende, Lebensjahr, Lebensjahre, Jahreszahl, jahrelang, neunjährig, Neujahr, Jahrhundert, jährlich.

D Leistungsstarke Kinder finden allein oder mit einem Partner weitere Wörter mit dem Wortstamm *jahr*. Es kann auch ein Wörterbuch hinzugezogen werden. Oder: Die Kinder bilden jeweils einen Satz mit den in Aufgabe 3 gefundenen Wörtern, wodurch auch sichergestellt ist, dass die Wortbedeutung klar ist.

Aufgabe 4

Folgende Wortfamilien lassen sich bilden:
Großeltern, Größe, größer, großschreiben, vergrößern, großzügig;
Badesee, Seeigel, Seeufer, Seehund, Nordsee, Seebär, Seerose,
Anzahl, bezahlen, Nachbarzahl, Mehrzahl, Zahlwort, zahlreich.
Mit den Kindern kann nochmals besprochen werden, dass aus dem Vokal im Wortstamm (Stammvokal) in manchen verwandten Wörtern ein Umlaut werden kann (*groß – Größe, Zahl – erzählen* etc.).

D weitere Wortfamilien zusammenstellen und diese jeweils in ein „Haus" eintragen, das z. B. aus zwei DIN-A4-Blättern ausgeschnitten und geklebt wurde; geeignete Wortstämme: *wahl/wähl, fahr/fähr, wohn* etc.

▶ ***Jo-Jo Sprachbuch, Kurs Sprache untersuchen, S. 122***

▶ ***Jo-Jo Arbeitsheft, S. 40***

▶ ***Jo-Jo Kopiervorlagen, Nr. 19***

Weitere Anregungen
- *Wortstamm in zusammengesetzten Wörtern ermitteln, z. B. verlaufen, Erklärung, freundschaftlich, wohnlich, ausschlafen, erfahren, vorgehen, Ausgänge; zu jedem dieser Wörter ein weiteres verwandtes Wort aufschreiben und den Wortstamm unterstreichen*
- *die Wortfamilie fahr/fähr zusammenstellen und dies als Wettbewerb gestalten: Wer findet die meisten Wörter? Es bietet sich an, die gefundenen Wörter dann auch in Sätzen verwenden zu lassen, um zu gewährleisten, dass die Wortbedeutung jeweils verstanden wurde. Die gefundenen Wörter können auch in Form eines Leporellos untereinander aufgeschrieben werden.*

Seite 74

Wörter mit ck und tz

1 Was passt? Lest den Text und setzt tz oder ck ein.

Gerade beobachteten Hannes und Marie die Bli e
und waren vom Donner erschro en.
Vom Himmel fielen di e Regentropfen.
Aber jetzt reißen die Wolken auf.
Die Straßen werden schon wieder tro en.
Nur in den Pfü en ist noch das Wasser.
Die Kinder verlassen das schü ende Dach.
Sie freuen sich. Wenn sie in die Pfü en treten,
können sie das Wasser weit spri en sehen.
Sie fli en unter der Brü e hindurch nach Hause.

2 Schwinge und ordne die Wörter mit tz und ck:
tz: Blitze, …
ck: erschrocken, …

Beim Schwingen hörst du kk, beim Schreiben wird daraus ck.
Ich spreche Glok-ke, ich schreibe Glo-cke.

3 Schreibe die Reimwörter auf: blitzen, spritzen, …

blitzen	die Blitze	die Pfütze	die Matratze
spr	die W	die M	die K
s	die S	die St	die T

Merkwörter: (M)
plötzlich
jetzt
zuletzt
trotzdem

4 Schreibe die Wörter zu den Bildern.
Male in jedem Wort ck an: die Mücke, …

74 S.90 Richtig schreiben

Thema dieser Seite sind Wörter mit *ck* und *tz*, die als Sonderformen der Mitlautverdoppelung beim Silbenschwingen und Mitsprechen hörbar gemacht werden können.

Aufgabe 1
Hier ist die Frage der richtigen Schreibweise an den semantischen Kontext gebunden. Um das Textverständnis zu sichern, muss zunächst entschieden werden, ob es sich bei den einzusetzenden Wörtern um Wörter mit *tz* oder um Wörter mit *ck* handelt. Die einzusetzenden Wörter sind: *Blitze, erschrocken, dicke, trocken, Pfützen, schützende, Pfützen, spritzen, flitzen, Brücke.*

Aufgabe 2
Nun werden die Wörter (evtl. auch in einer Tabelle) nach ihrer Schreibung sortiert. Der Hinweis im gelb unterlegten Kasten rückt an dieser Stelle nochmals das Silbenschwingen in den Fokus, mit dem das *ck* als Mitlautverdoppelung hörbar gemacht werden kann (*Glok – ke*). Die geordneten Wörter können auch mit Silbenbögen versehen werden. Für die Trennung nach Schreibsilben gilt bei *ck*, dass *vor* dem *ck* getrennt wird. Das kann mit weiteren *ck*-Wörtern aus der Wörterliste oder aus einem Wörterbuch geübt werden.

Aufgabe 3
Die Kinder notieren die Reimwörter am besten so, dass gleiche Wortteile untereinanderstehen. Die Wörter können vorher laut gesprochen werden. Es können auch „Reimplakate" hergestellt werden.

Aufgabe 4
Die Kinder schreiben die *ck*-Wörter zu den Bildern mit dem bestimmten Artikel auf.

D Leistungsstärkere Kinder schreiben Sätze oder einen kleinen Text, in dem möglichst viele Wörter mit *tz* und *ck* vorkommen. Diese Wörter ersetzen sie durch Bilder wie auf der Sprachbuchseite. Ein Partner liest den Text und schreibt ihn vollständig auf.

▶ ***Jo-Jo Sprachbuch, Kurs Richtig schreiben, S. 90***

▶ ***Jo-Jo Arbeitsheft, S. 8***

▶ ***Jo-Jo Kopiervorlagen, Nr. 3***

Seite 75

Aufgabe 1
Die vertrauten Übungsformen befähigen die Kinder, selbstständig Wörter und Texte zu üben. Die Selbstkontrolle der Schreibergebnisse kann stets durch eine Partnerkontrolle ergänzt werden.

Aufgabe 2
Die Aufgabe, die Nomen nochmals aus dem Text herauszuschreiben, dürfte für die Kinder gut zu bewältigen sein. Überprüft werden sollte, ob die Artikel richtig gewählt wurden.

Aufgabe 3
Eine Übung zu den Wortarten: Die Kinder ordnen das vorgegebene Wortmaterial tabellarisch nach Nomen, Verben und Adjektiven. Artikel werden ergänzt. Bei den Nomen kann der großgeschriebene Anfangsbuchstabe zusätzlich farbig übermalt werden.

Aufgabe 4
Aus den gezeichneten bunten Rettungsringen ist jeweils eine Silbe auszuwählen, sodass zweisilbige Wörter entstehen: *wollen, trocken, Pfütze, Brücke, flitzen, treffen.*

KV 31 ***Schleichdiktat***

KV 32 ***Diktatvorbereitung***

Name: Datum: Klasse:

Schleichdiktat

Im Schwimmbad

Wie fast an jedem Tag in den Ferien
treffen sich Hannes und Marie an der Brücke.
Sie wollen ins Schwimmbad fahren.
Vor zwei Stunden hat es noch
ein Gewitter gegeben, aber nun ist es
trocken und die Sonne scheint.
Die Kinder nehmen ihre Räder und
schon geht es los. Hannes und Marie
bezahlen schnell an der Kasse.
Dann müssen sie sich umziehen.
Hannes hat eine große Decke bei sich.
Er wartet auf Marie.
Endlich ist sie fertig und kommt.
Kurz danach kann man die beiden Kinder
schon am Sprungbrett sehen.
Es spritzt gewaltig, wenn sie springen!

Name: Datum: Klasse:

Diktatvorbereitung

1 Immer zwei Verben gehören zusammen. Schreibe die Paare auf.

blitzen spritzt wartet dauert trifft dauern blitzt
donnert warten donnern spritzen treffen

blitzen – blitzt,

2 Schreibe die Wörter auf.

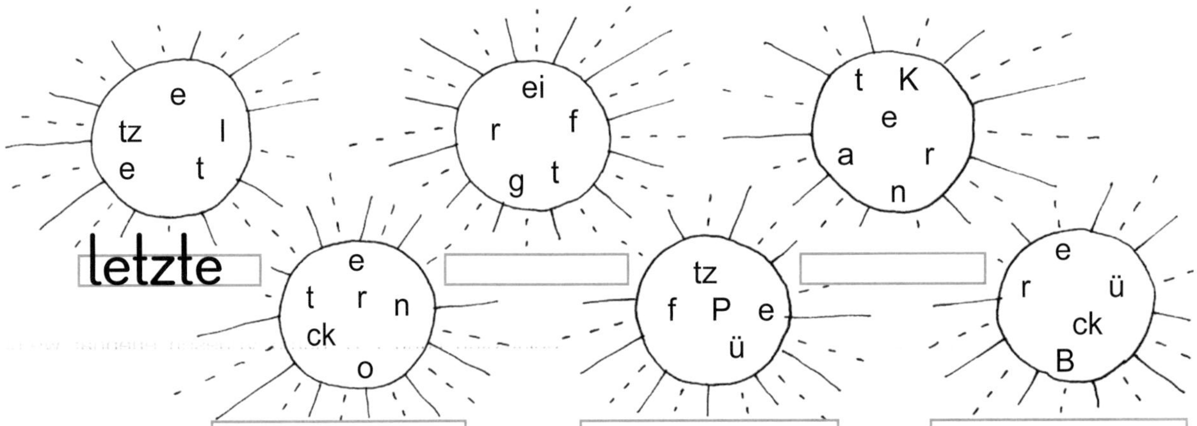

letzte

3 Umkreise die zehn versteckten Wörter und schreibe sie auf.
Achte auf Groß- und Kleinschreibung.

A	O	M	K	Y	X	W	L	P	K
W	G	E	W	I	T	T	E	R	Z
A	R	E	T	G	F	K	U	A	J
M	D	R	T	P	B	F	M	D	B
B	O	U	L	F	U	L	X	Z	L
R	N	Q	Y	Ü	K	U	L	N	I
Ü	N	V	E	T	K	S	P	X	T
C	E	O	V	Z	L	S	C	B	Z
K	R	Q	U	E	L	L	E	L	E
E	N	S	P	R	I	T	Z	E	N

Gewitter,

Ich liebe Bücher

Verbundübersicht

Jo-Jo Sprachbuch, Themenkapitel Seite 76–79	**Jo-Jo Sprachbuch, Kursteil** Seite 130, 150	**Jo-Jo Arbeitsheft** Seite 48, 68
Jo-Jo Sprachförderheft Seite 76–79	**Jo-Jo Kopiervorlagen** Nr. 23, 33	**Jo-Jo Lesebuch** Seite 162–171

Lerninhalte

Sprechen und Zuhören	über Lernerfahrungen sprechen; eigenes Leseverhalten reflektieren; Buchgattungen kennen lernen und sich darüber austauschen (76)
Lesen (mit Texten und Medien umgehen)	Arbeitsanweisungen lesen und verstehen (76–79); unterschiedliche Textsorten kennen und unterscheiden; die eigene Leseerfahrung beschreiben (76); Kinderliteratur kennen (77), sich in einer Bücherei orientieren (79)
Schreiben (Texte schreiben)	die Wirkung wörtlicher Rede in Texten erfahren; wörtliche Rede in einen Text einfügen (77) **Texte verfassen** SB (150), AH (68)
Sprache und Sprachgebrauch untersuchen	Fachbegriffe zum Thema Buch kennen lernen und richtig verwenden (78); sich in einer Bücherei orientieren; unterschiedliche Textkategorien erkennen und zuordnen **Texte verfassen** SB (130), AH (48)

Vorüberlegungen

Im dritten Schuljahr haben die Kinder meist bereits vielfältige Erfahrungen mit den unterschiedlichsten Büchern und auch Büchereierfahrungen gemacht, an die nun angeknüpft werden kann.

Zunächst geht es darum, sich über Leseerfahrungen auszutauschen und dem Reflektieren des eigenen Leseverhaltens Raum zu geben. Dazu können die unterschiedlichsten Bücher, die für die Kinder emotional bedeutsam sind, in den Unterricht mitgebracht und ggf. auch ausgestellt werden. In diesem Kapitel lernen die Kinder jedoch auch Fachbegriffe rund um das Thema Buch kennen und richtig verwenden, sodass sie mediales Fachwissen ausbauen können. Dies kann bei Interesse auch vertieft werden, indem Fachbegriffe zu anderen Medien gesammelt und besprochen werden.

Im Sinne der Hinführung zum Lesen und der Auseinandersetzung mit Literatur hat auch das Thema Bücherei in diesem Kapitel eine wichtige Bedeutung. Sie ermöglicht allen Kindern den Zugang zur Literatur und ist zugleich ein wichtiger Ort für Kinder zur Orientierung im reichhaltigen Buchangebot. Eine Bücherei sollte mit den Kindern im Zuge der Bearbeitung der Sprachbuchseiten in jedem Fall aufgesucht werden, damit die Kinder sich in einer Bücherei orientieren lernen und erleben können, wie Buchtitel und weitere Medien dort geordnet sind.

Ein weiterer Schwerpunkt des Kapitels ist die wörtliche Rede in Geschichten. An vielen kinderliterarischen Textbeispielen kann z. B. durch Vorlesen erlebbar werden, dass das Stilmittel „wörtliche Rede“ erheblich dazu beiträgt, Geschichten lebendiger und spannender zu machen. Diese Erkenntnis kann dann auch für das Schreiben eigener Geschichten genutzt werden.

Ideen für fächerübergreifendes Arbeiten

Mathematik

- Balkendiagramme zu Lesevorlieben in der Klasse erstellen (Sachbücher, Kinderkrimis, Pferdegeschichten, Witzebücher etc.)

Kunst

- zu Geschichten malen bzw. Buchcover entwerfen
- Schriftgestaltungen am Computer erproben

Sachunterricht

- Geschichte des Buches bzw. Erfindung des Buchdrucks
- wie Bücher heute hergestellt werden
- wie ein Autor und ein Illustrator arbeiten (s. Jo-Jo Lesebuch, S. 164–167)

Zum Einsatz der Kapitelseiten

Seite 76

Die Kapitelauftaktseite zeigt vier Buchtitel, die stellvertretend für eine bestimmte Buchgattung stehen und zunächst zum ausführlichen mündlichen Austausch anregen können.

Aufgabe 1

Die Kinder betrachten die Cover der abgebildeten Bücher und tauschen sich im Kreisgespräch darüber aus, welche Titel aus welchen Buchgattungen sie am liebsten lesen. Ein mögliches Satzmuster, das zum Formulieren einer Begründung anregt, ist in der Sprechblase neben der Aufgabe vorgegeben.

Besprochen werden kann an dieser Stelle auch, wodurch sich die Cover deutlich voneinander unterscheiden, z. B. Schriftgestaltung, Platzierung des Titels und des Autorennamens, Farbigkeit, Art der Illustration etc. Auch die Wirkung der Illustration kann thematisiert werden. So kann eine Coverabbildung z. B. sehr lustig oder auch – wie die Abbildung auf dem Sachbuch zum Thema Fußball – sehr nüchtern wirken.

Wenn die Kinder möchten, können sie auch ein Lieblingsbuch in den Unterricht mitbringen. Dann sollte es jeweils in einigen Sätzen vorgestellt werden, wobei auch überlegt werden sollte, zu welcher Buchgattung es gehört. Mit den mitgebrachten Büchern kann eine kleine Buchausstellung eröffnet werden, die man nach Buchgattungen ordnen kann. Ergänzend können die Bücher in einer gesonderten Unterrichtsstunde zum Blättern und Schmökern zur Verfügung stehen.

Aufgabe 2

Hier kann gemeinsam überlegt werden, welchen Leseintentionen die vorgestellten Buchgattungen entsprechen. Die vier Sätze auf der Sprachbuchseite geben Intentionen vor und können von den Kindern im Heft schriftlich zugeordnet werden:

Liederbuch: Ich möchte die Melodie zu einem Text suchen.
Witzebuch: Ich möchte etwas erzählen und darüber lachen.
Roman: Ich möchte lange und gemütlich darin lesen.
Sachbuch: Ich möchte mich informieren.

D gemeinsam überlegen, welche Intentionen man darüber hinaus mit der Lektüre unterschiedlicher Buchgattungen verknüpfen kann; weitere Buchgattungen finden und notieren, z. B.: Geschenkbücher, Kochbücher, Bildbände, Bilderbücher, Lexika, Wörterbücher, Schulbücher, Reiseführer etc.

► ***Jo-Jo Lesebuch, S. 168–169***

Weitere Anregungen

- *sich alte Kinderbücher von den Eltern und Großeltern ausleihen, ihre Gestaltung und die Illustrationen betrachten und mit heutigen Buchgestaltungen vergleichen*
- *aus einem alten Kinderbuch vorlesen*
- *darüber abstimmen, welches Kinderbuch (aus den geeigneten Lieblingsbüchern) nach und nach im Unterricht vorgelesen werden kann*
- *Informationen zu bestimmten Autoren im Internet ermitteln, dazu bei den verschiedenen Kinderbuchverlagen nachsehen*
- *Gedanken zum Thema „Bücher können Freunde sein“ austauschen und schriftlich formulieren*
- *sich von einem Buchcover zum Schreiben einer Geschichte anregen lassen, ohne den Inhalt des Buches zu kennen*
- *Umfrage: Was machst du in deiner Freizeit am liebsten?, Ergebnisse als Balkendiagramm darstellen. Interessant ist die Frage, wie beliebt das Lesen von Büchern als Freizeitbeschäftigung ist. Möglicherweise gibt es auch Kinder, die bereits mit dem Lesen von Büchern in elektronischer Form Erfahrung haben.*
- *Steckbriefe zu Lieblingsbüchern schreiben: Autor, Titel, Verlag, Buchgattung, Informationen zum Inhalt, Umfang, Was mir an diesem Buch gefällt …*

Seite 77

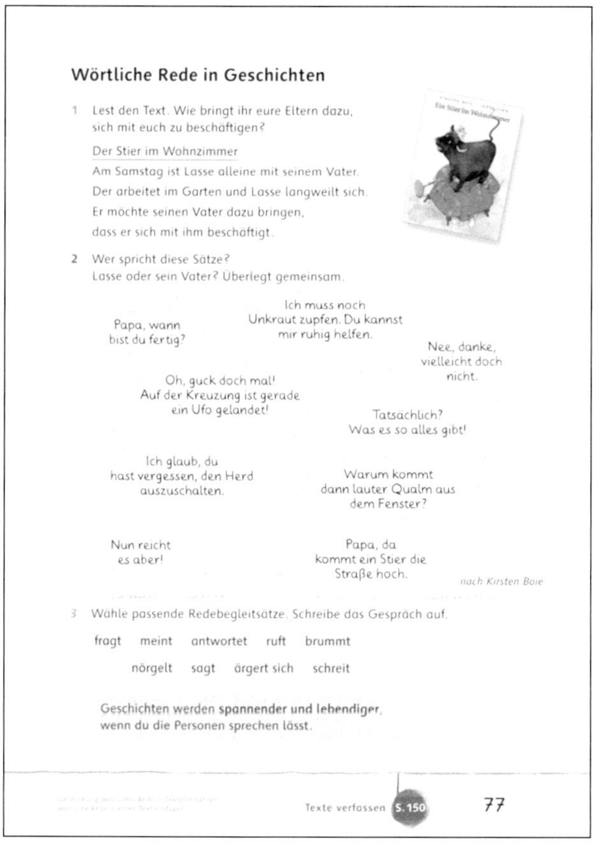

Wörtliche Rede in Geschichten

1 Lest den Text. Wie bringt ihr eure Eltern dazu, sich mit euch zu beschäftigen?

Der Stier im Wohnzimmer

Am Samstag ist Lasse alleine mit seinem Vater. Der arbeitet im Garten und Lasse langweilt sich. Er möchte seinen Vater dazu bringen, dass er sich mit ihm beschäftigt.

2 Wer spricht diese Sätze? Lasse oder sein Vater? Überlegt gemeinsam.

Papa, wann bist du fertig?

Ich muss noch Unkraut zupfen. Du kannst mir ruhig helfen.

Nee, danke, vielleicht doch nicht.

Oh, guck doch mal! Auf der Kreuzung ist gerade ein Ufo gelandet!

Tatsächlich? Was es so alles gibt!

Ich glaub, du hast vergessen, den Herd auszuschalten.

Warum kommt dann lauter Qualm aus dem Fenster?

Nun reicht es aber!

Papa, da kommt ein Stier die Straße hoch.

nach Kirsten Boie

3 Wähle passende Redebegleitsätze. Schreibe das Gespräch auf.

fragt meint antwortet ruft brummt

nörgelt sagt ärgert sich schreit

Geschichten werden **spannender und lebendiger**, wenn du die Personen sprechen lässt.

Texte verfassen S. 150 77

Die Sprachbuchseite macht den Kindern bewusst, wie wichtig die wörtliche Rede in Geschichten als Stilmittel ist, um spannend, anschaulich und lebendig zu erzählen.

Aufgabe 1

Zunächst wird an eigene Erfahrungen der Kinder angeknüpft. Sie überlegen, was sie sagen und tun, um ihre Eltern dazu anzuregen, sich mit ihnen zu beschäftigen. Die Erfahrungen können im Kreisgespräch ausgetauscht werden.

D Leistungsstärkere Kinder können die Aufgabe auch schriftlich bearbeiten und im Heft notieren, mit welchen Aufforderungen und Bemerkungen sie ihre Eltern dazu bringen oder bringen könnten, sich mit ihnen zu beschäftigen. Es kann auch ein Dialog zwischen Vater oder Mutter und Kind entwickelt und anschließend vorgelesen werden.

Aufgabe 2

In Gruppen- oder Partnerarbeit wird überlegt, wer die abgedruckten Sätze spricht – Lasse oder sein Vater. Schwächeren Kindern hilft es, wenn sie eine Kopie der Seite erhalten, in der sie die Sprechblasen mit zwei verschiedenen Farben ausmalen und dann in einer plausiblen Reihenfolge nummerieren können. Danach kann der Dialog von zwei Kindern gestaltend vorgelesen werden.

Lasse: Papa, wann bist du fertig?
Vater: Ich muss noch Unkraut zupfen. Du kannst mir ruhig helfen.
Lasse: Nee, danke, vielleicht doch nicht.
Lasse: Oh, guck doch mal! Auf der Kreuzung ist gerade ein Ufo gelandet!
Vater: Tatsächlich? Was es so alles gibt!
Lasse: Ich glaub, du hast vergessen, den Herd auszuschalten.
Lasse: Warum kommt dann lauter Qualm aus dem Fenster?
Lasse: Papa, da kommt ein Stier die Straße hoch.
Vater: Nun reicht es aber!

Aufgabe 3

Aus den vorgegebenen Verben werden passende ausgewählt, um Redebegleitsätze zu formulieren, dabei können die Kinder selbst entscheiden, ob der Redebegleitsatz vorangestellt oder nachgestellt wird.
Die Lehrkraft kann darauf hinweisen, dass der Dialog nicht unbedingt Gesprächsanteile im Wechsel enthalten muss. Der Vater gibt auf Lasses Bemerkungen möglicherweise nicht immer eine Antwort (s. vorgeschlagener Dialog oben). Es gibt sicherlich mehrere Möglichkeiten, die Sprechblasen zu einem Dialog zu ordnen, da der Vater vielleicht auch bereits zu einem früheren Zeitpunkt sagt: „Nun reicht es aber!"

D Wortfeld *sprechen* zusammenstellen, dazu die Verben der Aufgabe 3 nutzen und weitere ergänzen; die Verben ggf. danach ordnen, *wie* gesprochen wird (z. B. leise sprechen, laut sprechen, traurig sprechen), dazu eine Tabelle anlegen, am besten großformatig für den Aushang im Klassenzimmer

▶ ***Jo-Jo Sprachbuch, Kurs Texte verfassen, S. 150***

▶ ***Jo-Jo Arbeitsheft, S. 68***

▶ ***Jo-Jo Lesebuch, S. 168***

▶ ***Jo-Jo Kopiervorlagen, Nr. 33***

Weitere Anregungen

- *das Buch „Ein Stier im Wohnzimmer" von Kirsten Boie aus der Bücherei ausleihen (sofern es nicht ein Kind bereits besitzt und in die Schule mitbringen kann; Oetinger Verlag, Hamburg 1998), aus dem Buch vorlesen*
- *Szenen aus dem Buch oder aus einem anderen Kinderbuch mit viel wörtlicher Rede als Rollenspiel nachspielen*

Seite 78

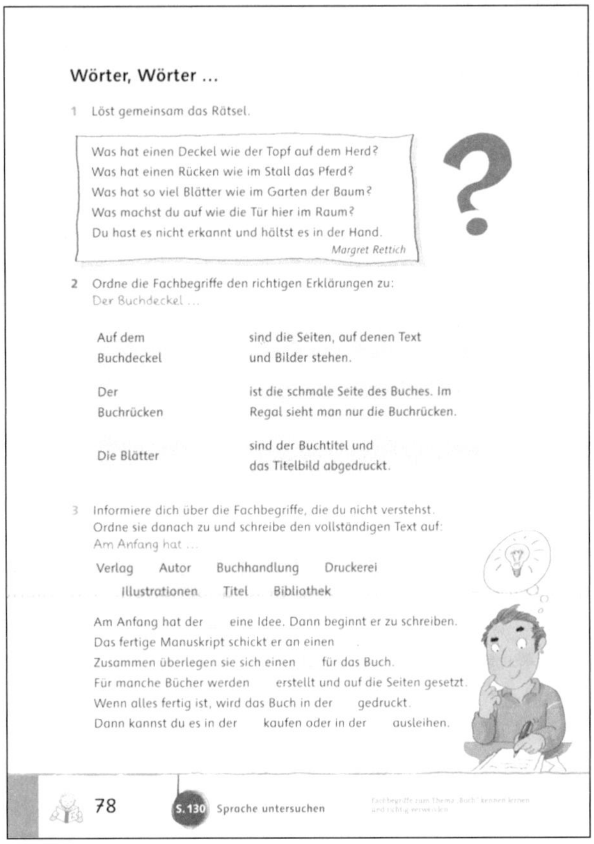

Wörter, Wörter …

1 Löst gemeinsam das Rätsel.

Was hat einen Deckel wie der Topf auf dem Herd?
Was hat einen Rücken wie im Stall das Pferd?
Was hat so viel Blätter wie im Garten der Baum?
Was machst du auf wie die Tür hier im Raum?
Du hast es nicht erkannt und hältst es in der Hand.
Margret Rettich

2 Ordne die Fachbegriffe den richtigen Erklärungen zu:
Der Buchdeckel …

Auf dem Buchdeckel	sind die Seiten, auf denen Text und Bilder stehen.
Der Buchrücken	ist die schmale Seite des Buches. Im Regal sieht man nur die Buchrücken.
Die Blätter	sind der Buchtitel und das Titelbild abgedruckt.

3 Informiere dich über die Fachbegriffe, die du nicht verstehst. Ordne sie danach zu und schreibe den vollständigen Text auf:
Am Anfang hat …

Verlag Autor Buchhandlung Druckerei Illustrationen Titel Bibliothek

Am Anfang hat der eine Idee. Dann beginnt er zu schreiben.
Das fertige Manuskript schickt er an einen .
Zusammen überlegen sie sich einen für das Buch.
Für manche Bücher werden erstellt und auf die Seiten gesetzt.
Wenn alles fertig ist, wird das Buch in der gedruckt.
Dann kannst du es in der kaufen oder in der ausleihen.

78 S. 130 Sprache untersuchen

Die Schule schafft einen Raum, der das Lesen thematisiert und trainiert, der zum Lesen motiviert und zusätzlich Möglichkeiten des Austausches über das Gelesene eröffnet. Zugleich kann die Schule dabei helfen, das Medium Buch als solches vertraut zu machen. Dazu gehört es auch, Kinder mit Fachbegriffen zum Thema Buch vertraut zu machen, wie es auf der Sprachbuchseite 78 der Fall ist. Dies muss als Teil der Erziehung zur Medienkompetenz verstanden werden.

Aufgabe 1

Über ein Rätsel, wie es oben auf der Sprachbuchseite vorgestellt wird, kann der Einstieg in die Beschäftigung mit Fachbegriffen rund um das Buch erfolgen. Es bietet sich an, die Sätze, mit denen das Buch verrätselt wird, nach und nach an die Tafel zu schreiben. Dabei bleiben die Sprachbücher geschlossen. Wer errät am schnellsten, wie der gesuchte Gegenstand heißt?

Aufgabe 2

Die Halbsätze werden passend zugeordnet und ins das Heft geschrieben. Dies dürfte von allen Kindern gut zu leisten sein.

D Leistungsstärkeren Kindern kann man weitere Satzanfänge mit Fachbegriffen bzw. Bestandteilen eines Buches vorgeben und sie dann analog zu den Sätzen der Aufgabe 2 eigene Sätze schreiben lassen. Geeignete Satzanfänge sind z. B.:

- *Im Inhaltsverzeichnis erfahre ich …*
- *Im Klappentext gibt es …*
- *Das Buch hat einen Umschlag, damit …*
- *Ein Lesezeichen kann man gut gebrauchen, damit …*
- *Ein Kapitel ist …*
- *In einer Überschrift erfährt man …*

Aufgabe 3

Der kurze Sachtext informiert die Kinder darüber, wie ein Buch entsteht – von der Idee bis zum Verkauf in einer Buchhandlung. Zunächst muss jedoch die Bedeutung der Fachbegriffe geklärt werden, was gemeinsam mit der gesamten Lerngruppe oder in Kleingruppen geschehen kann, in denen dann allerdings ein Nachschlagewerk zur Verfügung stehen muss. Der Unterschied zwischen einer Buchhandlung und einer Bibliothek ist den Kindern erfahrungsgemäß meist nicht klar und sollte von daher deutlich herausgestellt werden. Wenn die Begriffe geklärt sind, kann das Abschreiben des Textes und das Einsetzen der passenden Wörter auch als Hausaufgabe geschehen.

▶ ***Jo-Jo Lesebuch, S. 164–167***

Weitere Anregungen

- *Informationen zu bestimmten Autoren oder auch Illustratoren zusammentragen und eine Liste ihrer Buchtitel zusammenstellen*
- *über die Arbeit von Illustratoren sprechen und unterschiedliche Illustrationen aus Kinder- bzw. Bilderbüchern betrachten und bewerten*
- *mit den Informationen zur Herstellung eines Buches einen Comic malen und die Zeichnungen mit kleinen kommentierenden Bildunterschriften versehen (Dies ist auch gut als Gruppenarbeit möglich, wenn jedes Kind an einem Bild arbeitet.)*
- *Sprichwörter zum Thema „Bücher lesen" kennen lernen und ggf. als Schmuckblätter gestalten, z. B.:*
  - *Ein Buch ist wie ein Garten, den man in der Tasche trägt. (Arabisches Sprichwort)*
  - *Lieber barfuß als ohne Buch. (Isländisches Sprichwort)*
  - *Bücher sind fliegende Teppiche ins Reich der Fantasie. (James Daniel)*
  - *Bücher sind Schiffe, welche die weiten Meere der Zeit durcheilen. (Francis Bacon)*
- *kleine Gedichte schreiben, die das Buch bzw. das Lesen thematisieren (Elfchen, Akrostichon, Rondell)*

Seite 79

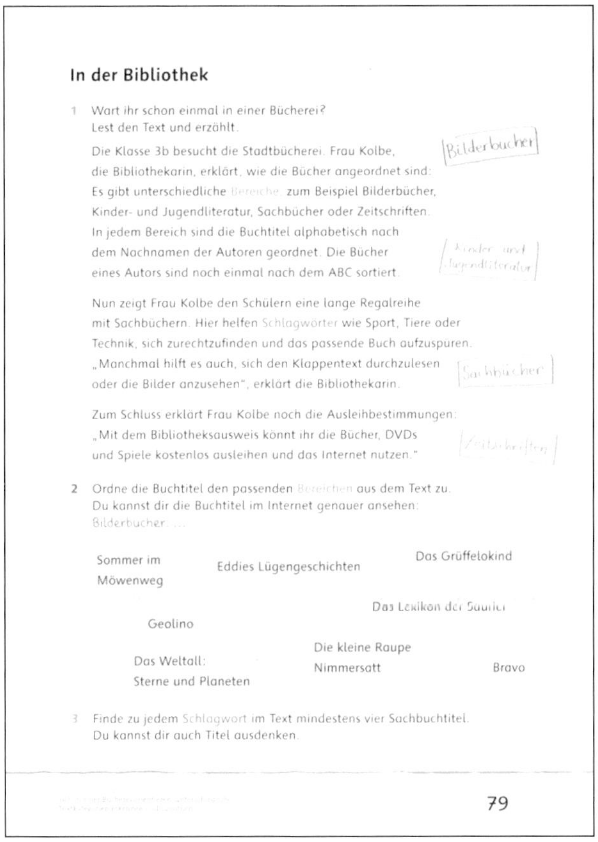

In der Bibliothek

1 Wart ihr schon einmal in einer Bücherei?
Lest den Text und erzählt.

Die Klasse 3b besucht die Stadtbücherei. Frau Kolbe, die Bibliothekarin, erklärt, wie die Bücher angeordnet sind: Es gibt unterschiedliche Bereiche, zum Beispiel Bilderbücher, Kinder- und Jugendliteratur, Sachbücher oder Zeitschriften. In jedem Bereich sind die Buchtitel alphabetisch nach dem Nachnamen der Autoren geordnet. Die Bücher eines Autors sind noch einmal nach dem ABC sortiert.

Nun zeigt Frau Kolbe den Schülern eine lange Regalreihe mit Sachbüchern. Hier helfen Schlagwörter wie Sport, Tiere oder Technik, sich zurechtzufinden und das passende Buch aufzuspüren. „Manchmal hilft es auch, sich den Klappentext durchzulesen oder die Bilder anzusehen“, erklärt die Bibliothekarin.

Zum Schluss erklärt Frau Kolbe noch die Ausleihbestimmungen: „Mit dem Bibliotheksausweis könnt ihr die Bücher, DVDs und Spiele kostenlos ausleihen und das Internet nutzen.“

Bilderbücher | Kinder- und Jugendliteratur | Sachbücher | Zeitschriften

2 Ordne die Buchtitel den passenden Bereichen aus dem Text zu.
Du kannst dir die Buchtitel im Internet genauer ansehen:
Bilderbücher: …

Sommer im Möwenweg | Eddies Lügengeschichten | Das Grüffelokind | Das Lexikon der Saurier | Geolino | Das Weltall: Sterne und Planeten | Die kleine Raupe Nimmersatt | Bravo

3 Finde zu jedem Schlagwort im Text mindestens vier Sachbuchtitel.
Du kannst dir auch Titel ausdenken.

79

Auf dieser Sprachbuchseite, der letzten Seite des Kapitels „Ich liebe Bücher“, liegt der Schwerpunkt auf dem Thema „Besuch einer Bibliothek“. Generell leisten Schul- und andere Bibliotheken einen wichtigen Beitrag zum Aufbau einer schulischen und außerschulischen Lesekultur, indem sie allen Schülerinnen und Schülern einen Zugang zu Büchern und anderen Medien ermöglichen. Da die meisten Kinder inzwischen sicher Erfahrungen mit Bibliotheksbesuchen haben, können sie zunächst ihre Erfahrungen austauschen und sich über Erlebnisse verständigen. Ziel muss es sein, die Kinder zu kompetenten Nutzern der Angebote von Bibliotheken zu machen und generell mögliche Berührungs- oder Schwellensängste zu vermeiden.

Aufgabe 1

Der erzählende Text handelt vom Besuch einer dritten Klasse in einer Stadtbücherei, wobei Ordnungskriterien des Titelangebotes im Mittelpunkt stehen. Vor der Lektüre sollten die Kinder ausgiebig die Gelegenheit erhalten, von eigenen Bibliotheksbesuchen zu erzählen. Dabei dürfen positive und auch negative Erlebnisse angesprochen werden, die evtl. stichwortartig an der Tafel festgehalten werden. Auch Wünsche an die Bibliothek bzw. an Bibliotheksmitarbeiter können ergänzend formuliert werden.

Nach der Lektüre des Textes sollte herausgearbeitet werden, welche unterschiedlichen Bereiche genannt werden (Bilderbücher, Kinder- und Jugendbücher, Sachbücher, Zeitschriften). Alle Titel dieser Bereiche sind wiederum alphabetisch geordnet. Bei den Sachbüchern wird nicht primär alphabetisch, sondern nach Schlagwörtern geordnet. Den Kindern kann ergänzend erklärt werden, dass „Schlagwörter“ so etwas wie Oberbegriffe für bestimmte Themenbereiche sind. Welche Schlagwörter könnte es in einer Bibliothek noch geben? Gemeinsam werden Begriffe gesammelt und an die Tafel geschrieben.

Aufgabe 2

Hier werden – blau unterlegt – verschiedene Buchtitel vorgegeben, die es auf dem Buchmarkt tatsächlich gibt. Die Kinder sind nun aufgefordert, die Titel den im Text zuvor genannten Bereichen zuzuordnen. Dies kann auch in Partner- oder Gruppenarbeit geschehen. Da nicht davon auszugehen ist, dass die Kinder eine Vorstellung von allen genannten Titeln haben, kann mit Hilfe der Lehrkraft oder eines Erwachsenen (zu Hause) im Internet recherchiert werden (z. B. unter www.buch.de oder unter www.amazon.de). Dort sind die Buchtitel auch mit Abbildungen vertreten.

Aufgabe 3

Hier können die Kinder nun kreativ werden und zu den Schlagwörtern im Text (Sport, Technik, Tiere) Buchtitel notieren, die sie entweder kennen, im Internet gefunden haben oder die sie sich selbst ausdenken.

D weitere Schlagwörter notieren und im Internet passende Buchtitel dazu finden

Weitere Anregungen

- *gemeinsam eine Bibliothek besuchen und sich dort über das Medienangebot, Ordnungskriterien und Ausleihkonditionen informieren*
- *sich anlässlich eines Bibliotheksbesuchs über die Arbeit einer Bibliothekarin bzw. eines Bibliothekars informieren; sich dazu Stichworte machen und dann einen informierenden Text dazu schreiben*
- *Internetauftritte verschiedener Bibliotheken anschauen und z. B. erfahren, wie man online eine Buchausleihe verlängern kann*
- *sich vor Ort in einer Bibliothek oder im Internet über Aktionen informieren, die Grundschulkinder betreffen (z. B. Autorenlesungen, Lesenächte, Vorleseaktionen in den Ferien etc.)*
- *gemeinsam Buchempfehlungslisten schreiben; zu „Hitlisten“ ggf. ein Balkendiagramm anlegen, das die Häufigkeit der gewählten Buchtitel wiedergibt*

4. Jo-Jo-Test

Lerninhalte

Lesen (mit Texten und Medien umgehen)	Arbeitsanweisungen lesen und verstehen, einen Sachtext lesen und Informationen entnehmen
Schreiben (Texte schreiben)	einen Text in der Vergangenheit aufschreiben, Fragen zu einem Text beantworten
Schreiben (Richtig schreiben)	Wörter mit ie, ck und tz richtig schreiben; Fehlerwörter finden und berichtigen
Sprache und Sprachgebrauch untersuchen	Wörter nach Wortfamilien ordnen

Seite 80

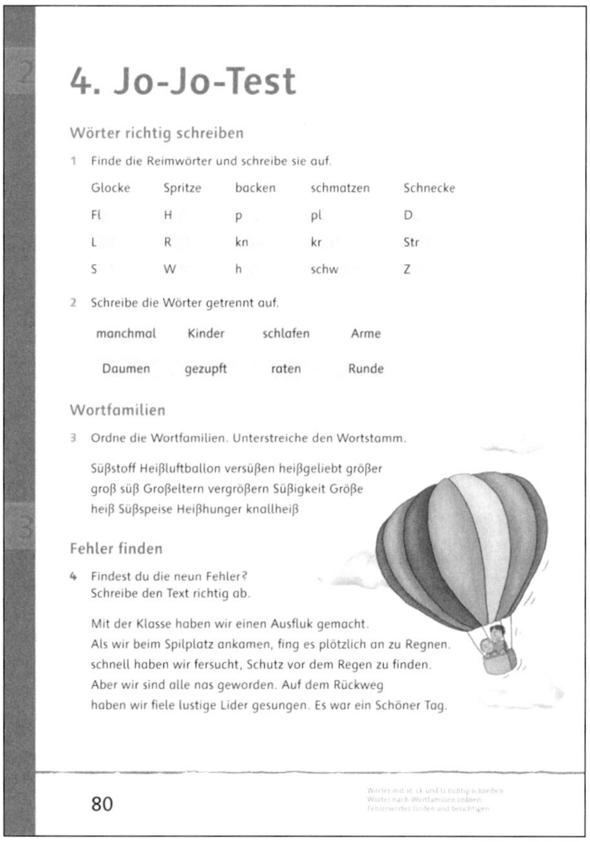
4. Jo-Jo-Test

Wörter richtig schreiben

1 Finde die Reimwörter und schreibe sie auf.

Glocke	Spritze	backen	schmatzen	Schnecke
Fl	H	p	pl	D
L	R	kn	kr	Str
S	W	h	schw	Z

2 Schreibe die Wörter getrennt auf.

manchmal Kinder schlafen Arme
Daumen gezupft raten Runde

Wortfamilien

3 Ordne die Wortfamilien. Unterstreiche den Wortstamm.

Süßstoff Heißluftballon versüßen heißgeliebt größer groß süß Großeltern vergrößern Süßigkeit Größe heiß Süßspeise Heißhunger knallheiß

Fehler finden

4 Findest du die neun Fehler? Schreibe den Text richtig ab.

Mit der Klasse haben wir einen Ausfluk gemacht.
Als wir beim Spilplatz ankamen, fing es plötzlich an zu Regnen.
schnell haben wir fersucht, Schutz vor dem Regen zu finden.
Aber wir sind alle nas geworden. Auf dem Rückweg haben wir fiele lustige Lider gesungen. Es war ein Schöner Tag.

80

Aufgabe 1

Lösung:

Glocke, Flocke, Locke, Socke
Spritze, Hitze, Ritze, Witze
backen, packen, knacken, hacken
schmatzen, platzen, kratzen, schwatzen
Schnecke, Decke, Strecke, Zecke

Aufgabe 2

Lösung:

manch-mal, Kin-der, schla-fen, Ar-me,
Dau-men, ge-zupft, ra-ten, Run-de

Aufgabe 3

Lösung:

Süßstoff, versüßen, süß, Süßigkeit, Süßspeise;
Heißluftballon, heißgeliebt, heiß, heißen, Heißhunger, knallheiß;
größer, groß, Großeltern, vergrößern, Größe

Aufgabe 4

Lösung:

Mit der Klasse haben wir einen Ausflug gemacht.
Als wir beim Spielplatz ankamen, fing es plötzlich an zu regnen.
Schnell haben wir versucht, Schutz vor dem Regen zu finden.
Aber wir sind alle nass geworden.
Auf dem Rückweg haben wir viele lustige Lieder gesungen. Es war ein schöner Tag.

Seite 81

In der Vergangenheit schreiben

5 In der 5. Klasse erinnert sich Malte.
Schreibe Maltes Erinnerung in der Vergangenheit.

Malte schreibt: Ich gehe in die Grundschule. Mein Lieblingsfach ist Mathe, denn ich kann sehr gut kopfrechnen. Auch Sport macht mir sehr viel Spaß. In Deutsch schreibe ich oft spannende Aufsätze. Außerdem mag ich Englisch. In den Pausen spiele ich am liebsten Fußball.

Fragen beantworten

6 Lies, wie Blitze entstehen.
Beantworte die Fragen in vollständigen Sätzen.

Im Sommer verdunstet durch die Sonne mehr Wasser aus Flüssen und Seen als zu kälteren Jahreszeiten. Wasserteilchen steigen nach oben und bilden Wolken aus Wassertröpfchen. Steigen die Wasserteile noch höher in kältere Luftschichten, werden sie zu Eiskristallen.

Die Temperaturunterschiede und das Aneinanderreiben von Eiskristallen und Wassertröpfchen führen zu elektrischer Spannung. Wird die Spannung zu groß, entstehen Blitze.

1 Wie entstehen Wolken?
2 Warum verwandeln sich Wasserteilchen in Eiskristalle?
3 Wodurch entsteht elektrische Spannung?
4 Warum gibt es im Sommer häufig Gewitter?

einen Text in die Vergangenheit setzen
Fragen zu einem Text beantworten

81

Aufgabe 5

Lösung:

Malte schreibt:

Ich ging in die Grundschule. Mein Lieblingsfach war Mathe, denn ich konnte sehr gut kopfrechnen. Auch Sport machte mir sehr viel Spaß. In Deutsch schrieb ich oft spannende Aufsätze. Außerdem mochte ich Englisch. In den Pausen spielte ich am liebsten Fußball.

Aufgabe 6

individuelle Lösung, z. B.:

1. Wie entstehen Wolken?

Durch die Sonne wird Wasser aus Seen und Flüssen verdunstet. Die Wasserteilchen steigen nach oben und bilden Wolken.

2. Warum verwandeln sich Wasserteilchen in Eiskristalle?

Wasserteilchen verwandeln sich in Eiskristalle, weil sie in höhere Luftschichten aufsteigen, wo es kälter ist.

3. Wodurch entsteht elektrische Spannung?

Die Temperaturunterschiede und das Aneinanderreiben von Eiskristallen und Wassertröpfchen führen zu elektrischer Spannung.

4. Warum gibt es im Sommer häufig Gewitter?

Es gibt häufiger Gewitter, weil durch die Sonne mehr Wasser aus Flüssen und Seen verdunstet als zu kälteren Jahreszeiten.

Diagnosebögen

Zur Beobachtungsdokumentation

Angesichts der zunehmenden Heterogenität des Leistungsvermögens innerhalb einer Klasse/Lerngruppe konzentrieren sich die Überlegungen zur Verbesserung der Lernbedingungen und -ergebnisse vor allem auf die Notwendigkeit einer möglichst individuellen Förderung aller Kinder. Dies erweist sich in der Praxis als eine große Herausforderung. Bevor überhaupt geeignete Fördermaßnahmen starten können, gilt es zunächst, die individuellen Leistungsprofile der Kinder zu erfassen.

Die nachfolgenden Bögen zur individuellen Beobachtungsdokumentation stellen hierfür eine wertvolle Hilfe dar: Sie empfehlen – ausgehend von den Lehr- und Rahmenplänen – Kriterien für die Beobachtung der Kinder.

Der Übersichtlichkeit und Systematik wegen sind die Lernbereiche des Sprachunterrichts getrennt aufgeführt, wohl wissend, dass die fachlichen Lernbereiche sich gegenseitig durchdringen.

Mit den individuellen Diagnosebögen als Kopiervorlage steht Ihnen für jedes Kind je eine Seite zur Verfügung, um die Beobachtungen im jeweiligen Lernbereich festzuhalten. Die Einzelbögen bieten Raum für zusätzliche individuelle Anmerkungen. Die Kurzbeurteilung kann in Kurzform, z.B. durch ein Notationsschema mit Ziffern, vorgenommen werden, z.B.:

1 = trifft voll zu
2 = trifft überwiegend zu
3 = trifft nur bedingt zu
4 = trifft gar nicht zu

Es ist aber auch Raum für detaillierte Anmerkungen jenseits einer verkürzten Notation in Ziffern oder Zeichen. Solcherart vorgenommene Beobachtungen können als Gedächtnisstütze oder Informationsblatt dienen. Hilfreich sind sie als Gesprächsgrundlage für Gespräche mit Kolleginnen/Kollegen und Eltern.

Praxistipp:
Nicht alle vorgegebenen Kriterien müssen beobachtet und erfasst werden. Sie bieten aber Anregungen zu Schwerpunkten, die Sie eigenständig wählen können, und verstehen sich als Hilfestellung und Angebot.

KV 33: Individuelle Beobachtungsdokumentation: Sprechen und Zuhören

KV 34: Individuelle Beobachtungsdokumentation: Schreiben/Texte verfassen

KV 35: Individuelle Beobachtungsdokumentation: Sprache untersuchen

KV 36: Individuelle Beobachtungsdokumentation: Richtig schreiben

Individuelle Beobachtungsdokumentation: Sprechen und Zuhören

Name: ______________________ Klasse: ________ Datum: ______________

Beobachtungskriterien	Kurzbeurteilung	Fördermaßnahmen
miteinander sprechen		
• beachtet Gesprächsregeln		
• versteht mündliche Arbeitsaufträge		
• wendet gezielt Zuhörerstrategien an		
• kann gezielt nachfragen		
• wendet sprachliche Gebrauchsformen an (z. B. Gruß, Entschuldigung, Wunsch, Bitte, Dank)		
• vertritt eigene Meinungen und Anliegen argumentativ		
• erzählt absichtsbezogen und strukturiert		
• kann Informationen situationsgerecht auswählen und weitergeben		
• kann Geschichten folgerichtig erzählen, nacherzählen, weitererzählen		
Sprechen bewusst gestalten		
• spricht deutlich und artikuliert		
• verwendet einen treffenden Wortschatz		
• setzt Mimik und Gestik sowie Intonation zielgerichtet ein		
• kann im szenischen Spiel verschiedene Rollen einnehmen und gestalten		

Individuelle Beobachtungsdokumentation: Schreiben / Texte verfassen

Name: ______________________ Klasse: ________ Datum: ______________

Beobachtungskriterien	Kurzbeurteilung	Fördermaßnahmen
Schreibanlässe		
• nutzt freie und gebundene Schreibanlässe		
• nutzt Schreiben als Lern- und Arbeitshilfe (z. B. Merkzettel, Stichpunkte, Notizen)		
• schreibt erlebte/erfundene Geschichten strukturiert auf		
• beschreibt Vorgänge und Sachverhalte verständlich		
Texte planen		
• nutzt Planungs- und Schreibhilfen (z. B. Wörtersammlungen, Wortfelder, Satzanfänge, Textmodelle)		
Texte schreiben		
• entwickelt einen Textaufbau		
• beachtet eine stimmige Reihenfolge		
• verwendet treffenden/anschaulichen Wortschatz		
• vermeidet Wiederholungen		
• findet treffende Überschriften		
• beachtet formale Festlegungen bei Gebrauchsformen		
Texte überarbeiten		
• schätzt Texte kriterienorientiert ein		
• setzt Überarbeitungshinweise für eigene Texte um		
• nutzt den Computer bei der Textüberarbeitung und Textgestaltung		
Texte veröffentlichen		
• gestaltet äußere Textform zweckmäßig und übersichtlich		
• bereitet Texte für die Veröffentlichung vor		

Individuelle Beobachtungsdokumentation: Sprache untersuchen

Name: ______________________ Klasse: ________ Datum: ______________

Beobachtungskriterien	Kurzbeurteilung	Fördermaßnahmen
grundlegende Begriffe: Wort		
• kann die Wortarten Nomen, Artikel, Verben und Adjektive erkennen und gebrauchen		
• kennt die Funktion der Nomen und deren Formmerkmale		
• kennt die Funktion der Artikel und die Unterscheidung zwischen bestimmten und unbestimmten Artikeln		
• kennt die Funktion der Pronomen als Ersatz für Nomen		
• kennt die Funktion der Adjektive und deren Vergleichsstufen		
• kennt die Funktion der Verben und deren Formmerkmale (Grundform, Personalform, Wortstamm und Endung, Zeitformen Präsens und Präteritum)		
grundlegende Begriffe: Satz		
• erfasst den Satz als gegliederte Sinn- und Klangeinheit		
• kann Frage-, Aussage- und Ausrufesätze voneinander unterscheiden		
• kennt die Satzglieder Prädikat und Subjekt und ihre Funktion		
Verfahren		
• kann Wörter zusammensetzen		
• erkennt die Bedeutungsveränderung zusammengesetzter Wörter		
• kann Wortfamilien zusammenstellen		
• wendet die Umstellprobe zur Ermittlung von Satzgliedern an		
• ermittelt mit der Frageprobe die Satzglieder Subjekt und Prädikat		
• kennt Formen der Ableitung		

Individuelle Beobachtungsdokumentation: Richtig schreiben

Name: ______________________ Klasse: ________ Datum: ______________

Beobachtungskriterien	Kurzbeurteilung	Fördermaßnahmen
Schriftbild		
• verfügt über eine klar lesbare Schrift und schreibt flüssig		
Arbeitstechniken		
• kann methodisch sinnvoll abschreiben		
• nutzt das Wörterbuch als Rechtschreibhilfe		
Regeln		
• beachtet die Großschreibung von Nomen		
• beachtet die Großschreibung am Satzanfang		
• beachtet die Zeichensetzung am Satzende: Punkt, Fragezeichen, Ausrufezeichen		
• wendet die Zeichensetzung bei wörtlicher Rede korrekt an		
• beachtet Regeln der Silbentrennung		
nicht lautgetreue Schreibungen		
• schreibt geübte Wörter richtig (z. B. Wörter mit v/V, h, ß, ie, aa, ee, oo)		
• setzt Schreibung mit doppelten Konsonanten, ck und tz richtig ein		
Strategien		
• unterscheidet b, d, g von p, t, k durch Verlängerungsprobe		
• sucht verwandte Wörter zur Unterscheidung von ä/e, äu/eu		
• nutzt Wortstamm/Wortfamilie für die richtige Schreibung		
• gliedert Wörter nach Wortbausteinen und Silben		
• kann lange und kurze Selbstlaute voneinander unterscheiden		
• kann abgeleitete Wörter auf -ig oder -lich richtig schreiben		

Liebe Lehrerinnen und Lehrer,

die bundesweiten Vergleichsarbeiten (VERA) zur Lernstandserhebung sind in der Grundschule mittlerweile zu einem festen Bestandteil geworden. Sie werden jährlich gegen Ende der dritten Klasse durchgeführt und sollen das Erreichen der Bildungsstandards überprüfen sowie Hinweise zur Verbesserung der Lernleistungen und für die Weiterentwicklung des Unterrichts geben. Dazu gehört auch die Verbesserung der Diagnosegenauigkeit.
Sich über einen längeren Zeitraum auf Aufgaben zu konzentrieren, ist für viele Schülerinnen und Schüler ungewohnt und anstrengend. Das gilt auch für die Erfahrung, unter Zeitdruck zahlreiche, zum Teil noch unbekannte Aufgabenformate ohne Hilfsmittel bearbeiten zu müssen.

Mit den vorliegenden Lernstandserhebungen möchten wir Ihre Schülerinnen und Schüler und Sie selbst unterstützen:

- Den Schülerinnen und Schülern sollen die Lernstandserhebungen helfen, sich mit sorgfältig ausgewählten Aufgaben, wie sie auch in den Vergleichsarbeiten verwendet werden, **auf die ungewohnte Testsituation vorzubereiten**. Möglicherweise vorhandene Ängste können so abgebaut und es kann Sicherheit gegenüber der zukünftigen Testsituation gewonnen werden.
- Bei Ihrer **täglichen förderdiagnostischen Arbeit** sollen die Lernstandserhebungen Sie unterstützen und dabei helfen, aktuelle Lernstände und vorhandene Kompetenzen Ihrer Schülerinnen und Schüler in den verschiedenen inhaltlichen Bereichen einzuschätzen und den individuellen förderdiagnostischen Bedarf zu ermitteln.

Die Aufgaben sind an den KMK Bildungsstandards sowie den Lehr- und Bildungsplänen der Bundesländer orientiert und fokussieren die dort beschriebenen Lernziele und zu erreichenden Kompetenzen.
Im **Auswertungsbogen** werden neben den **Aufgabenlösungen** das jeweilige **Niveau** der Aufgabe sowie die jeweils fokussierten **Fähigkeiten, Fertigkeiten und Kenntnisse** beschrieben, die zur Aufgabenbewältigung im Wesentlichen benötigt werden.
In Anlehnung an die drei in den KMK Bildungsstandards angeführten Anforderungsbereiche „Wiedergeben", „Zusammenhänge herstellen" sowie „Reflektieren und beurteilen" (vgl. Bildungsstandards im Fach Deutsch für den Primarbereich, Beschluss vom 15. 10. 2004, S. 17) und die VERA-Fähigkeitsniveaus 1–3 (vgl. VERA, Hinweise zur Weiterarbeit, Erläuterungen zu den Deutschaufgaben 2009, S. 2) sind den Aufgaben der vorliegenden Lernstandserhebungen drei Niveaustufen zugeordnet, die entsprechend *grundlegende, erweiterte* und *fortgeschrittene* Fähigkeiten erfordern.

Niveau 1: „Wiedergeben" → erfordert grundlegende Fähigkeiten
Das Lösen der Aufgabe erfordert die Wiedergabe bekannter Informationen und die Anwendung grundlegender Verfahren und Routinen.
Niveau 2: „Zusammenhänge herstellen" → erfordert erweiterte Fähigkeiten
Das Lösen der Aufgabe erfordert das Erkennen von Zusammenhängen, das Verknüpfen von Informationen sowie das Anwenden erworbenen Wissens und bekannter Methoden.
Niveau 3: „Verallgemeinern, reflektieren und beurteilen" → erfordert fortgeschrittene Fähigkeiten
Das Lösen der Aufgabe erfordert den Umgang auch mit neuen Sachverhalten und das Entwickeln eigenständiger Beurteilungs- und Lösungsansätze.

Der Auswertungsbogen der Lernstandserhebungen bietet darüber hinaus Platz für Ihre **Beobachtungen und Notizen** zur Einschätzung des jeweiligen Lernstandes des Kindes im Rahmen Ihrer förderdiagnostischen Arbeit.

Den Schülerinnen und Schülern ermöglicht ein einfaches Smiley-System auf den Testseiten die **Selbsteinschätzung** und schafft so eine Basis zur Reflexion des eigenen Lernstandes. Gemeinsam mit dem Kind können anschließend die Ergebnisse aus der Selbsteinschätzung und Ihre Einschätzungen aus dem Auswertungsbogen in einem förderdiagnostischen Gespräch zu einem Gesamtbild zusammengefügt und Lernziele sowie nächste Lernschritte vereinbart werden. Dabei kann es im Sinne einer dialogisch orientierten Förderdiagnostik sehr aufschlussreich sein, nach Lösungswegen und Erklärungen bei falsch gelösten Aufgaben zu fragen, um Einblicke in die Denkwege Ihrer Schülerinnen und Schüler bei der Lösung einer Aufgabe zu bekommen.

Die Lernstandsseiten erheben nicht den Anspruch, eine kontinuierliche Beobachtung und Dokumentation des Lernverlaufs sowie förderdiagnostische Maßnahmen zu ersetzen. Sie können aber einen wichtigen Beitrag zu Ihrer alltäglichen förderdiagnostischen Arbeit leisten.

Ihr Cornelsen Verlag

Erarbeitet von: Rüdiger-Philipp Rackwitz
Redaktion: Birgit Waberski
Illustrationen: Gabriele Heinisch

Liebe Schülerin, lieber Schüler,

mit diesen Aufgaben kannst du herausfinden, was du schon gut kannst und was du noch üben solltest.

Bearbeite die Aufgabenblätter so:

1. Schreibe deinen Namen und das Datum oben auf jedes Blatt.
2. Lies dir die Aufgabe in Ruhe durch.
3. Bearbeite die Aufgabe.
4. Wenn du bei einer Aufgabe nicht weiterkommst, mache bei der nächsten weiter und versuche es später noch einmal. Du kannst auch jemanden um Hilfe fragen.
5. Wenn du eine Aufgabe bearbeitet hast, kreuze an, wie leicht oder wie schwierig du sie findest:

   Diese Aufgabe
   ☺ kann ich gut lösen
   😐 kann ich nur zum Teil lösen
   ☹ kann ich gar nicht lösen

Es gibt verschiedene Aufgabenarten:
Bei manchen Aufgaben sollst du die richtige Antwort ankreuzen.
Beispiel: Was hängt in der Schule? Kreuze an.

☐ Waffel ☒ Tafel ☐ Tante

Meistens ist nur eine Antwort richtig. Wenn mehrere Antworten richtig sind, steht in der Aufgabe „Kreuze **alle** richtigen Antworten an."

Bei manchen Aufgaben sollst du etwas in einem Text **unterstreichen** oder ein falsches Wort **durchstreichen**.

Beispiele: <u>Wort</u> ~~Wort~~

Bei manchen Aufgaben sollst du die Antwort **aufschreiben**.
Bei Aufgaben mit einer kurzen Schreiblinie reicht es, ein oder zwei Wörter aufzuschreiben. Bei längeren Linien solltest du einen oder mehrere Sätze schreiben.

Viel Spaß und viel Erfolg!

Name: Datum:

Wie ist mein Ergebnis?

☺ 😐 ☹

1 Ordne die Wörter nach dem Alphabet und schreibe sie in der richtigen Reihenfolge auf.

rutschen	riechen	rechnen	radieren	rosten

☺ 😐 ☹

2 Vervollständige die Tabelle: Trage die Grundformen und die Personalformen der Verben ein.

	klettern		
ich			
du			
er sie es		fliegt	
wir			
ihr			
sie			rennen

☺ kann ich gut lösen 😐 kann ich nur zum Teil lösen ☹ kann ich gar nicht lösen

Name: Datum:

Wie ist mein Ergebnis?

☺ 😐 ☹

3 Wortfamilien: In jedem Kasten gehört ein Wort nicht dazu.
Streiche es durch.
Schreibe den Wortstamm der Wörter unter jeden Kasten.

rundlich	Runde	runter	umrunden	Rundweg

____

Schreibschrift	schreien	verschreiben	Beschreibung

____

Zahn	gezahlt	bezahlen	Zahl	einzahlen

____

4 Bilde die Einzahl.
Schreibe die Substantive/Nomen mit ihrem Artikel auf.

☺ 😐 ☹

die Blätter ____________________

die Früchte ____________________

die Wiesen ____________________

die Bäume ____________________

die Vorräte ____________________

die Felder ____________________

☺ kann ich gut lösen 😐 kann ich nur zum Teil lösen ☹ kann ich gar nicht lösen

Name: Datum:

Wie ist mein Ergebnis?

5 Unterstreiche die sechs Adjektive im Text.

☺ 😐 ☹

Wenn es Herbst wird, färben sich die Blätter an den Bäumen.

An den Obstbäumen hängen saftige Früchte.

Auch das Gemüse ist reif und kann geerntet werden.

Die Tiere bereiten sich auf den kalten Winter vor.

Sie sammeln Vorräte oder fressen sich eine dicke Fettschicht an.

Über die Wiesen und Felder fegt ein stürmischer Wind

und Kinder lassen bunte Drachen steigen.

6 Schreibe die Adjektive aus Aufgabe 5 in ihrer Grundform auf und steigere sie.

☺ 😐 ☹

saftig, saftiger, am saftigsten

7 Welcher Satz steht in der Gegenwart? Kreuze an.

☺ 😐 ☹

- ☐ An den Obstbäumen hingen Äpfel und Birnen.
- ☐ Die Tiere bereiten sich auf den Winter vor.
- ☐ Morgen wird es schneien.

Gut gemacht! Jetzt hast du alles geschafft!

☺ kann ich gut lösen 😐 kann ich nur zum Teil lösen ☹ kann ich gar nicht lösen

Name: Datum:

Wie ist mein Ergebnis?

☺ 😐 ☹

1 Setze ein sinnvolles Substantiv/Nomen aus den Wörtern zusammen. Schreibe die neuen Wörter auf.

springen + das Seil

das Springseil

kühlen + der Schrank

____

lesen + das Buch

____

waschen + die Maschine

____

rudern + das Boot

____

2 Wortarten: In jedem Kasten gehört ein Wort nicht dazu. Streiche es durch.

☺ 😐 ☹

löschen	brannte	komisch	wunderte	finden

eckig	rund	spitz	kreisen	stumpf

☺ kann ich gut lösen 😐 kann ich nur zum Teil lösen ☹ kann ich gar nicht lösen

Name: Datum:

Wie ist mein Ergebnis?

☺ 😐 ☹

3 Schreibe die Verben in die passende Spalte der Tabelle.
Vervollständige die Tabelle.

sie lacht   sie spielten   wir feiern   es brannte   ich warte

Grundform	Gegenwartsform	Vergangenheitsform
	sie lacht	
		sie spielten

☺ 😐 ☹

4 Bilde passende Substantive/Nomen zu den Adjektiven.
Schreibe sie mit ihrem Artikel auf.

fehlerhaft der Fehler

zufällig ______

kalt ______

himmlisch ______

wolkig ______

gefährlich ______

eisig ______

☺ kann ich gut lösen 😐 kann ich nur zum Teil lösen ☹ kann ich gar nicht lösen

Name: Datum:

Wie ist mein Ergebnis?

☺ 😐 ☹

5 Bilde aus den Vorsilben und den Verben zusammengesetzte Verben. Ergänze die Sätze.

ab- an- auf- nehmen

ver- ein- um- biegen

Kannst du bitte die Fernsehsendung ______________ ?

In 100 Metern müssen sie in die Straße ______________ .

Wir sollen die Wäsche ______________ .

Ein Sturz kann den Fahrradlenker ______________ .

Du kannst das Angebot ______________ .

Wer kann den Haken ______________ ?

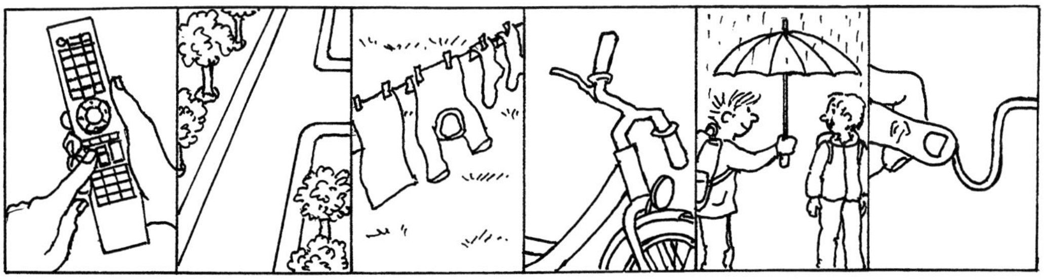

6 Unterstreiche die sieben Adjektive.

☺ 😐 ☹

ging schattig fahren offen liegen schreiben

freuen richtig flog leuchten blau sprechen

regnete glücklich fragte eckig malen süß

Gut gemacht! Jetzt hast du alles geschafft!

☺ kann ich gut lösen 😐 kann ich nur zum Teil lösen ☹ kann ich gar nicht lösen

Name: Datum:

Wie ist mein Ergebnis?

1 Bilde passende Substantive/Nomen zu den Verben.
Schreibe sie mit ihrem Artikel auf.

☺ 😐 ☹

entdecken ______

verletzen ______

üben ______

wohnen ______

2 Unterstreiche das Subjekt (den Satzgegenstand) in jedem Satz.

☺ 😐 ☹

Großmutter ist 70 Jahre alt.

Das Wasser ist warm.

Nächste Woche gehen Lena und Christian ins Kino.

Der Polizist regelt den Verkehr.

3 Schreibe die Sätze aus Aufgabe 2 ab. Ersetze dabei jedes Subjekt (jeden Satzgegenstand) durch ein passendes Personalpronomen (persönliches Fürwort).

☺ 😐 ☹

ich – du – er – sie – es – wir – ihr – sie

______

______

______

______

☺ kann ich gut lösen 😐 kann ich nur zum Teil lösen ☹ kann ich gar nicht lösen

Name: Datum:

Wie ist mein Ergebnis?

4 Bilde Aussagesätze aus den Satzgliedern. Schreibe sie auf. Achte auf die Schreibung am Satzanfang und achte auf das Satzschlusszeichen.

☺ 😐 ☹

mit dem Roller / Marvin / fährt

Pascal und Jenny / Fußball / im Garten / spielen

fliegen / wir / in den Urlaub / am Wochenende

5 Unterstreiche das Prädikat (die Satzaussage) in deinen Sätzen aus Aufgabe 4.

☺ 😐 ☹

6 Schreibe deine Sätze aus Aufgabe 4 in der Vergangenheitsform auf.

☺ 😐 ☹

☺ kann ich gut lösen 😐 kann ich nur zum Teil lösen ☹ kann ich gar nicht lösen

Name: Datum:

Wie ist mein Ergebnis?

7 Ein Wort passt nicht dazu. Streiche es durch.

einer	die	ein	das	im	eine	der

☺ 😐 ☹

8 Lies den Text. Unterstreiche die wörtliche Rede.
Setze die Doppelpunkte und die Anführungszeichen ein.

☺ 😐 ☹

Nicole und Mike gehen zur Eisdiele an der Ecke.

Auf dem Weg sehen sie Sueda.

Mike ruft Hallo Sueda! Wir gehen zur Eisdiele.

Willst du mitkommen?

Sueda ruft zurück Ja, gerne!

Sie stöhnt Mann, ist das heiß heute.

Nicole stimmt zu Oh ja, fast 30 Grad.

In der Eisdiele fragt der Eisverkäufer die Kinder

Guten Tag, was darf es sein?

Mike antwortet Wir möchten gerne jeder eine Tüte Eis.

Nicole, Mike und Sueda sagen der Reihe nach,

wie viele Kugeln sie haben möchten und

welche Sorten es sein sollen.

Nachdem die Kinder bezahlt haben, setzen sie

sich in den Schatten und genießen ihr Eis.

Gut gemacht! Jetzt hast du alles geschafft!

☺ kann ich gut lösen 😐 kann ich nur zum Teil lösen ☹ kann ich gar nicht lösen

Auswertungsbogen Lernstandserhebungen Deutsch Sprache, Klasse 3

Name: ______________ Klasse: ____

Lernstandserhebung 1 durchgeführt am ______________

Aufgabe	Niveau	Fähigkeiten, Fertigkeiten und Kenntnisse	Lösungen	Beobachtungen und Notizen
1	1	• Kenntnis des Alphabets • Wörter nach dem Alphabet sortieren • Sortierregeln kennen und anwenden	radieren, rechnen, riechen, rosten, rutschen	
2	2	• Grundform von Verben kennen oder herleiten • Verben in der Personalform erkennen • Personalform von Verben in Abhängigkeit von Personalpronomen bilden	klettern / fliegen / rennen ich klettere / ich fliege / ich renne du kletterst / du fliegst / du rennst er/sie/es klettert / er/sie/es fliegt / er/sie/es rennt wir klettern / wir fliegen / wir rennen ihr klettert / ihr fliegt / ihr rennt sie klettern / sie fliegen / sie rennen	
3	2, 3	• Prinzip der Wortfamilie und des Wortstammes kennen • Grundform und Wortstamm von Verben bestimmen • Wörter gleicher Wortfamilien erkennen und zuordnen	runter – rund schreien – schreib Zahn – zahl	
4	2	• aus der Mehrzahl die Einzahl bilden • Prinzip des Wortstammes kennen • Geschlecht des Substantivs/Nomens kennen und Artikel zuordnen	das Blatt die Frucht die Wiese der Baum der Vorrat das Feld	
5	2	• Wortart Adjektiv kennen, bestimmen und unterscheiden	saftige reif kalten dicke stürmischer bunte	

Niveaustufen: **1** = „Wiedergeben" → erfordert grundlegende Fähigkeiten **2** = „Zusammenhänge herstellen" → erfordert erweiterte Fähigkeiten **3** = „Verallgemeinern, reflektieren und beurteilen" → erfordert fortgeschrittene Fähigkeiten

Auswertungsbogen Lernstandserhebungen Deutsch Sprache, Klasse 3

Name: ______________ Klasse: ____

Lernstandserhebung 1 durchgeführt am ________

Aufgabe	Niveau	Fähigkeiten, Fertigkeiten und Kenntnisse	Lösungen	Beobachtungen und Notizen
6	1, 2	• Steigerung von Adjektiven	reif, reifer, am reifsten kalt, kälter, am kältesten dick, dicker, am dicksten stürmisch, stürmischer, am stürmischsten bunt, bunter, am buntesten	
7	2	• Zeitformen kennen, unterscheiden und bestimmen (Gegenwart)	Die Tiere bereiten sich auf den Winter vor.	

Lernstandserhebung 2 durchgeführt am ________

Aufgabe	Niveau	Fähigkeiten, Fertigkeiten und Kenntnisse	Lösungen	Beobachtungen und Notizen
1	2	• Wortbildungsprozesse kennen • Wortbildung aus Verb + Substantiv/Nomen kennen • zusammengesetzte Substantive/Nomen bilden • Geschlecht des Substantivs/Nomens kennen und Artikel zuordnen	der Kühlschrank das Lesebuch die Waschmaschine das Ruderboot	
2	1, 2	• Wortart Adjektiv kennen, unterscheiden und bestimmen • Wortart Verb in der Grundform, Personalform und Zeitform kennen, unterscheiden und bestimmen	komisch kreisen	
3	2	• Grundform von Verben herleiten • bestimmte Personalform von Verben in der Gegenwart bilden • bestimmte Personalform von schwachen und starken (regelmäßigen und unregelmäßigen) Verben in der Vergangenheit bilden	lachen, sie lacht, sie lachte spielen, sie spielen, sie spielten feiern, wir feiern, wir feierten brennen, es brennt, es brannte warten, ich warte, ich wartete	

Niveaustufen: **1** = „Wiedergeben" → erfordert grundlegende Fähigkeiten **2** = „Zusammenhänge herstellen" → erfordert erweiterte Fähigkeiten **3** = „Verallgemeinern, reflektieren und beurteilen" → erfordert fortgeschrittene Fähigkeiten

Auswertungsbogen Lernstandserhebungen Deutsch Sprache, Klasse 3

Name: ______________ Klasse: ____

Lernstandserhebung 2 durchgeführt am ____________

Aufgabe	**Niveau**	**Fähigkeiten, Fertigkeiten und Kenntnisse**	**Lösungen**	**Beobachtungen und Notizen**
4	2, 3	• Prinzip der Wortfamilie und des Wortstammes kennen • Wortbildungsprozesse kennen • Substantive/Nomen kennen oder herleiten • Geschlecht des Substantivs/Nomens kennen und Artikel zuordnen	der Zufall die Kälte der Himmel die Wolke die Gefahr das Eis	
5	2, 3	• aus Vorsilben und Verb sinnvolle Verben bilden • erkennen, wie Vorsilben die Wortbedeutung verändern • passende Verben finden	aufnehmen einbiegen *oder* abbiegen abnehmen verbiegen annehmen umbiegen *oder* verbiegen	
6	1, 2	• Wortart Adjektiv kennen, bestimmen und unterscheiden	schattig, offen richtig, blau glücklich, eckig, süß	

Lernstandserhebung 3 durchgeführt am ____________

Aufgabe	**Niveau**	**Fähigkeiten, Fertigkeiten und Kenntnisse**	**Lösungen**	**Beobachtungen und Notizen**
1	2, 3	• Prinzip der Wortfamilie und des Wortstammes kennen • Wortbildungsprozesse kennen • Substantive/Nomen kennen oder herleiten • Geschlecht des Substantivs/Nomens kennen und Artikel zuordnen	die Entdeckung die Verletzung die Übung die Wohnung	
2	1, 2	• Subjekt (Satzgegenstand) bestimmen • nach dem Subjekt (Satzgegenstand) fragen	Großmutter Das Wasser Lena und Christian Der Polizist	

Niveaustufen: **1** = „Wiedergeben" → erfordert grundlegende Fähigkeiten **2** = „Zusammenhänge herstellen" → erfordert erweiterte Fähigkeiten **3** = „Verallgemeinern, reflektieren und beurteilen" → erfordert fortgeschrittene Fähigkeiten

Auswertungsbogen Lernstandserhebungen Deutsch Sprache, Klasse 3

Name: ______________ Klasse: ____

Lernstandserhebung 3 durchgeführt am __________

Aufgabe	Niveau	Fähigkeiten, Fertigkeiten und Kenntnisse	Lösungen	Beobachtungen und Notizen
3	2, 3	• Personalpronomen (persönliche Fürwörter) kennen und in Abhängigkeit vom Kontext einsetzen	Sie ist 70 Jahre alt. Es ist warm. Nächste Woche gehen sie ins Kino. Er regelt den Verkehr.	
4	3	• Satzglieder (Subjekt, Prädikat, Ergänzungen) in eine sinnvolle Reihenfolge bringen.	Marvin fährt mit dem Roller. Pascal und Jenny spielen Fußball im Garten. *oder* Pascal und Jenny spielen im Garten Fußball. Am Wochenende fliegen wir in den Urlaub. *oder* Wir fliegen am Wochenende in den Urlaub.	
5	1, 2	• Prädikat (Satzaussage) bestimmen • nach dem Prädikat (der Satzaussage) fragen	fährt spielen fliegen	
6	2, 3	• Personalform von schwachen und starken (regelmäßigen und unregelmäßigen) Verben in der Vergangenheit bilden	Marvin fuhr mit dem Roller. Pascal und Jenny spielten Fußball im Garten. *oder* Pascal und Jenny spielten im Garten Fußball. Am Wochenende flogen wir in den Urlaub. *oder* Wir flogen am Wochenende in den Urlaub.	
7	1	• bestimmte und unbestimmte Artikel kennen und unterscheiden • Artikel von Präposition unterscheiden	im	
8	2, 3	• sinnerfassend lesen • wörtliche Rede mithilfe des Begleitsatzes erkennen • Zeichensetzung bei vorangestelltem Begleitsatz kennen	Mike ruft: „Hallo Sueda! Wir gehen zur Eisdiele. Willst du mitkommen?" Sueda ruft zurück: „Ja, gerne!" Sie stöhnt: „Mann, ist das heiß heute." Nicole stimmt zu: „Oh ja, fast 30 Grad." In der Eisdiele fragt der Eisverkäufer die Kinder: „Guten Tag, was darf es sein?" Mike antwortet: „Wir möchten gerne jeder eine Tüte Eis."	

Niveaustufen: **1** = „Wiedergeben" → erfordert grundlegende Fähigkeiten **2** = „Zusammenhänge herstellen" → erfordert erweiterte Fähigkeiten **3** = „Verallgemeinern, reflektieren und beurteilen" → erfordert fortgeschrittene Fähigkeiten